高等院校经济与管理专业教材

电子商务安全与支付

□ 李飒　刘春　主编
□ 潘亚楠　毕浅雨　副主编

人民邮电出版社

北京

图书在版编目（CIP）数据

电子商务安全与支付 / 李飒，刘春主编. -- 北京：人民邮电出版社，2014.8（2020.3重印）
高等院校经济与管理专业教材
ISBN 978-7-115-34145-7

Ⅰ. ①电… Ⅱ. ①李… ②刘… Ⅲ. ①电子商务－安全技术－高等学校－教材②电子商务－支付方式－高等学校－教材 Ⅳ. ①F713.36

中国版本图书馆CIP数据核字(2014)第099382号

内 容 提 要

电子商务安全与支付是电子商务业务流程的重要环节，服务于电子商务资金流的电子支付与结算及其安全性已经成为商务各方关注的焦点。本书从电子商务系统的安全角度出发，详细叙述了技术层面的加密与解密、网络安全技术、防火墙与VPN、安全协议与认证以及安全电子商务应用的内容，并对网上支付的安全使用做了介绍。在此基础上，以电子交易与支付为核心，系统介绍了电子支付工具、网上金融、网上银行等知识及应用。本书每章配有操作性很强的技能训练，学生学习完理论知识后便可以动手操作，有利于学生掌握安全与支付的原理、方法和应用。

本书可作为高等院校各层次电子商务、信息管理、工商管理等专业学生的教材，也可作为其他从事电子商务活动、网络金融等技术人员的参考用书。

◆ 主　　编　李飒　刘春
　　副主编　潘亚楠　毕浅雨
　　责任编辑　韩旭光
　　责任印制　张佳莹　焦志炜

◆ 人民邮电出版社出版发行　北京市丰台区成寿寺路11号
　　邮编　100164　电子邮件　315@ptpress.com.cn
　　网址　http://www.ptpress.com.cn
　　山东百润本色印刷有限公司印刷

◆ 开本：787×1092　1/16
　　印张：16　　　　　　　　2014年8月第1版
　　字数：393千字　　　　　2020年3月山东第8次印刷

定价：34.00元

读者服务热线：(010)81055256　印装质量热线：(010)81055316
反盗版热线：(010)81055315

前　言

随着 Internet 和信息技术的发展与普及，电子商务已逐步进入人们的日常生活。然而，电子商务是在国际化、社会化、开放化和个性化的 Internet 环境中运作的，它的应用可能会出现诸如各种商业信息的泄露、客户的银行账户信息被盗、金融欺诈以及缺乏可信性而导致的商业丢失等各种安全与信任问题。因此，要成功地进行电子交易，必须有效解决交易网络平台的安全问题，以及提供对电子支付过程的保护。电子商务环境下的安全与支付是目前困扰和影响电子商务推广的两个重要问题，这也引发市场对这方面人才的迫切需求。因此，电子商务安全与支付已经成为电子商务及相关专业学生学习的一门重要课程，也是从事电子商务、网络营销等人员应该掌握的重要知识之一。

本书在认真总结国内外电子商务安全与支付管理经验的基础上，从电子商务系统安全角度出发，全面阐述了电子商务交易安全综合防范的思路，从技术、管理和法律三方面着手，介绍了电子商务安全的途径和发展思路，并以电子交易与支付为核心，对电子支付问题进行了深入的研究，提出了电子支付的具体措施。

全书按照"任务引导→技能训练"的思路编写，在任务引导部分介绍基本概念与基本知识，在技能训练部分理论联系实际，培养学生实践能力。本教材创新之处有以下几点。

1. 强化创新理念。结合电子商务安全与支付应用性和创新性强的特点，根据实际应用需要，设计教学内容和实践体系，突出学生创新能力的培养。

2. 科学性与系统性。电子商务安全与支付技术涉及多学科知识领域的交叉，本书在做好学科体系和理论知识前导性工作的同时，正确处理好科学性与系统性、科学性与创新性、系统性与交叉性之间的关系。

3. 理论与实践相结合。将概念、理论框架和技能融合在一起，从理论和方法上对电子商务安全与支付技术做了介绍，使学生能够了解其理论和操作方法。实现学以致用，用以促学。

4. 案例引导教学。书中引入了许多实际案例，帮助学生更好地理解理论知识。

全书共分 10 章：

第 1 章，电子商务安全与支付概述。主要介绍电子商务的基本概念、电子商务的安全问题、安全要素、安全体系结构和网上支付与结算的基础知识，并对其发展现状进行了分析。

第 2 章，加密与解密。介绍了加密与解密基本知识以及对称加密学与非对称加密学。

第 3 章，认证技术。介绍了报文鉴别与身份认证、证书与 CA 相关知识。

第 4 章，网络安全协议。介绍了几种网络安全协议及无线网的安全。

第 5 章，网络安全应用。介绍了防火墙、入侵检测技术以及计算机病毒相关知识。

第 6 章，网络支付基础知识。介绍了网络支付与结算的过程、原理及网络支付工具相关内容。

第 7 章，网上银行。介绍了网上银行的相关知识、网上银行的金融业务、网上银行的业务申请以及中国网络银行的发展状况。

第 8 章，第三方支付。介绍了第三方支付的相关知识、业务功能并分析了第三方支付发展现状及存在的问题。

第 9 章，其他支付结算方式。对移动支付、虚拟货币的支付及电话支付进行了介绍。

第 10 章，网上金融。介绍了网上证券交易及网上保险服务。

每章均配有相关的技能训练。

本书由李飒（辽宁石油化工大学）起草大纲，撰写前言、第 1 章~第 4 章；刘春（武汉铁路职业技术学院）撰写第 5 章及第 6 章；潘亚楠（辽宁石油化工大学）撰写第 7 章、第 9 章和第 10 章；毕浅雨（辽宁石油化工大学）撰写第 8 章；李飒对全书进行了统稿。

本书在撰写工作中参考了众多文献和著作，得到了社会各界同仁和许多同事的指导和帮助，谨在此对他们表示衷心的感谢。

编者

2014 年 2 月

目 录

第 1 章　电子商务安全与支付概述 ············ 1
第一部分　任务学习引导 ················ 1
1.1　电子商务的基本概念 ············· 1
1.2　电子商务的安全问题 ············· 4
1.3　电子商务安全要素 ··············· 7
1.4　电子商务的安全体系结构 ········· 8
1.5　电子商务与电子支付 ············ 13
第二部分　技能训练 ·················· 16
技能训练 1　计算机安全设置 ········ 16
技能训练 2　课外阅读——网络安全
　　　　　　十大不稳定因素 ········ 21

第 2 章　加密与解密 ···················· 23
第一部分　任务学习引导 ··············· 23
2.1　加密与解密基本知识 ············ 23
2.2　对称加密与不对称加密 ·········· 26
2.3　数字信封技术 ·················· 29
2.4　数字签名技术 ·················· 30
2.5　数字时间戳 ···················· 32
第二部分　技能训练 ·················· 33
技能训练 1　使用 PGP 加密 ········· 33
技能训练 2　使用签名——为 Office
　　　　　　文档加签名 ············ 40

第 3 章　认证技术 ····················· 49
第一部分　任务学习引导 ··············· 49
3.1　报文鉴别与身份验证概述 ········ 49
3.2　证书与 CA ····················· 53
第二部分　技能训练 ·················· 58
技能训练 1　数字证书下载及安装 ···· 58
技能训练 2　用 Outlook Express
　　　　　　发送签名邮件 ·········· 64

第 4 章　网络安全协议 ················· 67
第一部分　任务学习引导 ··············· 67
4.1　TCP/IP 基本知识 ··············· 67
4.2　IPSec ························· 75
4.3　电子商务安全协议 ·············· 83
4.4　无线局域网安全 ················ 93
第二部分　技能训练 ·················· 96
技能训练 1　网络嗅探器 Sniffer 的
　　　　　　使用 ·················· 96
技能训练 2　IPSec 的应用——
　　　　　　IP Filter ············· 101
技能训练 3　VPN 的配置——
　　　　　　设置 VPN 连接 ········ 106

第 5 章　网络安全应用 ················ 110
第一部分　任务学习引导 ·············· 110
5.1　防火墙 ······················· 110
5.2　入侵检测技术 ················· 118
5.3　计算机病毒 ··················· 123
第二部分　技能训练 ················· 127
技能训练 1　配置防火墙 ··········· 127
技能训练 2　杀毒软件——360 安全
　　　　　　卫士的安装与使用 ····· 133

第 6 章　网络支付基础知识 ············ 140
第一部分　任务学习引导 ·············· 140
6.1　网络支付与结算 ··············· 140
6.2　网上支付工具——电子货币 ····· 146
第二部分　技能训练 ················· 161
技能训练 1　阅读材料——
　　　　　　智能卡的应用 ········· 161

技能训练2 电子钱包的使用——
中国银行电子钱包·········· 165

第7章 网上银行·········· 174
第一部分 任务学习引导·········· 174
7.1 网上银行概述·········· 174
7.2 网上银行的功能与业务·········· 176
7.3 网上银行的业务申请·········· 181
7.4 中国网络银行的发展状况·········· 185
第二部分 技能训练·········· 189
技能训练1 阅读材料——安全使用
网银的方法·········· 189
技能训练2 网上银行业务的应用——
中国建设银行·········· 191
技能训练3 使用网上银行进行
网上支付·········· 202

第8章 第三方支付·········· 209
第一部分 任务学习引导·········· 209
8.1 第三方支付基础知识·········· 209
8.2 第三方支付流程·········· 212
8.3 第三方支付发展现状及
存在的问题·········· 216

第二部分 技能训练·········· 222
技能训练 使用第三方支付工具
进行网上支付·········· 222

第9章 其他支付结算方式·········· 224
第一部分 任务学习引导·········· 224
9.1 移动支付·········· 224
9.2 虚拟货币的支付·········· 225
9.3 电话支付·········· 228
第二部分 技能训练·········· 230
技能训练1 移动支付应用·········· 230
技能训练2 电话银行支付的应用·········· 233

第10章 网上金融·········· 235
第一部分 任务学习引导·········· 235
10.1 网上证券交易·········· 235
10.2 网上保险服务·········· 239
第二部分 技能训练·········· 242
技能训练1 证券软件的使用·········· 242
技能训练2 网上投保·········· 244

参考文献·········· 250

第1章 电子商务安全与支付概述

电子商务,作为一种新兴的交易方式,受到社会各行各业的高度重视,在国民经济的发展中发挥着越来越重要的作用。截至 2013 年 12 月底,我国网络购物用户规模达到 3.14 亿人,网络购物使用率提升至 37.8%。与 2013 年相比,网购用户增长 6000 万人,增长率为 24%。网购交易促进的衍生企业繁荣发展,在线交易的商品和服务类型更加丰富,带动了用户网络购物频次和金额的显著提升。然而,随之而来的安全问题也越来越突出并已成为电子商务的核心问题。

第一部分 任务学习引导

1.1 电子商务的基本概念

1. 电子商务的概念

电子商务源于英文 Electronic Commerce,简写为 EC。欧洲委员会 1997 年把电子商务定义为"以电子方式进行商务交易"。其内容包含两个方面,一是电子方式,二是商贸活动。电子商务以数据(包括文本、声音和图像)的电子处理和传输为基础,包含了许多不同的活动(如商品服务的电子贸易、数字内容的在线传输、电子转账、商品拍卖、协作、在线资源利用、消费品营销和售后服务)。它涉及产品(消费品和工业品)和服务(信息服务、财务与法律服务),传统活动(保健、教育)与新活动(虚拟商场)。

随着计算机和计算机网络的应用普及,电子商务不断被赋予新的含义。

(1)从通信的角度看,电子商务是通过电话线、计算机网络或其他方式实现的信息、产品/服务或结算款项的传送。

(2)从业务流程的角度看,电子商务是实现业务和工作流自动化的技术应用。

(3)从服务的角度看,电子商务是要满足企业、消费者和管理者的愿望,如降低服务成本,同时改进商品的质量并提高服务实现的速度。

(4)从在线的角度看,电子商务是指提供在互联网和其他联机服务上购买和销售产品的能力。

总之,电子商务通常是指是在全球各地广泛的商业贸易活动中,在互联网开放的网络环境下,基于浏览器/服务器应用方式,买卖双方不谋面地进行各种商贸活动,实现消费者的网上购物、商户之间的网上交易和在线电子支付以及各种商务活动、交易活动、金融活动和相关的综合服务活动的一种新型的商业运营模式。

2. 电子商务的内容

电子商务可以分为 3 个方面:信息服务、交易和支付。其主要内容包括:电子商情广告;电子选购和交易、电子交易凭证的交换;电子支付与结算以及售后的网上服务等。主要交易类型有企业与个人的交易(B to C 方式)和企业之间的交易(B to B 方式)两种。参与电子商务的实体有 4 类:顾客(个人消费者或企业集团)、商户(包括销售商、制造商、储运商)、银行(包括发卡行、收单行)及认证中心。

一般来说,最完整、最高级的电子商务指的是利用互联网能够进行全部的贸易活动,包括 4 个部分:①信息流:包括商品信息、信息提供、促销、直销等;②交易的商流:指接受订单、购买、开具发票等销售的工作,也包括维修等售后服务之类的工作;③配送的物流(指商品的配送);④支付的资金流:交易双方涉及的资金的转账支付,如付款,与金融机构交互等。由于参与电子商务中的各方在物理上是互不谋面的,因此,整个电子商务过程并不是物理世界商务活动的翻版。网上银行、在线电子支付等条件和数据加密、电子签名等技术在电子商务中发挥着不可或缺的作用。与传统的商业系统相比,电子商务具有交易花费成本低,资金更安全,资金结算速度快,节省人力、物力,方便等特点。

3. 电子商务系统的结构

电子商务系统是保证以电子商务为基础的网上交易实现的体系,它是一个相当复杂和庞大的系统。该系统整体上可分为 3 个层次和两个支柱,如图 1.1 所示。自下向上,从最基础的技术层到电子应用层依次为:网络层,消息/信息发布、传输层,一般业务服务层;两个支柱分别是技术标准和政策、法规,3 个层次之上是各种特定的电子商务应用。3 个层次依次代表电子商务顺利实施的各级技术及应用层次,而两边的支柱则是电子商务顺利应用的坚实基础。

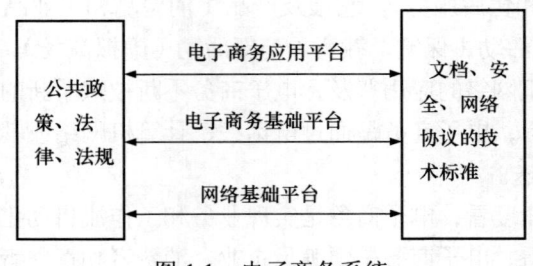

图 1.1 电子商务系统

(1)网络基础平台

网络基础平台是电子商务的硬件基础设施,是信息传送的载体和用户接入的手段。它包括各种各样的物理传送平台和传送方式。如远程通信网（Telecom）、有线电视网（Cable TV）、无线通信网（Wireless）和互联网（Internet）。远程通信包括电话、电报，无线通信网包括移动通信和卫星网，互联网是计算机网络。

这些不同的网络都提供了电子商务信息传输线路，但是，当前大部分的电子商务应用还是基于 Internet。互联网络上包括的主要硬件有：基于计算机的电话设备、集线器（Hub）、数字交换机、路由器（Routers）、调制解调器、有线电视的机顶盒（Set-Top Box）、电缆调制解调器（Cable Modem）。

（2）电子商务基础平台

网络层提供了信息传输的线路，线路上传输的最复杂的信息就是多媒体信息，它是文本、声音、图像的综合。最常用的多媒体信息发布应用是万维网（World Wide Web，WWW），即用 HTML 或 JAVA 将多媒体内容发布在 Web 服务器上，然后通过一些传输协议将发布的信息传送到接收者。

（3）一般业务服务层

这一层实现标准的网上商务活动服务，以方便交易，如标准的商品目录/价目表建立、电子支付工具的开发、保证商业信息安全传送的方法、认证买卖双方的合法性方法。

（4）公共政策、法规和安全标准、技术标准

① 公共政策

公共政策包括围绕电子商务的税收制度、信息的定价（信息定价则围绕谁花钱来进行信息高速公路建设）、信息访问的收费、信息传输成本、隐私问题等，需要政府制定的政策。其中，税收制度如何制定是一个至关重要的问题。例如，对于咨询信息、电子书籍、软件等无形商品是否征税，如何征税；对于汽车、服装等有形商品如何通过海关，如何征税；税收制度是否应与国际惯例接轨，如何接轨；关贸总协定是否应把电子商务部分纳入其中。这些问题不妥善解决，则阻碍着电子商务的发展。

② 法规

法规维系着商务活动的正常运作，违规活动必须受到法律制裁。网上商务活动有其独特性，买卖双方很可能存在地域的差别，他们之间的纠纷如何解决？如果没有一个成熟的、统一的法律系统进行仲裁，纠纷就不可能解决。那么，这个法律系统究竟应该如何制定？应遵循什么样的原则？其效力如何保证？如何保证授权商品交易的顺利进行，如何有效遏制侵权商品或仿冒产品的销售，如何有力打击侵权行为，这些都是制定电子商务法规时应该考虑的问题。法规制定的成功与否直接关系到电子商务活动能否顺利开展。

③ 安全标准

安全问题可以说是电子商务的中心问题。如何保障电子商务活动的安全，一直是电子商务能否正常开展的核心问题。作为一个安全的电子商务系统，首先，必须具有一个安全、可靠的通信网络，以保证交易信息安全、迅速地传递；其次，必须保证数据库服务器的绝对安全，防止网络黑客闯入盗取信息。目前，电子签名和认证是网上比较成熟的安全手段。同时，人们还制定了一些安全标准，如安全套接层（Secure Sockets Layer）、安全 HTTP 协议（Secure-HTTP）、安全电子交易（Secure Electronic Transaction）等。

④ 技术标准

技术标准是信息发布、传递的基础，是网络上信息一致性的保证。如果没有统一的技术标准，这就像不同的国家使用不同的电压传输电流，用不同的制式传输视频信号，限制了许多产品在世界范围内的使用。EDI 标准的建立就是电子商务技术标准的一个例子。

1.2 电子商务的安全问题

随着互联网的发展，电子商务已经逐渐成为一种全新的商务模式，越来越多的人通过 Internet 进行商务活动，随之而来的安全问题也越来越突出并已成为电子商务的核心问题。电子商务是基于计算机网络的商务活动，因此，电子商务安全问题从整体上可分为两大部分：计算机网络安全问题和电子商务交易安全问题。

1. 计算机网络安全

网络安全问题是计算机系统本身存在的漏洞和其他人为因素构成的计算机网络的潜在威胁。概括来说，计算机网络安全的内容包括物理安全、网络安全、数据库安全。

（1）物理安全

物理安全问题是指计算机网络设备、设施以及其他媒体遭到地震、水灾、火灾等环境事故以及人为操作失误或错误及各种计算机犯罪行为导致的破坏。主要有以下几种问题。

① 设备安全问题

任何一种设备都不是万无一失的，设备的机能失常、设备被盗被毁、计算机硬件如计算机所用的芯片、板卡及输入、输出等设备的故障都会对系统安全构成威胁。

② 电源故障

由于意外的原因，网络设备的供电电源可能会突然中断或者产生较大的波动，从而会突然中断计算机系统的工作，引起数据的丢失甚至对系统硬件设备产生不良后果。

电磁信息泄露：计算机和其他一些网络设备大多数是电子设备，当它工作时会产生电磁泄漏，另外，电子通信线路同样也有辐射。辐射的电磁波可以被截收，解译以后能将信息复现。有资料表明，普通计算机显示终端辐射的带信息电磁波可以在几百米甚至一千米外被接收和复现。这种电磁泄露信息的接收和还原技术可以被不法之徒用来窃取网络机密。

③ 搭线窃听

将导线搭到无人值守的网络传输线路上进行监听，通过解调和正确的协议即可以完全掌握通信的全部内容甚至改变通信内容——这是另一种窃取计算机信息的手段，特别对于跨国计算机网络，很难控制和检查境外是否有搭线窃听。美欧银行均遇到过搭线窃听并改变电子汇兑目的地址的主动式窃听，经向国际刑警组织申请协查，才在第三国查出了窃听设备。

保证计算机信息系统各种设备的物理安全是整个计算机信息系统安全的前提，也是整个组织安全策略的基本元素。对于足够敏感的数据和一些关键的网络基础设施，可以在物理上和多数公司用户分开，并采用增加的身份验证技术（如智能卡登录、生物验证技术等)控制。

(2) 网络安全

① 未进行操作系统相关安全配置

不论采用什么操作系统,在缺省安装的条件下都会存在一些安全问题,网络软件的漏洞和"后门"是进行网络攻击的首选目标。只有专门针对操作系统安全性进行相关的和严格的安全配置,才能达到一定的安全程度;即使如此,系统仍然不能被认为是绝对安全的,漏洞和缺陷会不断被攻击者发现。

② 未进行 CGI 程序代码审计

通用网关接口(Common Gateway Interface,CGI),在物理上是一段程序,运行在浏览器可以请求的服务器上,提供同客户端 HTML 页面的接口。CGI 应用程序运行在浏览器可以请求的服务器系统上,因此,不完善的 CGI 应用程序可能成为别人非法进入服务器系统的通道,有可能导致重要的资料被删除或外泄。对于电子商务站点来说,会出现恶意攻击者冒用他人账号进行网上购物等严重后果。

③ 黑客的恶意攻击

黑客最早源自英文 hacker,早期在美国的计算机界是带有褒义的,原指热心于计算机技术,水平高超的计算机专家,尤其是程序设计人员。但到了今天,"黑客"一词已被用于泛指那些专门利用计算机网络搞破坏或恶作剧的人。以前的黑客事件大多数是想显示自己的能力,攻击规模也较小。但现在越来越多的网络攻击开始利用由远程控制程序非法控制他人计算机,获取被控制计算机或服务器上的信息。无论是个人、企业,还是政府机构,只要进入计算机网络,都会感受到黑客带来的网络安全威胁。自 2006 年年底开始,来自于黑客的大规模的网络攻击越来越多,网络攻击表现出的商业目的也越来越明显。这种以网络瘫痪为目标的袭击效果比任何传统的恐怖主义和战争方式都来得更强烈,破坏性更大,造成危害的速度更快,范围也更广,而袭击者本身的风险却非常小,甚至可以在袭击开始前就已经消失得无影无踪,使对方很难追踪。

④ 计算机病毒攻击

计算机病毒是指编制或者在计算机程序中插入的破坏计算机功能或者毁坏数据、影响计算机使用,并且能自我复制的一组计算机指令或程序代码。计算机病毒作为一种具有破坏性的程序,往往想尽一切办法将自身隐藏起来,保护自己,但是病毒最根本的目的还是达到其破坏目的。在某些特定条件被满足的前提下,病毒就会发作,这也就是病毒的破坏性。有些病毒只是显示一些图片、放一段音乐或和你开个玩笑,这类病毒属于良性病毒;而有些病毒则含有明确的目的性,像破坏数据、删除文件、格式化磁盘等,这类病毒属于恶性病毒。计算机病毒的破坏行为体现了病毒的杀伤能力,病毒破坏行为的激烈程度取决于病毒作者的主观愿望和他所具备的技术含量。

⑤ 安全产品使用不当

虽然不少网站采用了一些网络安全设备,但由于安全产品本身的问题或使用问题,这些产品并没有起到应有的作用。很多安全厂商的产品对配置人员的技术背景要求很高,超出对普通网管人员的技术要求,就算是厂家在最初给用户做了正确的安装、配置,但一旦系统改动,需要改动相关安全产品的设置时,很容易产生许多安全问题。

⑥ 缺少严格的网络安全管理制度

安全和管理是分不开的，即便有好的安全设备和系统，也应该有一套好的安全管理贯彻实施。事实上，很多企业、机构及用户的网站或系统都疏于对网络安全方面的管理。调查显示，美国 90%的 IT 企业对黑客攻击准备不足，75%～85%的网站都抵挡不住黑客的攻击。此外，管理的缺陷还可能出现系统内部人员泄露机密或外部人员通过非法手段截获而导致机密信息的泄露，从而为一些不法分子制造了可乘之机。没有安全管理机制，那么安全就是空谈。

（3）数据库安全

网络中的信息数据是存放在计算机数据库中的，供不同的用户来共享。数据库存在着不安全性和危险性，因为在数据系统中存放着大量重要的信息资源，在用户共享资源时可能会出现以下现象：授权用户超出了他们的访问权限进行更改活动；非法用户绕过安全内核，窃取信息资源。数据库数据的安全主要是指针对数据的安全性、完整性和并发控制 3 个方面。

① 数据的安全性

数据库被故意的破坏和非法的存取。

② 数据的完整性

数据库中存在不符合语义的数据，以及防止由于错误信息的输入、输出而造成无效操作和错误结果。

③ 并发控制

数据库是一个共享资源，在多个用户程序并行地存取数据时，就可能会产生多个用户程序并发地存取同一数据的情况，若不进行并发控制就会使取出和存入的数据不正确，破坏数据库的一致性。

2．电子商务交易安全

当许多传统的商务方式应用在 Internet 上时，便会带来许多源于安全方面的问题。一般来说，商务安全中普遍存在着以下几种安全隐患。

（1）窃取信息

由于未采用加密措施，数据信息在网络上以明文形式传送，入侵者在数据包经过的网关或路由器上可以截获传送的信息。通过多次窃取和分析，可以找到信息的规律和格式，进而得到传输信息的内容，造成网上传输信息泄密。

（2）篡改信息

当入侵者掌握了信息的格式和规律后，通过各种技术手段和方法，将网络上传送的信息数据在中途修改，然后再发向目的地。这种方法并不新鲜，在路由器或网关上都可以操作。

（3）假冒

由于掌握了数据的格式，并可以篡改通过的信息，攻击者可以冒充合法用户发送假冒的信息或者主动获取信息，而远端用户通常很难分辨。

（4）恶意破坏

由于攻击者可以接入网络，则可能对网络中的信息进行修改，掌握网上的机要信息，甚至可以潜入网络内部，其后果是非常严重的。

电子商务交易安全紧紧围绕传统商务在互联网上应用时产生的各种安全问题，网上交易日益成为新的商务模式，基于网络资源的电子商务交易已为大众接受，人们在享受网上交易带来的便捷的同时，交易的安全性备受关注。在计算机网络安全的基础上，如何保障电子商务过程的顺利进行，即实现电子商务的保密性、完整性、可鉴别性、不可伪造性和不可抵赖性。保证交易数据的安全是电子商务系统的关键。

1.3　电子商务安全要素

电子商务随时面临的安全问题导致了电子商务的安全需求。只有提供了以下 5 个方面的安全，才能满足电子商务安全的基本需求。这 5 个方面分别是真实性、机密性、有效性、完整性和不可否认性。

1．真实性（认证性）

在传统的交易中，交易双方往往是面对面进行活动的。然而，在进行网上交易时，交易双方在整个交易过程中互不见面。如果不采取任何新的保护措施，就要比传统的商务活动更容易引起假冒、诈骗等违法活动。在进行网上购物时，对于客户来说，如何确信计算机屏幕上显示的那个有声誉的网上商店，而不是居心不良的假网站冒充的，怎样才能相信正在选购商品的客户不是一个骗子，而是一个担责任的客户。因此，在进行电子商务交易时首先要保证身份的可认证性。这就意味着，在双方进行交易前，首先必须明确对方的身份，交易双方的身份不能被假冒或伪装。

2．机密性

在传统的交易活动中，都是通过面对面进行信息交换，或者通过邮寄封装的信件或可靠渠道发送商业报文，达到保守商业机密的目的。而电子商务是建立在一个开放的网络环境中，当交易双方通过互联网交换信息时，由于互联网是一个开放的互联网络，如果不采取适当的保密措施，那么其他人就有可能知道他们的通信内容；另外，存储在网络上的文件信息如果不加密，也有可能被黑客窃取。上述情况有可能造成敏感商业信息的泄露，导致商业上的巨大损失。因此，电子商务另一个重要的安全需求就是信息的机密性。要使信息发送和接收在安全的通道进行，保证通信双方的信息保密；交易的参与方在信息交换过程中没有被窃听的危险；非参与方不能获取交易的信息。

3．有效性

有效性是指数据在确定的时刻、确定的地点是有效的。电子商务以电子形式取代了纸张,那么保证这种电子形式的贸易信息的有效性是开展电子商务的前提。因此,要对网络故障、操作错误、应用程序错误、硬件故障、系统软件错误及计算机病毒所产生的潜在威胁加以控制和预防,以保证贸易数据在确定的时刻、确定的地点是有效的。

4. 完整性

由于数据输入时的意外差错或欺诈行为,可能导致贸易各方信息的差异。此外,数据传输过程中信息的丢失、信息重复或信息传送的次序差异,也会导致贸易各方信息的不同。因此,要预防对信息的随意生成、修改和删除,同时,要防止数据传送过程中信息的丢失和重复,并保证信息传送次序的统一。

5. 不可否认性

交易抵赖行为在现实中屡屡发生,更何况在虚拟的网络世界。在传统的纸面贸易中,贸易双方通过在交易合同、契约或贸易单据等书面文件上手写签名或印章来鉴别贸易伙伴,确定合同、契约、单据的可靠性并预防抵赖行为的发生。在无纸化的电子商务方式下,通过手写签名和印章进行贸易方的鉴别已是不可能的了。因此,要在交易信息的传输过程中为参与交易的个人、企业或国家提供可靠的标识,以防止通信或交易双方对已发生的业务进行否认。

1.4 电子商务的安全体系结构

电子商务是活动在互联网平台上的一个涉及信息、资金和物资交易的综合交易系统,其安全对象不是一般的系统,而是一个开放的、人在其中频繁活动的、与社会系统紧密耦合的复杂巨系统(complex giant system)。因此,一个完整的电子商务安全体系,至少应包括 3 类措施,并且三者缺一不可:一是技术方面的措施,如防火墙技术、网络防毒、信息加密存储通信、身份认证、授权等;二是管理方面的措施,包括交易的安全制度、交易安全的实时监控、提供实时改变安全策略的能力、对现有安全系统漏洞的检查以及安全教育等;三是社会的法律政策与法律保障。只有从上述 3 个方面入手,才能真正实现电子商务的安全。

1. 技术措施

(1) 加密技术

加密技术是电子商务采取的主要技术手段,是认证技术及其他许多安全技术的基础。通常信息加密的途径是通过密码技术实现的。采用密码技术可以对传输中的数据流进行加密,满足信息机密性的安全需求,避免敏感信息泄露的威胁。密码技术还可用于报文认证、数字签名等,是保护信息机密性、完整性、不可否认性的有效手段。随着电子商务及信息技术的进一步发展,非密码技术如信息隐藏、生物特征、量子密码技术也得到了快速发展。

（2）认证技术

认证技术可以直接满足身份认证、信息完整性、不可否认和不可修改等多项网上交易的安全需求，较好地避免了网上交易面临的假冒、篡改、抵赖、伪造等种种威胁。认证技术主要涉及身份认证和报文认证两个方面的内容。身份认证用于鉴别用户身份，报文认证用于保证通信双方的不可抵赖性和信息的完整性。

目前，在电子商务中广泛使用的认证方法和手段主要有数字签名、数字摘要、数字证书、CA 安全认证体系以及其他一些身份认证技术和提出报文认证技术。

① 数字签名

数字签名可以防止他人对传输的文件进行破坏以及确定发信人的身份。在电子商务安全技术中，数字签名技术有着特别重要的地位，在电子商务安全服务中的源鉴别、完整性服务和不可否认服务中，都要用到数字签名技术。目前的数字签名均建立在公共密钥体制基础上。其中，RSA 签名方法和 EIC amal 数字签名方法是两种基本的数字签名方法。

② 数字摘要

数字摘要技术就是单向哈希（HASH）函数技术。所谓单向哈希函数就是把任意长的输入串 x 变化成固定长的输出串 y 的一种函数，并满足：

已知哈希函数的输出，求解它的输入是困难的，即已知 $y=Hash(x)$，求 x 是困难的；

已知 x，计算 $Hash(x)$ 是容易的；

已知 $y_1=Hash(x_1)$，构造 x_2 使 $Hash(x_2)=y_1$ 是困难的；

$y=Hash(x)$，y 的每一比特都与 x 的每一比特相关，并有高度敏感性。即每改变 x 的每一比特，都将对 y 产生明显影响。

数字摘要可用于数字签名应用，还可用于信息的完整性检验、各种协议的设计以及计算机科学等。

③ 数字证书

数字证书（digital certificate，digital ID）又称为数字凭证，即用电子手段来证实一个用户的身份和对网络资源的访问权限。数字证书是一种数字标识，也可以说是网络上的身份证，它提供的是网络上的身份证明。数字证书拥有者可以将其证书提供给其他人、Web 站点及网络资源，以证实他的合法身份，并且与对方建立加密的、可信的通信。

④ CA 安全认证中心

CA 认证中心（CA：Certification Authority，证书授权）是电子商务安全认证体系的核心机构。认证中心作为一个权威、公正、可信的第三方机构，需要承担网上安全电子交易的认证服务，主要负责产生、分配并管理用户的数字证书。它对电子商务活动中的数据加密、数字签名、防抵赖、数据完整性以及身份鉴别所需的密钥和认证实施统一的集中化管理，支持电子商务的参与者在网络环境下建立和维护平等的信任关系，保证网上在线交易的安全。CA 的建设是电子商务最重要的基础建设之一，也是电子商务大规模发展的根本保证。

（3）黑客防范技术

目前，人们已提出了许多有效的黑客防范技术，主要包括网络安全评估技术、防火墙技术、入侵检测技术等。

① 安全评估技术

安全评估黑客技术源于黑客入侵系统时采用的工具——扫描器。通过使用扫描器可以不留痕迹地发现远程或本地服务器的各种 TCP 端口的分配以及提供的服务和它们的软件版本，从而间接地或直观地了解到本地或远程机存在的问题，为网络安全漏洞的发现提供强大的支持。

② 防火墙技术

防火墙技术是防止非法用户入侵的有效措施。防火墙是指隔离在本地网络与外界网络之间的一道或一组执行策略的防御系统。所有的防火墙设计都要遵循两条基本原则，即未被允许的必禁止，未被禁止的均允许。作为最成熟的、最早产品化的网络安全机制，防火墙最初的设计就是防范外部攻击。改进的防火墙技术还可有效地控制内部和病毒的破坏。在选择防火墙时，要考虑诸多因素，包括网络结构、业务应用系统需求、用户及通信流量规模方面的需求，以及可靠性、可用性和易用性等方面的需求。

③ 入侵检测技术

入侵检测技术是一种主动保护自己免受黑客攻击的网络安全技术。入侵检测技术通过从计算机网络系统中的若干关键点收集信息并分析这些信息，看看网络中是否有违反安全策略的行为和遭到袭击的迹象。入侵检测被认为是防火墙之后的第二道安全闸门，它在不影响网络性能的情况下能对网络进行监测，从而提供对内部攻击、外部攻击和误操作的实时保护。入侵检测系统（IDS）被定义为对计算机和网络资源的恶意使用行为进行识别和相应处理的系统。它通过对计算机系统进行监视，提供实时的入侵监测，并采取相应的防护手段。目的在于监测可能存在的攻击行为，包括来自系统外部的入侵行为和来自内部用户的非授权行为。目前，国外的 IDS 商业产品已经多达一百多种。另外，还有几十个大型的国家级研究机构和大学正在进行 IDS 的研发工作。

（4）反病毒技术

长期以来，计算机病毒一直是计算机信息系统中的一个很大的不安全因素。反病毒技术主要包括预防病毒、检测病毒和消毒 3 种技术。

① 预防病毒技术

它通过自身常驻系统内存优先获得系统的控制权，监视和判断系统中是否有病毒存在，进而阻止计算机病毒进入计算机系统和对系统进行破坏。这类技术有加密可执行程序、引导区保护、系统监控与读写控制（如防病毒卡）等。

② 检测病毒技术

它是通过对计算机病毒的特征来进行判断的技术，如自身校验、关键字、文件长度的变化等。

③ 消毒技术

它通过对计算机病毒的分析，开发出具有删除病毒程序并恢复原文件的软件。随着网络的发展，病毒传播的国际化发展趋势日趋明显，反病毒工作也由本地化走向国际化。所以，有效的反病毒产品必须能够对全球最新出现的病毒具有最快速的反应能力。

2．管理措施

安全管理措施通常以制度的形式出现，即用条文对各项安全要求做出规定。这些制度主要包括人员管理制度，保密制度，跟踪、审计、稽核制度，系统维护制度，数据容灾制度，病毒防范制度和应急措施等。

（1）人员管理制度

人是电子商务活动中的主要参与者，对于从事电子商务的人员，一方面需要具有传统商务活动的知识和经验，另一方面，又必须具有相应的计算机网络知识和操作技能。由于从事商务活动的人在很大程度上支配着市场经济下企业的命运，而计算机网络犯罪又具有智能型、隐蔽性、连续性等特点，因而对电子商务活动中人员的管理很重要。

① 严格选拔

对电子商务活动人员的选拔应不仅考核他们的工作技能，更要考察他们的责任心、道德感和纪律性。

② 落实工作责任制

由于网络工作者，特别是超级管理员，他们有访问计算机系统的高级权限，掌握着很多重要的资料，他们必须严格遵守企业的安全制度，对本职工作认真负责，不能随意将工作内容向不相关的人泄露。

③ 贯彻电子商务安全运作基本原则

为了便于管理，应遵循多人负责、任期有限、最小权限的原则。多人负责是对重要的工作不能单独安排一个人管理，要实行多人管理，以便相互制约。任期有限是指任何人都不能长期担任与交易安全相关的职位。最小权限则是明确规定只有网络管理员才可以实施物理访问，只有他们才可以进行软件安装工作。

（2）保密制度

从事电子商务工作的企业，内部会涉及很多保密信息，如客户隐私、公司财务状况、密钥等，而每类信息又有不同的安全级别，哪些是可以让客户随意访问的，哪些是公司普通员工可以访问的，哪些又是高级管理员才能访问的，这些都需通过保密制度明确下来。

（3）跟踪、审计、稽核制度

跟踪制度是以系统自动生成日志文件的形式来记录系统运行的全过程。日志内容包括操作日期、操作方式、登录人、登录次数、运行时间、交易内容等。通过日志文件，可以对系统进行监督、维护分析和故障排除，对于安全案件的侦破提供事实依据。

审计制度包括经常对系统日志的检查、审核，及时发现对系统故意入侵行为的记录和对系统安全功能违反的记录，监控和捕捉各种安全事件，保存、维护和管理系统日志。

稽核制度是指工商管理、银行、税务人员利用计算机及网络系统，借助于稽核业务应用软件调阅、查询、审核、判断辖区内各电子商务参与单位业务经营活动的合理性、安全性、堵塞漏洞，保证电子商务交易安全，发出相应的警示或作出处理处罚的有关决定的一系列步骤及措施。

（4）系统维护制度

① 硬件的日常管理与维护

通常所说的系统硬件是指通信双方（服务器和客户机）、通信通道（通信线路）以及通信通道上的关卡（网络设备）。这些硬件必须建立系统设备档案，档案内容包括设备型号、生产厂家、配置参数、安装时间、安装地点、IP 地址、上网目录和内容等。对于服务器和客户机还应记录其内存、硬盘容量和型号及数量、多用户卡型号、操作系统名称、数据库名称等。这样便于日后对设备的更新和管理。

② 软件的日常管理与维护

软件是能实现一定功能的计算机指令的集合。根据其所起作用的不同、可以将软件分为操作系统和应用软件两大类。操作系统是计算机系统中负责支撑应用程序运行环境以及用户操作环境的系统软件。对于操作系统来说，一般需要进行的维护工作是定期清理日志文件、临时文件，定期整理文件系统，检测服务器上的活动状态和用户注册数，处理运行中的死机情况等。应用软件是针对某种应用所编写的软件，如常见的网页浏览器软件、图像软件、排版软件等。对该类软件的管理和维护工作主要是版本控制，这时应配置一台安装服务器，当远程客户机应用软件需要更新时，就可以从网络上进行远程安装。

（5）数据容灾制度

容灾按其容灾能力的高低可分为多个层次，例如，国际标准 SHARE78 定义的容灾系统有 7 个层次：从最简单的仅在本地进行磁带备份，到将备份的磁带存储在异地，再到建立应用系统实时切换的异地备份系统，恢复时间也可从几天到小时级到分钟级、秒级或 0 数据丢失等。企业应该根据自身情况制订不同的数据容灾制度。

（6）病毒防范制度

在电子商务安全问题中，病毒对网络交易的顺利进行造成极大的威胁。从事网上交易的企业和个人都应当建立病毒防范制度。如给自己的计算机安装防病毒软件、认真执行病毒定期清理制度、谨慎打开陌生地址的电子邮件、高度警惕网络陷阱等。

（7）应急措施

应急措施是指在计算机灾难事件发生时，利用应急计划、辅助软件和应急设施，排除灾难和故障，保障计算机信息系统继续运行或紧急恢复正常运行。在启动电子商务业务之初，就必须制订交易安全计划和应急方案，以防万一。一旦发生意外，有备无患，可最大限度地减少损失，尽快恢复系统的正常工作，保证交易的正常进行。

灾难恢复包括许多工作：一方面是硬件的恢复，使计算机系统重新运转起来；另一方面是数据的恢复。一般来讲，数据的恢复更为重要，难度也更大。运用的数据恢复技术主要是瞬时复制技术、远程磁盘镜像技术和数据库恢复。

3．法律环境

电子商务的安全发展必须依靠法律的保障，通过法律等条文。目前，电子商务的立法问题得到了有关国际性、地区性组织和许多国家政府的高度重视，保障电子商务安全的法律环境正在逐步建设中。

1.5 电子商务与电子支付

随着网络技术的不断发展，电子商务也加快其发展进程，渐渐成为人们生活中不可缺少的一部分。显然，传统的支付方式由于其面对面的交易模式，已经无法满足电子交易在线操作的需求，于是各种电子支付方式应运而生。它克服了传统支付方式过程复杂、耗时、携带现金不方便等局限性，因具有便利性、高效性、安全性等特点，在电子商务中显现出重要作用。

1. 传统支付

（1）支付结算的概念

支付结算就是通过银行提供的金融服务，清偿商务交易双方由于商品交换和劳务活动引起的债权、债务关系的经济行为。支付结算不同于一般的货币给付，它实行统一和分级相结合的管理，必须通过中央银行批准的金融机构进行，是一种必须使用一定法律形式而进行的行为。

（2）传统支付方式

传统支付方式主要有以下几种。

① 物—物交换（以物易物）

② 现金支付（一手交钱，一手交货）

现金有纸币和硬币两种形式，由国家发行。纸币是由国家权利机构强制发行和使用的货币符号，本身没有任何价值。硬币即金属货币，本身具有一定的价值。

这种方式的优点是简单便捷、匿名性、由支付人发起结算。缺点是容易磨损、丢失、被盗、伪造，交易时空受限（交易时空不可分离），大量携带不方便。

③ 票据支付

票据分为广义票据和狭义票据。广义票据包括各种具有法律效力、代表一定权利的书面凭证，如股票、债券、汇票等，人们将其统称为票据。狭义票据指的是《票据法》所规定的汇票、本票和支票，是一种载有一定的付款日期、付款地点、付款人的无条件支付的流通凭证，也是一种可以由持票人自由转让给他人的债券凭证。

这种方式的优点是具有异地交易、汇兑功能、避免清点现金的错误、节约时间、由接受人发起结算。缺点是业务费用较高、方便性和实效性比现金差，存在不能兑现的可能性。

④ 银行卡支付

银行卡是由银行发行的、供客户办理存取款和转账支付服务的工具的总称。

该方式的优点是高效率、便捷，减少现金流量，简化收款手续，提高结算效率。缺点是容易失效，交易费用较高，安全性低，由支付人发起结算。

⑤ 资金汇兑

资金汇兑指支付一方委托银行将其款项支付给收款一方的结算方式，分为信汇和电汇。该方式避免了支票支付的不能兑换的可能性。

⑥ 自动清算所支付（ACH）和电子资金转账 EFT

ACH 和 EFT 是为安全支付高额资金所涉及的电子支付系统。他们的应用已逐渐脱离了传统的支付结算的方式，具备了电子化、自动化、网络化处理的特点，我们也将这些支付形式称为电子支付。它是网络支付的重要基础。

（3）传统支付结算方式局限性

① 传统支付结算方式运作速度与处理效率比较低。

② 大多数传统支付结算方式在支付安全上问题较多。伪币、空头支票等现象造成支付结算的不确定性和商务风险增加，特别是跨区域远距离的支付结算。

③ 绝大多数传统支付结算方式应用起来并不方便。各类支付介质五花八门，发行者众多，使用的辅助工具、处理流程与应用规则和规范也均不相同，这些给用户的应用造成了困难。

④ 传统的支付结算方式由于涉及较多的业务部门、人员、设备与较为复杂的业务处理流程，运作成本较高。

⑤ 传统的支付结算方式，包括目前一些电子支付方式在内，为用户提供全天候、跨区域的支付结算服务并不容易，或很难做到。

⑥ 传统的支付结算方式特别使中国企业比较流行的纸质支票的应用并不是一种即时的结算，企业资金的回笼有一定的滞后期，增加了企业的运作资金规模；现金的过多应用给企业的整体财务控制造成一定的困难，同样对国际控制金融风险不利，且给偷税漏税、违反交易提供了方便。

2．电子支付

资金流是商务运作的核心环节。基于 Internet 的电子商务要求支付过程自动化、高效快捷、安全、全天候、跨区域，传统的支付方式已不能满足以上要求，但现实中又不能放弃现有的支付手段。因此，支付问题已经成为电子商务发展的瓶颈之一。

（1）电子支付概念

电子支付是以金融电子化网络为基础，以商用电子化工具和各类交易卡为媒介，以计算机技术和通信技术为手段，将货币以电子数据形式存储，并通过计算机网络系统以电子信息传递形式实现流通和支付。它的本质就是支付方法和手段的电子化。

（2）电子支付的特点

与传统的支付方式相比，电子支付具有以下特征。

① 电子支付是采用先进的技术通过数字流转来完成信息传输的，其各种支付方式都是通过数字化的方式进行款项支付的；而传统的支付方式则是通过现金的流转、票据的转让及银行的汇兑等物理实体来完成款项支付的。

② 电子支付的工作环境基于一个开放的系统平台（即互联网），而传统支付则是在较为

封闭的系统中运作。

③ 电子支付使用的是最先进的通信手段，如 Internet、Extranet，而传统支付使用的则是传统的通信媒介；电子支付对软、硬件设施的要求很高，一般要求有联网的计算机、相关的软件及其他一些配套设施，而传统支付则没有这么高的要求。

④ 电子支付具有方便、快捷、高效、经济的优势。用户只要拥有一台上网的计算机，便可足不出户，在很短的时间内完成整个支付过程。支付费用仅相当于传统支付的几十分之一，甚至几百分之一。

（3）电子支付的形式

电子支付方式的出现要早于互联网，电子支付的5种形式分别代表着电子支付的不同发展阶段。

① 银行利用计算机处理银行之间的业务，办理结算。
② 银行与其他行业之间的资金结算（如代发工资）。
③ 利用网络终端向客户提供各项银行服务（ATM 服务）。
④ 利用银行销售点终端（POS 机）向客户提供自动扣款服务。
⑤ 网上支付（信用卡、数字现金等）。

（4）电子支付的安全性问题

电子支付发展所要求的是开放的支付环境，电子支付直接与金钱挂钩，一旦出现问题会带来较大的经济损失，并会在电子支付链中相互传递风险。电子支付安全性主要有以下几点。

① 机密性问题：保证数据不被非法截获。
② 完整性问题：防止信息不被随意生成、修改、删除，同时防止信息传送过程中的重复和丢失。
③ 身份真实性问题：保证交易双方能正确识别对方并能互相证明身份，这可以有效防止网上交易的欺诈行为。
④ 不可抵赖性问题：保证交易双方对自己的交易行为的不可否认，防止交易各方日后否认发出或接收过的信息。
⑤ 有效性问题：保证电子商务活动所传输的数据在确定的时刻和确定的地点是有效的。

电子商务安全体系贯穿整个电子商务系统，它是设计和实现电子商务系统所必须始终考虑的问题，电子支付也不例外。

3．电子支付在电子商务系统中的地位和作用

在电子商务系统结构中，底层是网络平台，中间层是电子商务基础平台，核心是 CA 认证，第三层是各种各样的电子商务应用系统，如网上交易系统，移动电子商务系统等。而电子支付既是电子商务平台的基础，也是电子商务在金融机构的一种应用，起着承上启下的关键作用。

电子支付也是网上交易的关键。电子商务交易后，银行按照合同要求，依照双方的支付指令完成资金的支付与结算，同时完成商品的交割。该阶段是银行介入电子商务的一个入口

点，也是整个商品交易的关键一环，完成商品使用价值和价值的交换。

Internet 的发展促进了新的交易方式和支付手段（电子货币）的出现。新的支付工具（信用卡）促进了网上支付的实现。

第二部分　技　能　训　练

技能训练 1　计算机安全设置

1. 物理安全

服务器应该安放在安装了监视器的隔离房间内，并且监视器要保留 15 天以上的摄像记录。另外，机箱、键盘、计算机桌抽屉要上锁，以确保旁人即使进入房间也无法使用计算机，钥匙要放在安全的地方。

2. 用户账户设置

依次单击开始→控制面板→用户账户，在用户账户对话框中进行相应设置，如图 1.2 所示。

（1）停掉 Guest 账号

在计算机管理的用户里面把 Guest 账号停用，任何时候都不允许 Guest 账号登录系统。

（a）

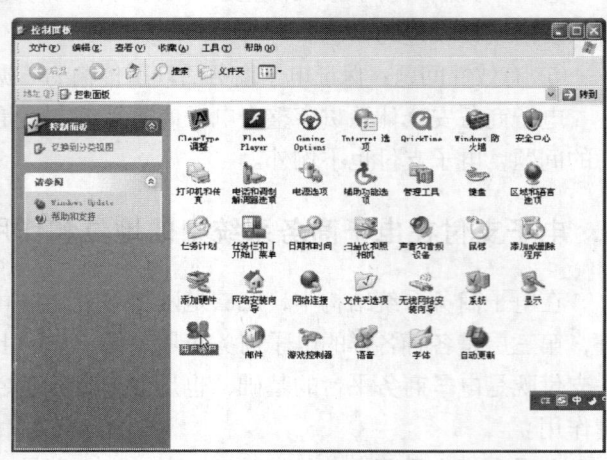
（b）

图 1.2　用户账户设置

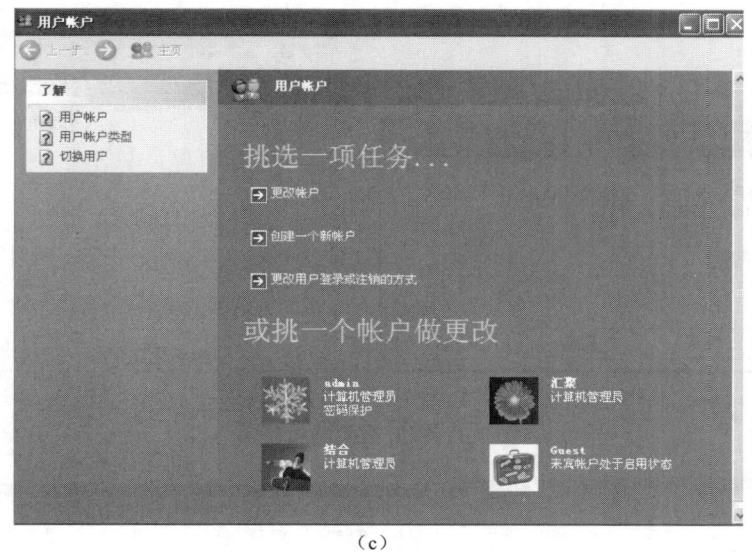

(c)

图 1.2　用户账户设置（续）

同时为了保险起见，给 Guest 加一个复杂的密码。可以打开记事本，在里面输入一串包含特殊字符、数字、字母的长字符串，然后把它作为 Guest 账号的密码复制进去。

依次单击开始→设置→控制面板→用户账户→单击 Guest 账户→禁止来宾账户。

（2）限制不必要的用户数量

严格限制管理员组的用户，时时刻刻保证只有一个 Administrator（也就是你自己）是该组的用户。至少每天检查一次该组的用户，发现多增加的用户一律删除。测试用账户，共享账户，普通部门账户等，这些账户很多时候都是黑客们入侵系统的突破口，系统的账户越多，黑客们得到合法用户的权限可能性一般也就越大。

（3）创建 2 个管理员用账户

创建一个一般权限账户用来收信以及处理一些日常事务，另一个拥有 Administrator 权限的账户只在需要的时候使用。

（4）把系统 Administrator 账户改名

这样可以防止别人一遍又一遍地尝试这个账户的密码。不要使用 Admin 之类的名字，尽量把它伪装成普通用户，如改成 guestone。

新建一个名为 Administrator 的陷阱账户，为其设置最小的权限，然后随便输入组合的最好不低于 20 位的密码。

3．设置密码与账户策略

好密码就是安全期内无法破解出来的密码。

在运行中输入 gpedit.msc 回车，打开组策略编辑器，如图 1.3 所示。依次选择计算机配置→Windows 设置→安全设置→账户策略→账户锁定策略，将账户设为"3 次登录无效"、"账户锁定时间 30 分钟"、"复位账户锁定计数器"设为 30 分钟，如图 1.4 所示。

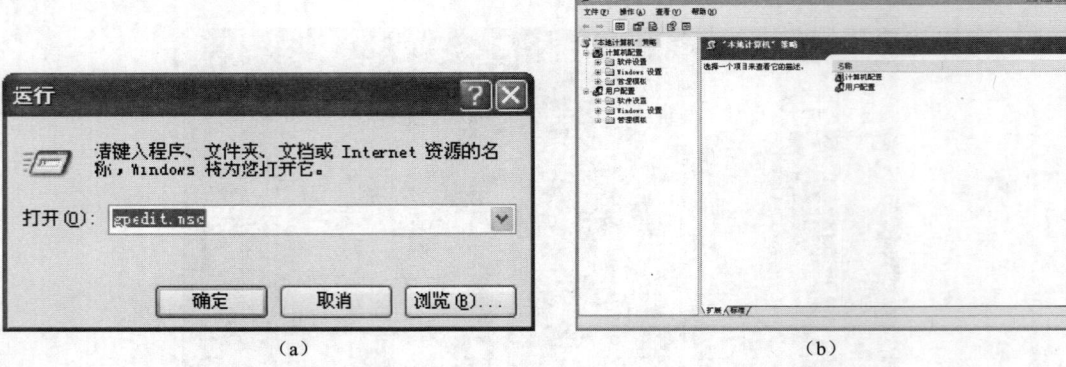

图 1.3 打开组策略编辑器

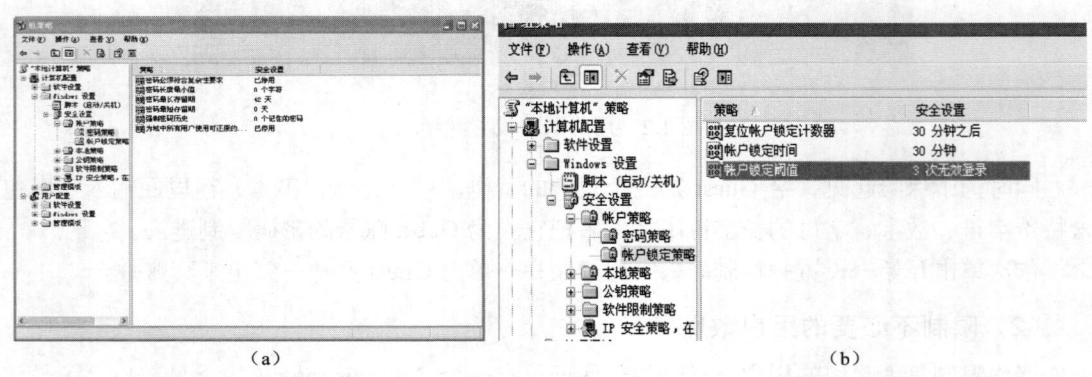

图 1.4 设置账户锁定策略

4. 设置屏幕保护

右键单击桌面,在弹出的快捷菜单中单击属性,在弹出的对话框中选择设置屏幕保护选项并进行相应设置,如图 1.5 所示。

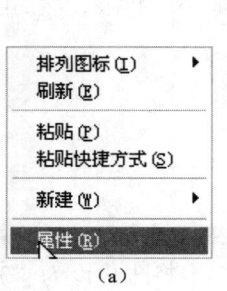

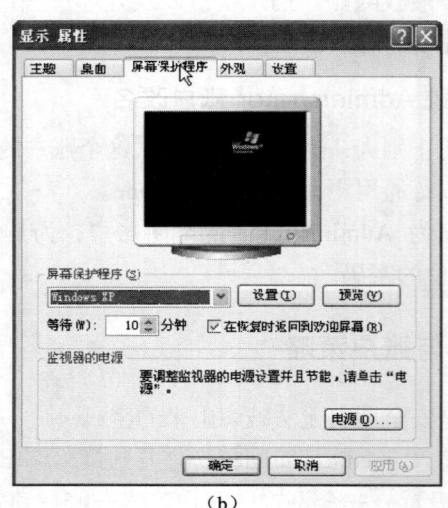

图 1.5 设置屏幕保护

设置屏幕保护是防止内部人员破坏服务器的一个屏障。注意不要使用一些复杂的屏幕保护程序，以免浪费系统资源。

5．使用 NTFS 格式分区

NTFS 是计算机的格式分区。右键单击 C 盘，查看属性便知道计算机的准确分区格式，其他盘也一样，如图 1.6 所示。

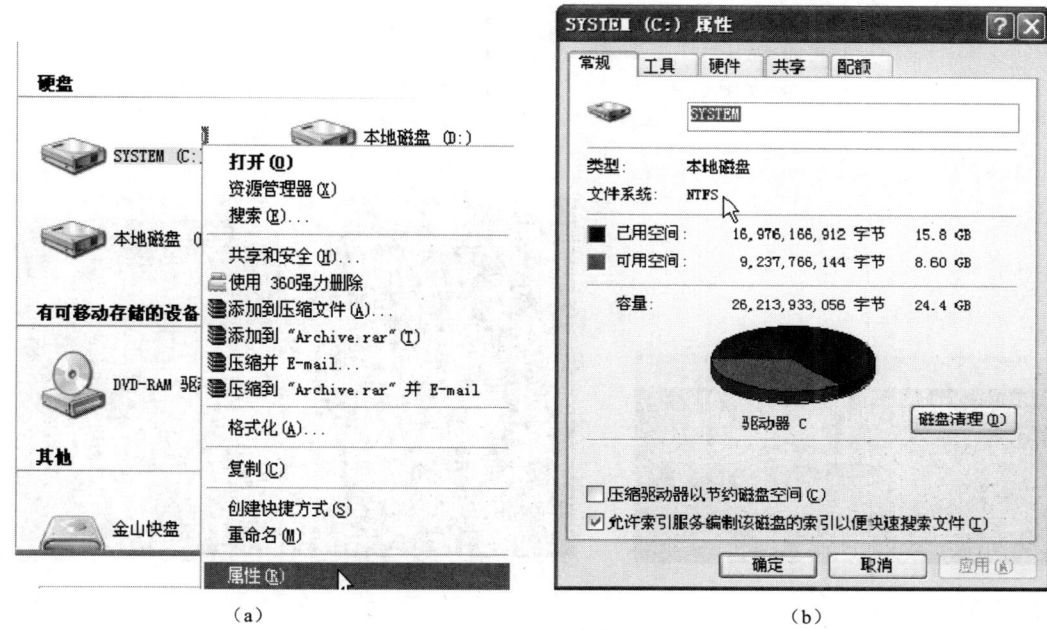

图 1.6　查看 C 盘的分区格式

把服务器的所有分区都改成 NTFS 格式。NTFS 文件系统要比 FAT、FAT32 的文件系统安全得多。

6．运行防毒软件

一些好的杀毒软件不仅能杀掉一些著名的病毒，还能查杀大量木马和后门程序。这样"黑客"们使用的那些有名的木马就毫无用武之地了。因此要安装可靠的杀毒软件并经常升级病毒库。

7．查看并关闭本地共享资源

（1）在命令提示符下运行 CMD，输入 net share，查看该台机器的共享项目，如图 1.7 所示。

（2）关闭共享项目。

运行 CMD，输入 net share 共享名称/del，关闭该共享项目，如图 1.8 所示。

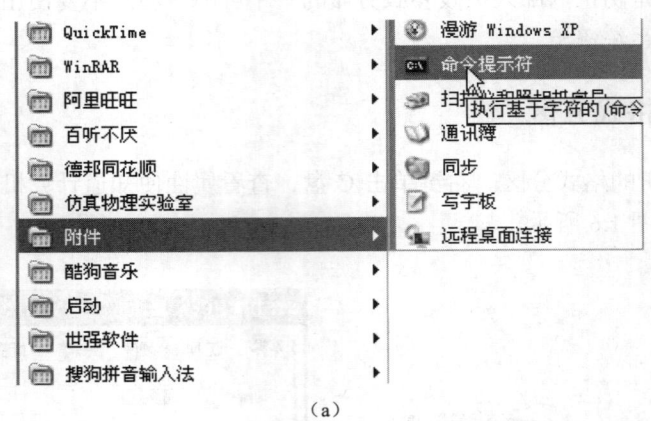

(a)

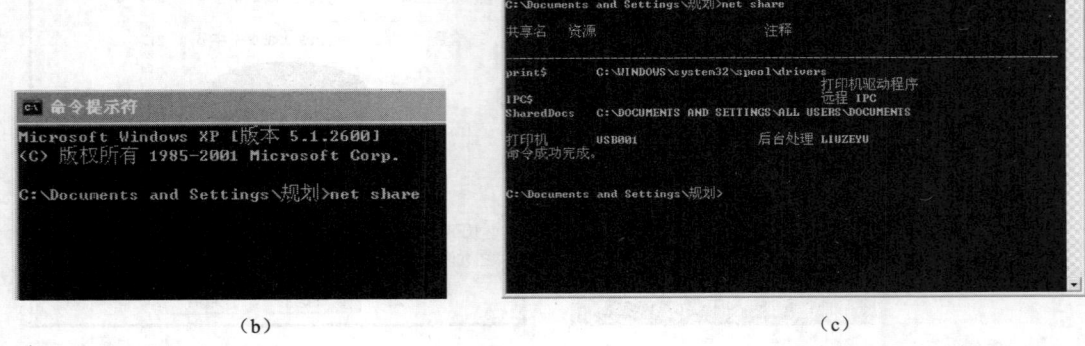

图 1.7 查看共享项目

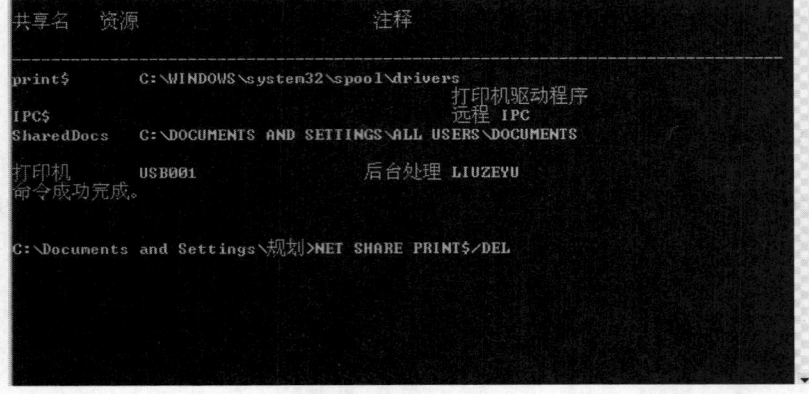

图 1.8 关闭共享项目

8. 禁用服务

打开控制面板,进入管理工具→服务,关闭相应服务,如图 1.9 所示。

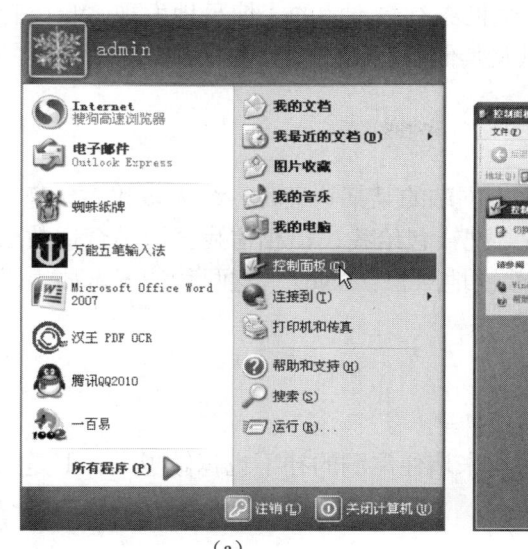
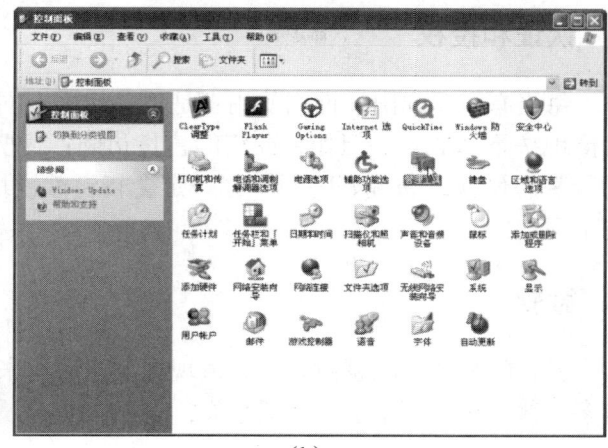

(a)　　　　　　　　　　　　　　　(b)

图 1.9　关闭相应服务

技能训练 2　课外阅读——网络安全十大不稳定因素

1．Cookie

这种网络"小甜饼"是一些会自动运行的小程序。网站设计师使用它们来为用户提供方便而高效的服务。但同时通过使用这些小程序，商业公司和网络入侵者也能够轻易获得用户机器上的信息。

2．Java

Java 作为一种技术，到底是否成功，一直备受争议。但至少有一点是肯定的，有无数利用 Java 的漏洞成功入侵为用户提供服务的服务器的案例。

3．CGI

很难想象没有 CGI 技术，网站会是什么样子。可能会很难看，可能使用会不太方便，但用户留在服务器上的隐私会得到更大的保障。

4．电子邮件病毒

超过 85%的人使用互联网是为了收发电子邮件，没有人统计其中有多少正使用直接打开附件的邮件阅读软件。"爱虫"发作时,全世界有数不清的人惶恐地发现,自己存放在计算机上的重要的文件、不重要的文件以及其他所有文件,已经被删得干干净净。

5. 认证和授权

每当有窗口弹出,询问使用者是不是使用本网站的某某认证时,绝大多数人会毫不犹豫地按下"Yes"。但如果商店的售货员问:"把钱包给我,请相信我会取出合适数量的钱替您付款,您说好吗?"你一定会斩钉截铁地回答:"No!"这两种情况本质上没有不同。

6. 微软

微软的软件产品越做越大,发现漏洞之后用来堵住漏洞的补丁也越做越大,但是又有多少普通用户真正会去下载它们?

7. 比尔·盖茨

很多技术高手就是因为看不惯他,专门写病毒让微软程序出问题,攻击使用微软技术的站点。但比尔·盖茨没有受到太大影响,遭罪的是普通人。

8. 自由软件

有了自由软件,才有互联网今天的繁荣。自由软件要求所有结果必须公开,据说让全世界的程序员一起来查找漏洞,效率会很高。这要求网络管理员有足够的责任心和技术能力根据最新的修补方法消除漏洞。

9. ICP

用户提供私人信息,ICP 让用户注册,并提供免费服务,获得巨大的注意力,以及注意力带来的风险投资。这是标准的注意力经济模式。但并没有太多人去留意有很多经济状况不太好的 ICP 会把用户的信息卖掉换钱。

10. 网络管理员

管理员可以得到用户的个人资料、看用户的信、知道用户的信用卡号码,如果做些手脚的话,还能通过网络控制用户的机器。

第 2 章 加密与解密

加密是实现秘密通信的主要手段。在计算机通信中,采用加密技术将信息隐蔽起来,将隐蔽后的信息传输出去,再在接收方将信息解密。信息在传输过程中即使被窃取或截获,窃取者也不能了解信息的内容,从而可以保证信息传输的安全。

第一部分 任务学习引导

2.1 加密与解密基本知识

1. 数据加密

(1) 加密与解密定义

加密是一种限制对网络上传输数据的访问权的技术。原始数据(也称为明文)被加密设备(硬件或软件)和密钥加密而产生的经过编码的数据通常称为"密文",其只能在输入相应的密钥之后才能显示出本来内容,通过这样的途径可以达到保护数据不被非法窃取、阅读的目的。该过程的逆过程为解密,即将该密码信息转化为其原来数据的过程。它是加密的反向处理,但解密者必须利用相同类型的加密设备和密钥对密文进行解密。

加密算法可以看做是一个复杂的函数变换,Y=(M,Key),Y 代表密文,即加密后得到的字符序列,M 代表明文即待加密的字符序列,Key 代表密钥。当加密完成后,可以将密钥通过安全渠道送给收信人,只有拥有解密密钥的收信人才可以对密文进行解密后变换得到明文。加密解密过程如图 2.1 所示。

(2) 加密基本功能

① 防止不速之客查看机密的数据文件。
② 防止机密数据被泄露或篡改。
③ 防止特权用户(如系统管理员)查看私人数据文件。
④ 使入侵者不能轻易地查找一个系统的文件。

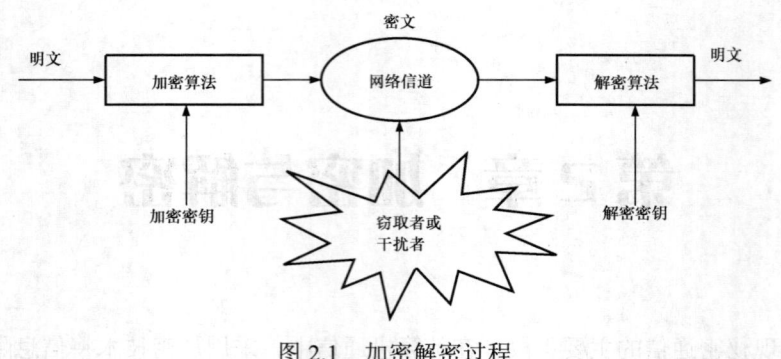

图 2.1 加密解密过程

（3）加密系统的组成

任何一个加密系统至少包括下面 4 个组成部分。

① 未加密的报文，也称明文。
② 加密后的报文，也称密文。
③ 加密解密设备或算法。
④ 加密解密的密钥。

发送方用加密密钥，通过加密设备或算法，将信息加密后发送出去。接收方在收到密文后，用解密密钥将密文解密，恢复为明文。如果传输中有人窃取，他只能得到无法理解的密文，从而对信息起到保密作用。

2. 数据加密方式

数据加密是确保计算机网络安全的一种重要机制，是实现分布式系统和网络环境下数据安全的重要手段之一。数据加密可在网络 OSI 七层协议的多层上实现，从加密技术应用的逻辑位置看，数据加密有 3 种方式。

（1）链路加密

链路加密是传输数据仅在物理层前的数据链路层进行加密。接收方是传送路径上的各台节点机，信息在每台节点机内都要被解密和再加密，依次进行，直至到达目的地。

使用链路加密装置能为某链路上的所有报文提供传输服务。它主要用于保护通信节点输的数据，加解密由置于链上的密码设备实现。即经过一台节点机的所有网络信息传输均解密，每一个经过的节点都必须有密码装置，以便解密、加密报文。如果报文仅在一部分上加密而在另一部分链路上不加密，则相当于未加密，仍然是不安全的。

（2）节点加密

节点加密是对链路加密的改进。在协议传输层上进行加密，主要是对源节点和目标节点之间传输数据进行加密保护。与链路加密类似，只是加密算法要结合在依附于节点的加密模块中，在节点处采用一个与节点机相连的密码装置（被保护的外围设备），密文在该装置中被解密并被重新加密，明文不通过节点机，克服了链路加密在节点处易遭非法存取的缺点。

（3）端对端加密

端对端加密是为数据从一端传送到另一端提供的加密方式。数据在发送端被加密，在最终目的地（接收端）解密，中间节点处不以明文的形式出现。

采用端对端加密是在应用层完成，即传输前的高层中完成。除报头外的报文均以密文的形式贯穿于全部传输过程；只是在发送端和最终端才有加、解密设备，而在中间任何节点报文均不解密，因此，不需要有密码设备。同链路加密相比，一方面，该方式可减少密码设备的数量；另一方面，信息是由报头和报文组成的，报文为要传送的信息，报头为路由选择信息。由于网络传输中要涉及路由选择，在链路加密时，报文和报头两者均须加密。而在端对端加密时，由于通道上的每一个中间节点虽不对报文解密，但为将报文传送到目的地，必须检查路由选择信息，因此，只能加密报文，而不能对报头加密。这样就容易被某些通信分析发觉，而从中获取某些敏感信息。

该方式易于用软件实现，且成本低，但密钥管理问题困难，主要适合大型网络系统中信息在多个发方和收方之间传输的情况。

3．加密传输方式的比较

数据保密变换使数据通信更安全，但不能保证在传输过程中绝对不会泄密。因为在传输过程中，还有泄密的隐患。

采用链路加密方式，从起点到终点，要经过许多中间节点，在每个节点地均要暴露明文（节点加密方法除外），如果链路上的某一节点安全防护比较薄弱，那么按照木桶原理（木桶水量是由最低一块木板决定），虽然采取了加密措施，但整个链路的安全只相当于最薄弱的节点处的安全状况。

采用端对端加密方式，只是发送方加密报文，接收方解密报文，中间节点不必加、解密，也就不需要密码装置。此外，加密可采用软件实现，使用起来很方便。在端对端加密方式下，每对用户之间都存在一条虚拟的保密信道，每对用户应共享密钥（传统密码保密体制，非公钥体制下），所需的密钥总数等于用户对的数目。对于几个用户，若两两通信，共需密钥 $n*(n-1)/2$ 种，每个用户需$(n-1)$种。这个数目将随网上通信用户的增加而增加。为安全起见，每隔一段时间还要更换密钥，有时甚至只能使用一次密钥，密钥的用量很大。

链路加密，每条物理链路上，不管用户多少，可使用一种密钥。在极限情况下，每个节点都与另外一个单独的节点相连，密钥的数目也只是 $n*(n-1)/2$ 种。这里 n 是节点数而非用户数，一个节点一般有多个用户。

从身份认证的角度看，链路加密只能认证节点，而不是用户。使用节点 A 密钥的报文仅保证它来自节点 A。报文可能来自 A 的任何用户，也可能来自另一个路过节点 A 的用户。因此，链路加密不能提供用户鉴别。端对端加密对用户是可见的，可以看到加密后的结果，起点、终点很明确，可以进行用户认证。

总之，链路加密对用户来说比较容易，使用的密钥较少，而端对端加密比较灵活，用户可见。对链路加密中各节点安全状况不放心的用户也可使用端对端加密方式。几种加密方式比较如表 2.1 所示。

表2.1 加密方式比较

方式	优点	缺点
链路加密	1. 包含报头和路由信息在内的所有信息均进行加密处理 2. 单个密钥损坏时整个网络不会损坏，每对网络节点可使用不同的密钥 3. 加密对用户透明	1. 信息以明文形式通过每一个节点 2. 因为所有节点都必须有密钥，密钥分发和管理变得困难 3. 由于每个安全通信需要两个密码设备，此费用较高
节点加密	1. 消息的加、解密在安全模块中进行，因此消息内容不会被泄露 2. 加密对用户透明	1. 某些信息（如报头和路由信息）必须以明文形式传输 2. 因为所有节点都必须有密钥，密钥分发和管理困难
端对端加密	1. 使用方便，采用用户自己的协议进行加密，并非所有数据都加密 2. 网络中的数据从起点到终点都得到保护 3. 加密对网络节点透明，在网络重构期间可使用加密技术	1. 每一个系统都需要完成相同类型的加密 2. 某些信息（如报头和路由信息）必须以明文形式传输 3. 需采用安全先进的密钥颁发和管理技术

2.2 对称加密与不对称加密

加密有以下两种基本的形式。
- 对称加密，也称为秘密密钥加密。
- 不对称加密，也称为公开密钥加密。

1．对称加密

对称加密利用一个密钥对数据进行加密，对方接收到数据后，需要用同一密钥来进行解密。其加密与解密过程如图2.2所示。

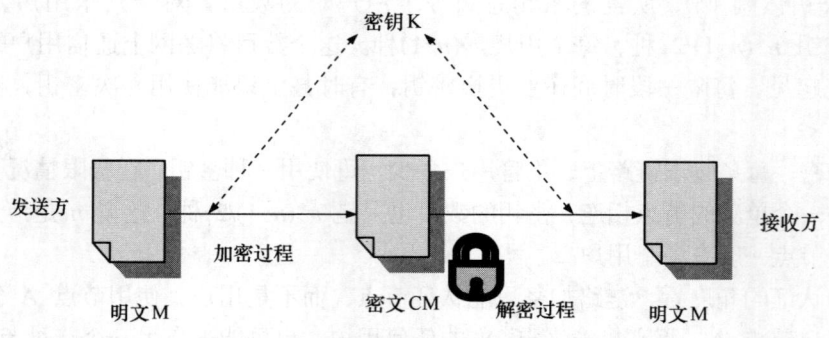

图2.2 对称密钥加密与解密过程

对称加密系统有两个重要的要素：一个是作为对称密钥的随机数，另一个是对称加密算法。

对称密钥的创建一般是使用随机数发生器，而其中最好的则是专门用于产生随机数的硬件设备。如噪声很大的二极管，就是公认的随机数发生器。事实上，只要找到适当的方法加以利用，噪声本身就是很好的随机数发生源。

对称密钥加密技术中最具有代表性的算法是 IBM 公司提出的 DES（Data Encryptiorn Standard）算法。该算法 1997 年被美国政府确定为官方加密标准。其基本思想是："对 64bit 的二进制数据加密，产生 64bit 等长的密文数据。使用的密钥为 64bit。实际密钥长度为 56bit（有 8bit 用于奇偶校验）。在 DES 的加密过程中先对 64bit 长的明文进行初始置换，然后将其分割成左右各 32bit 长的子块，经过 16 次迭代进行循环移位与变换，最后再进行逆初始置换得出 64bit 长的密文。"

对称加密技术的优点：其加密和解密的密钥相同，数学运算量小，加密速度快，得到的密文紧凑，大小几乎等于明文。

其主要弱点在于密钥管理困难，因为对称加密的密钥必须经过网络发送给接收者，密钥本身的安全性令人担心，一旦密钥泄露则直接影响到信息的安全性，而且如果有 N 个用户之间进行通信加密，需要使用 $N(N-1)/2$ 对密钥才能实现两两加密通信。另外，对称加密不支付数字签名，无法进行身份确认。

2．非对称加密

非对称密钥加密体制中，每个人都有一对密钥，其中一个为公开的，一个为私有的。如果要保证信息只有接收方才能看到，发送信息时要用对方的公开密钥加密，收信者用自己的私有密钥进行解密。非对称密钥加密与解密过程如图 2.3 所示。

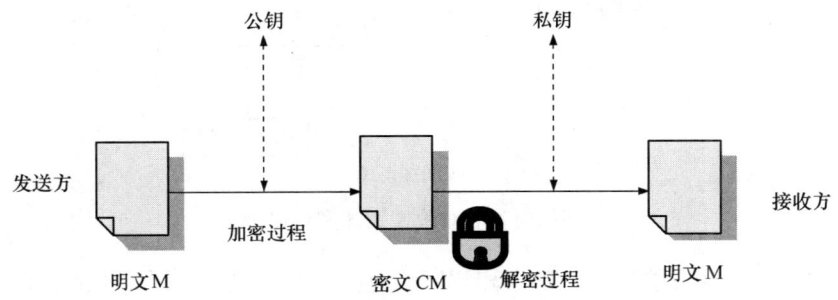

图 2.3　非对称密钥加密与解密过程

公开密钥加密技术是 1976 年在斯坦福大学被提出来的。公开密钥加密系统需要一对相关的密钥：一个用来加密，一个用来解密。一个私人密钥，由系统保密持有，一个公开密钥，可以公开发布。该系统的特点：知道公开密钥，不能推断出私人密钥。

依据公开密钥是用作加密密钥还是解密密钥，公开密钥加密系统有两种模式：加密模式和验证模式。其过程如图 2.4 所示。

公开密钥系统设计的理论基础是假设某个特定已知的数学问题是很难解决的。与对称加密系统相比，公开密钥系统功能是强大的，但同时也对加密算法的设计提出了更高的要求，攻击该系统必须用到公开密钥这一额外信息。

这种加密技术的优点是不需要共享通用的密钥，用于解密的私钥不需要发往任何地方，公钥在传递与发布过程中即使被截获，由于没有与公钥相匹配的私钥，截获公钥也没有意义。网络中有 N 个用户之间进行通信加密，仅仅需要使用 N 对密钥就可以了，简化了密钥的管理。身份认证较为方便，能够支持对数据的数字签名，有效防止抵赖行为。

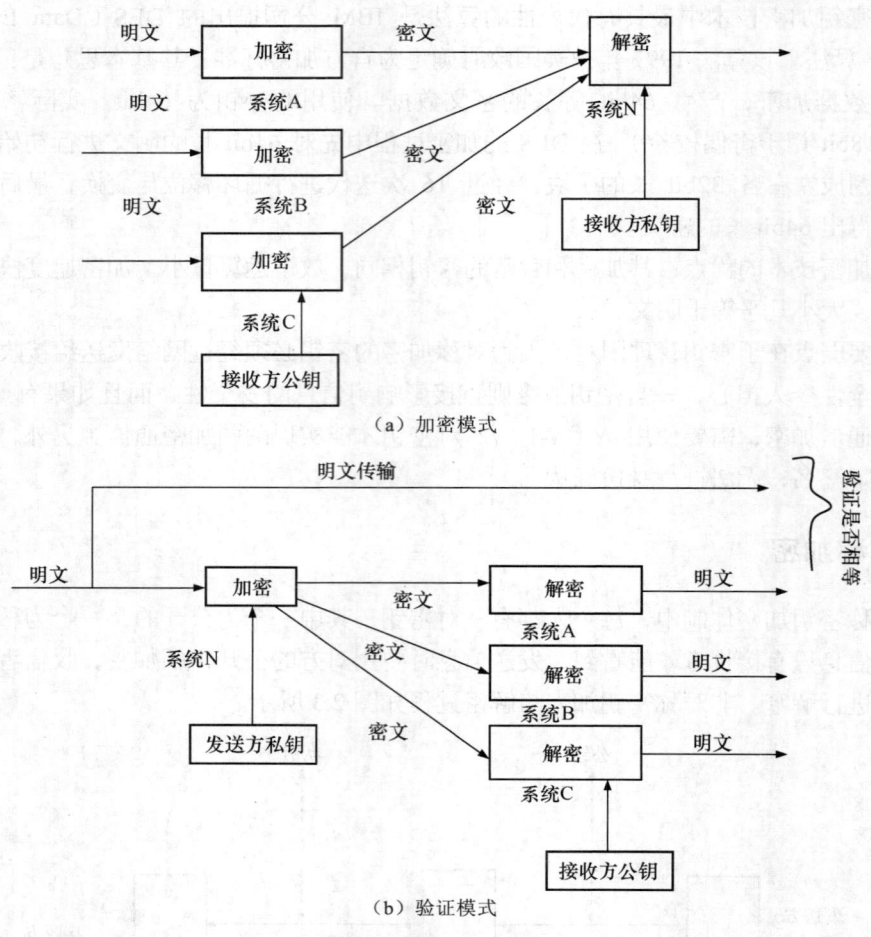

图2.4 非对称密钥加密体制

其主要缺点是加密算法复杂，加密和解密的速度相对来说比较慢，不适合对大批量数据进行加密解密。

非对称加密算法的典型代表是 RSA 算法，该算法 1977 年由 Ron Rivest、Adi Shamirh 和 LenAdleman 在美国麻省理工学院开发的。RSA 取名来自开发他们三者的名字首字母。RSA 是目前最有影响力的公钥加密算法，它能够抵抗到目前为止已知的所有密码攻击，已被 ISO 推荐为公钥数据加密标准。RSA 算法基于一个十分简单的数论事实：将两个大素数相乘十分容易，但那时想要对其乘积进行因式分解却极其困难，因此，可以将乘积公开作为加密密钥。

其基本思想是：先找出两个非常大的质数 P 和 Q，算出 $N=(P*Q)$，找到一个小于 N 的 E，使 E 和 $(P-1)*(Q-1)=0$。则公钥为 (E,N)，私钥为 (D,N)。在加密时，将明文划分为串，使得每串明文 P 落在 0 和 N 之间，这样通过将明文划分为每块有 K 位的组来实现，并且使得 K 满足 $(P-1)*(Q-1)K<N$ 关系最大的整数。加密一个明文 P 时，可以通过 $C=PE$（模 N）计算出密文。解密密文 C 时，可以通过 $P=CD$(模 N)计算出明文。因为私钥 E 与 $(P-1)*(Q-1)$ 互质，而公钥 D 使 $(E*D) \mod ((P-1)*(Q-1))=1$ 成立。破解者可以得到 D 和 N，

如果想要得到 E，必须得出$(P-1)*(Q-1)$，因而必须先对 N 进行因数分解。如果 N 很大那么因数分解就会非常困难，所以要提高加密强度 P 和 Q 的数值大小起着决定性的因素。一般来讲，当 P 和 Q 都大于 2128 时，按照目前的计算机处理速度破解基本已经不大可能了。

3. DES 算法和 RSA 算法的比较

（1）在加密和解密的处理效率方面，DES 算法优于 RSA 算法。因为 DES 密钥的长度只有 56 位，可以利用软件和硬件实现高速处理。而 RSA 算法需要进行诸如 200 位整数的乘幂和求模等多倍字长的处理，处理速度明显慢于 DES 算法。

（2）在密钥的管理方面，RSA 算法比 DES 算法更加优越。因为 RSA 算法可采用公开形式分配加密密钥，对加密密钥的更新也很容易，并且对不同的通信对象，只需对自己的解密密钥保密即可。DES 算法要求通信前对密钥进行秘密分配，密钥的更换困难，对不同的通信对象，DES 需产生和保管不同的密钥。

（3）DES 算法和 RSA 算法的安全性都较好，目前还没有在短时间内破译它们的有效方法。

（4）DES 算法从原理上不可能实现数字签名和身份认证，但 RSA 算法则容易进行。

2.3 数字信封技术

因为公开密钥加密和秘密密钥加密各有所长，所以在实际应用中，往往将公开密钥加密与秘密密钥加密算法结合起来使用，以达到扬长避短的目的，这就是数字信封技术。

1. 数字信封原理

数字信封技术实际上是使用双层加密体制，如图 2.5 所示。在内层，利用对称密钥加密技术加密正文，每次传送消息都可以重新生成新的对称密钥，实现了一次一密，保证了信息的安全性。在外层，使用公钥加密技术对对称密钥进行加密，保证对称密钥传输的安全性。数字信封技术的应用，使资料信息在公共网络中的传输有了安全保障。

图 2.5　数字信封原理

2. 数字信封工作过程

数字信封工作过程如图 2.6 所示。

① 对需要传输的较长信息采用对称密钥加密算法加密（对称密钥为 P），形成密文 M，传送给接收方。

② 采用公开密钥加密算法利用接收方的公钥对对称密钥 P 进行加密，形成 P 的密文，传送给接收方。

③ 接收方利用自己的私钥对发送方发来的 P 的密文进行解密，得到对称密钥 P。

④ 接收方再利用该密钥 P 对加密的消息 M 进行解密，得到信息明文。

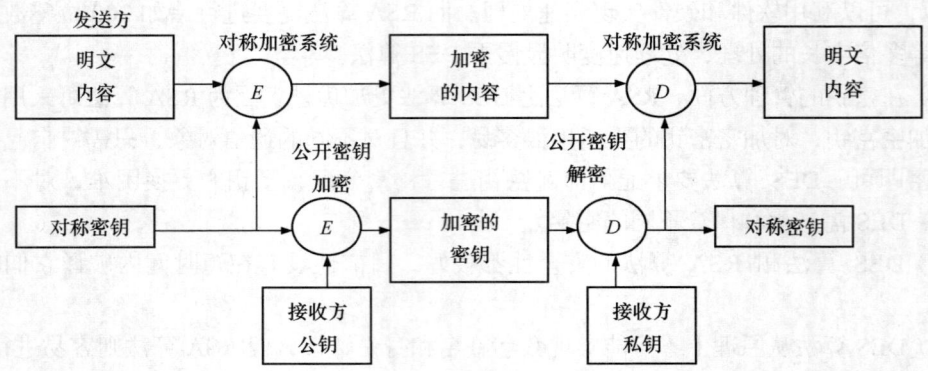

图 2.6　数字信封工作过程

例如：用户甲采用数字信封技术向银行乙发送"支付通知"信息。其步骤如下。

① 用户甲在客户端利用对称加密算法随机产生一个对称密钥 P。

② 用户甲利用银行乙的公钥对对称密钥 P 加密。

③ 用户甲把对称密钥 P 的密文传送给银行乙。

④ 用户利用对称密钥 P 对"支付通知"进行加密，形成该通知的密文，传送给银行乙。

⑤ 银行乙利用自己的私钥 A 解密出对称密钥 P。

⑥ 银行乙再利用对称密钥 P 解密收到的"支付通知"的密文，获得该通知明文。

3. 数字信封的优点

① 加解密速度较快，可以满足网络支付中的即时处理需要。

② 方便对称密钥的传输，不需要产生其他的额外开销。

③ 具有数字签名和认证功能。

④ 密钥管理方便。

⑤ 保证通信安全。

2.4　数字签名技术

在电子商务安全技术中，数字签名技术有着特别重要的地位。它可以防止他人对传输的文件进行破坏以及确定发信人的身份，在电子商务安全服务中的源鉴别、完整性服务、不可否认服务中，都要用到数字签名技术。

1．数字签名的基本原理

数字签名其实是伴随着数字化编码的信息一起发送并与发送的信息有一定逻辑关联的数据项，借助数字签名可以确定消息的发送方，同时还可以确定信息自发出后未被修改过。数字签名的整个过程如图 2.7 所示。

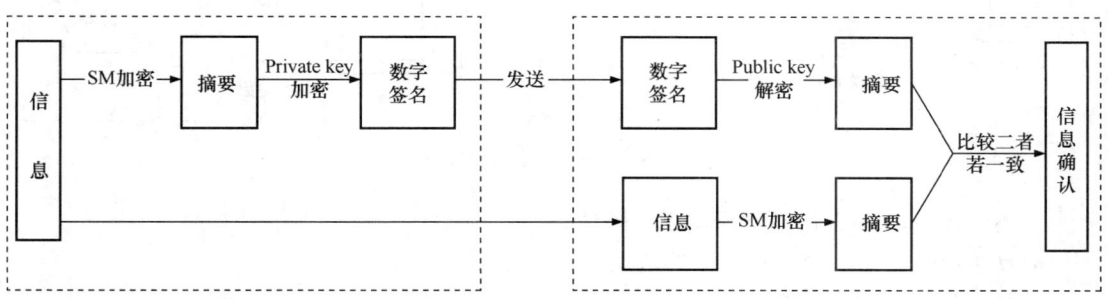

图 2.7　数字签名过程

2．数字签名的作用

在数字签名过程中，发送方用自己的私有密钥进行签署由此产生签名，接收方则用发送方的公开密钥进行验证操作。上述步骤说明数字签名可以完成如下的功能。

（1）对信源的身份认证

数字签名技术使用公钥加密算法，发送者使用自己的私钥对发送的信息进行加密。接收者可以通过发送者的公钥解密接收的信息。这样，接收者便可以证实该信息是由意定的发送者发送的，同时可以确定发送者的身份。因为除了发送者之外，没有人可以生成这样的密文。

（2）防止通信中抵赖的发生

当通信中出现抵赖行为时，接收者可以将接收到的密文呈现给第三方。由于该密文有发送者的私钥生成，其他任何人都没有这个私钥，也就不能生成这样的密文。这样第三方皆可以通过发送者的公钥解密接收者呈送的密文，若能正确解密，则可以确定这个密文确实是该发送者发送的，而发送者发生了抵赖行为。

注：以上的方法只能防止通信过程中信源发生抵赖行为，即信源不承认已经发出的信息；而不能防止信宿发生抵赖行为，即接收者不承认接收了已经接收的信息。

3．数字签名实例——Hash 签名

Hash 签名是最主要的数字签名方法，也称之为数字摘要法（Digital Digest）或数字指纹法（Digital Finger Print）。该数字签名方法是将数字签名与要发送的信息紧密联系在一起，在电子商务中，可以将一个商务合同的个体内容与签名结合在一起，将合同和签名分开传递，更增加了可信度和安全性，因此，它更适合于电子商务活动。其签名及验证过程如图 2.8 所示。

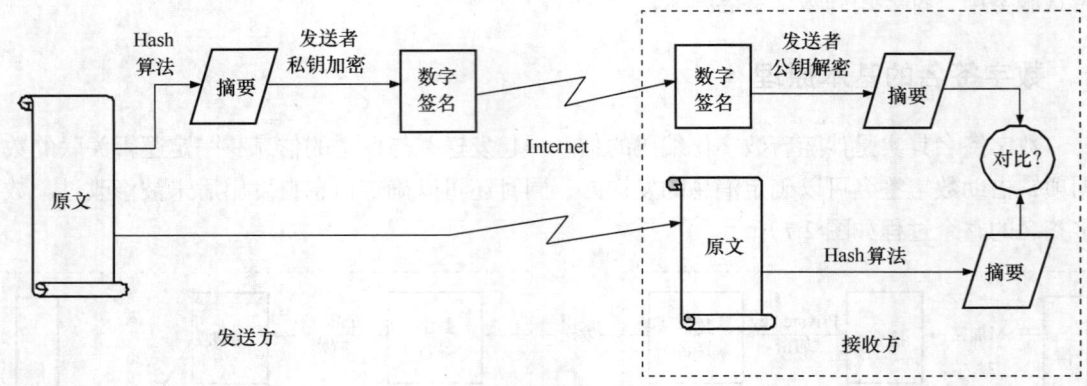

图 2.8 Hash 签名工作过程

上述过程中,Hash 函数应满足以下条件:
- H 可以作用于一个任意长度的数据块;
- H 产生一个固定长度的输出;
- $H(x)$ 对任意给定的 x 计算相对容易,无论是软件还是硬件实现;
- 对任意给定码 h,找到 x 满足 $H(x)=h$ 具有计算不可行性;
- 对任意给定的数据块 x,找到满足 $H(y)=H(x)$ 的 $y \neq x$ 具有计算不可行性;
- 找到任意数据对 (x, y),满足 $H(x) = H(y)$ 是计算不可行的。

上述安全单向散列函数的特征可以保证如果两条信息的信息摘要相同,则它们的信息内容也相同。因此,可以通过比较发送前的信息摘要和接收后的信息摘要来判断信息在传输过程中是否被篡改过或改变过。由于在传输中信息摘要是经过发送者的私钥加密的,其他人生成相同加密信息摘要的可能性非常小,因此,只要重新计算的信息摘要与解密后的信息摘要相同,则可以证明该信息在传输过程中未被篡改过。

2.5 数字时间戳

在书面合同中,文件签署的日期和签名一样,均是十分重要的,是防止文件被伪造和篡改的关键性内容。在电子交易中,同样需对交易文件的日期和时间信息采取安全措施,而数字时间戳服务可以有效地为文件发表时间提供佐证。

1. 数字时间戳的概念

数字时间戳(DigitalTime-stamp Service,DTS)就是一个经加密后形成的凭证文档,是用来证明消息的收发时间的。它包括以下 3 个部分。
① 需加时间戳的文件的摘要(digest)。
② 认证单位(DTS)收到文件的日期和时间。
③ 认证单位(DTS)的数字签名。

2. 获得数字时间戳的过程

一般来说，时间戳产生的过程如图 2.9 所示。

① 用户首先将需要加时间戳的文件用 Hash 编码加密形成摘要。
② 用户将该摘要发送到 DTS。
③ DTS 在该摘要中加入收到文件摘要的日期和时间信息，然后用 Hash 函数加密得到新的数字摘要。
④ DTS 机构用自己的私钥对新的数字摘要进行加密。
⑤ DTS 将处理过的摘要送回用户。
⑥ 用户可以将收到的数字时间戳发送给自己的商业伙伴以证明信息的发送时间。

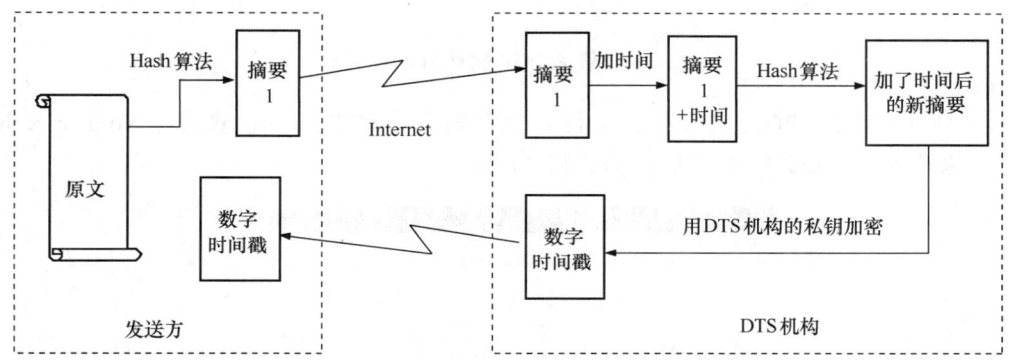

图 2.9　数字时间戳的过程

3. 数字时间戳的性质

① 数字时间戳是由认证单位 DTS 来加的。
② 数据本身必须有时间标记，而与它所用的物理媒介无关。
③ 不存在哪怕改变文件的 1 个比特而文件时间戳却没有明显变化的情形。
④ 以 DTS 收到文件的时间为依据，不可能用不同于当前日期和时间的日期和时间来签署文件。

第二部分　技能训练

技能训练 1　使用 PGP 加密

PGP（Pretty Good Privacy）是一种供大众使用的加密软件，是一个基于 RSA 公匙加密体系的邮件加密软件。PGP 可以对用户的邮件保密以防止非授权者阅读，还能对用户的邮件加上数字签名从而使收信人可以确信邮件是本人发来的。PGP 可以让用户安全地和从未见过的人们通信，而事先并不需要任何保密的渠道用来传递密匙。PGP 采用了审慎的密匙管理，RSA 和传统加密的杂合算法，用于数字签名的邮件文摘算法、加密前压缩等，还有良好的人机工程设计。PGP 的源代码是免费的。

1. 安装 PGP 软件

① 首先查看所给的软件包所包含的文件内容，如图 2.10 所示。

图 2.10 一般的 PGP 软件所包含的文件

② 打开给出的 PGP 软件包，运行它的安装文件 PGP8.exe。选择"No, I'm a New User"，来输入软件安装所需的 key，如图 2.11 所示。

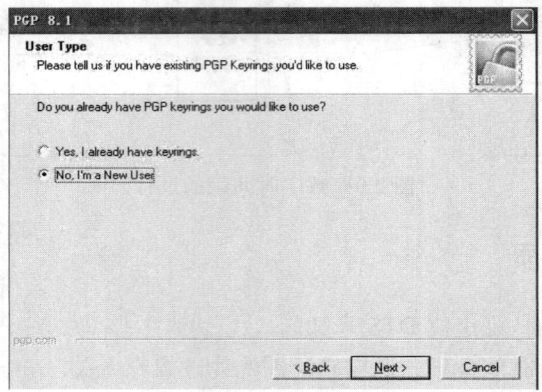

图 2.11 运行安装文件 PGP8.exe

③ 选择要安装的 PGP 组件，如图 2.12 所示。

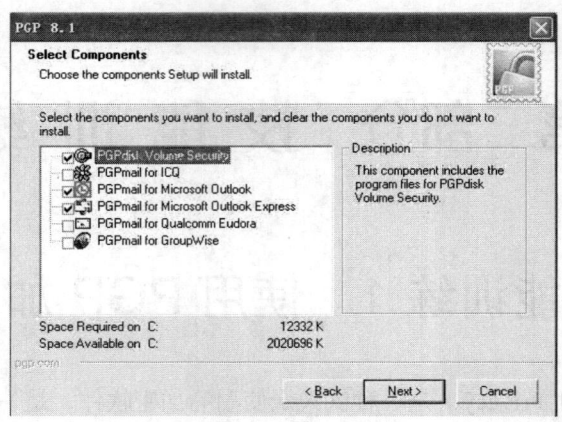

图 2.12 选择要安装的 PGP 组件

④ 安装软件结束后重启系统。

⑤ 汉化软件。运行"PGP 简体中文化版（第三次修正）.exe"的软件，将 PGP 进行汉化。会出现需要密码的界面，如图 2.13 所示。

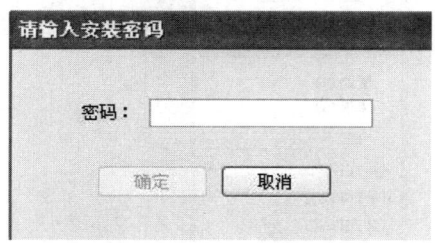

图 2.13　输入密码的界面

密码存储在"使用说明.txt"文件中，为"pgp.com.cn"。输入之后，进入安装向导，如图 2.14 所示。

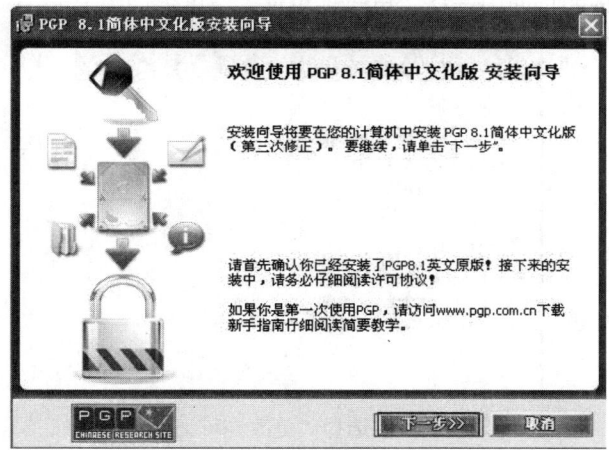

图 2.14　进入安装向导

⑥ 一直确定，到安装组件选择的位置，选择"完整安装"，如图 2.15 所示，安装完成。

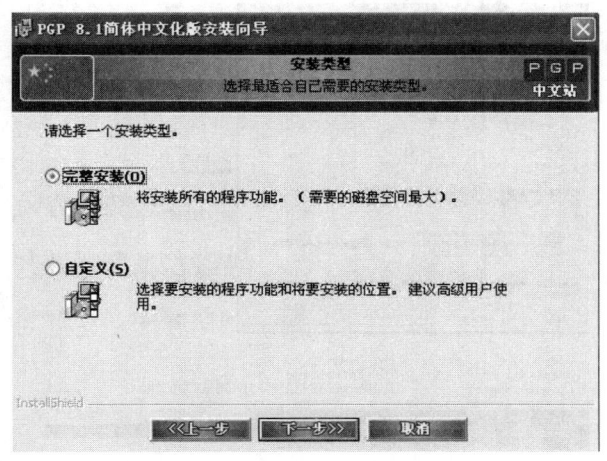

图 2.15　安装类型选择

⑦ 信息注册。右击任务栏中 PGP 的锁形图标，选择许可证，如图 2.16 所示。

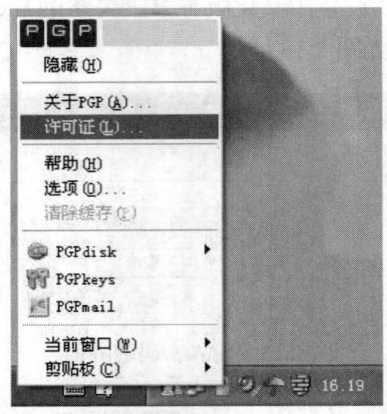

图 2.16　右击任务栏中 PGP 的锁形图标

⑧ 在 PGP 许可证的页面中选择"更改许可证"，如图 2.17 所示。

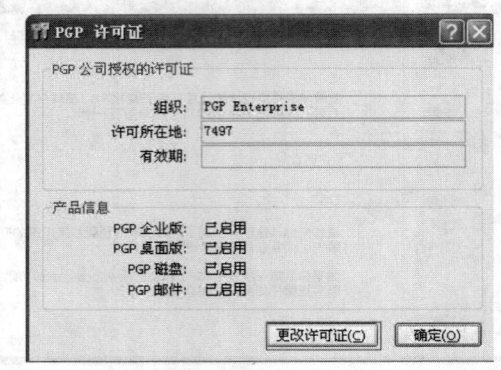

图 2.17　选择"更改许可证"

⑨ 进入 PGP 许可证授权界面后，单击"手动"展开许可证的输入框。同时打开"使用说明"，将相应的内容填入注册框，如图 2.18 所示。确定两次，完成安装。

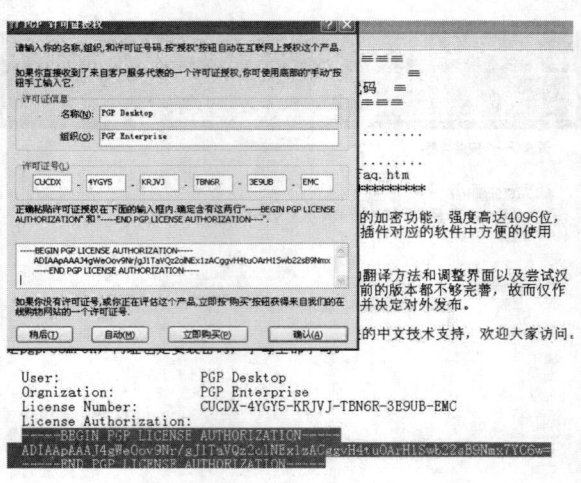

图 2.18　展开许可证的输入框

2. 生成密钥对

① 依次单击开始菜单→程序→PGP→PGPkeys，启动 PGPkeys 主界面，如图 2.19 所示。单击新建密钥对工具标签。

图 2.19 PGPkeys 主界面

② 在 Key Generation Winzrad 提示向导下，单击"下一步"按钮，开始创建密钥对。
③ 输入对应的用户名和邮箱地址，如图 2.20 所示。

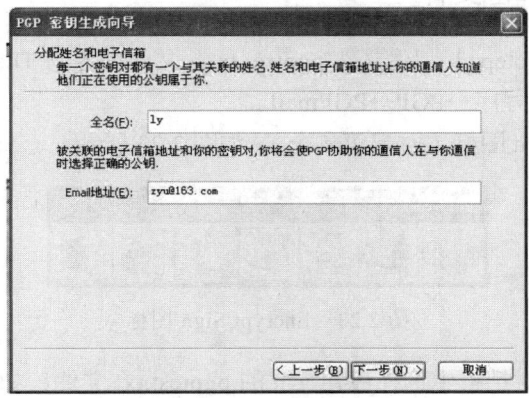

图 2.20 输入用户名和邮箱地址

④ 输入私钥的保护密码，注意密码的隐藏键入和密码长度，如图 2.21 所示。

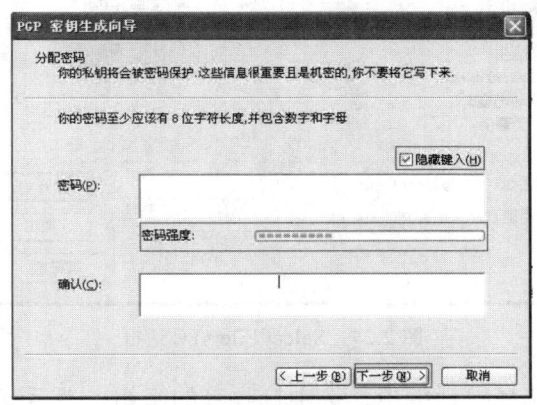

图 2.21 输入私钥的保护密码

⑤ 密钥对生成，如图 2.22 所示。

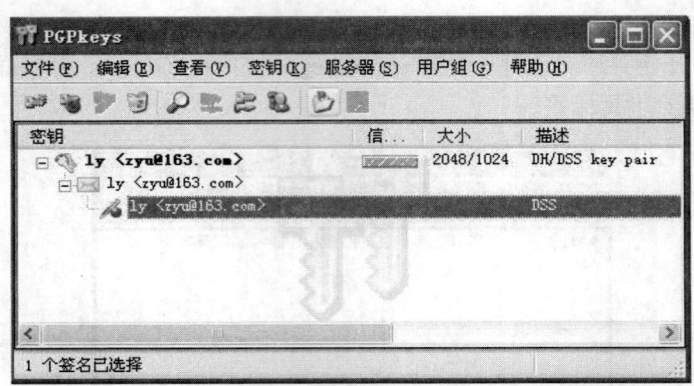

图 2.22　密钥对生成

⑥ 找到并展开创建的密钥对，右键单击，选取 Key Properties。
⑦ 选取 Subkeys 页，试着使密钥无效，但不要确认。

3．用 PGP 加密和解密文件

① 使用 Windows Notepad 创建文件 pgptset.txt，文件内容为 This file is encrypted。
② 单击开始菜单→程序→PGP→PGPmail。
③ 选择 Encrypt/Sign 图标（左起第 4 个），如图 2.23 所示。

图 2.23　Encrypt/Sign 图标

④ 在 Select File(s)对话框中选择最初建立的 pgptest.txt 文件，如图 2.24 所示。

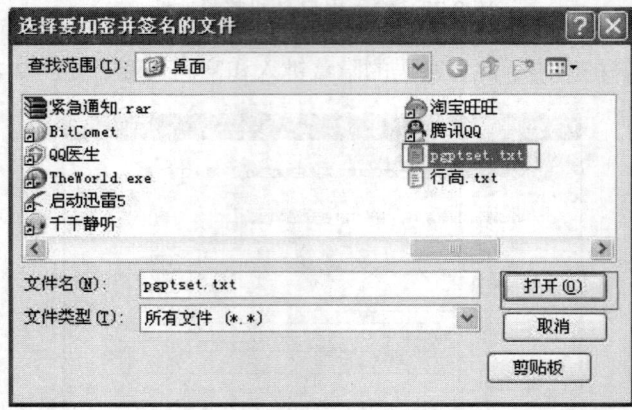

图 2.24　Select File(s)对话框

⑤ 在 PGP 密钥选择对话框中，选中接收者的密钥，然后双击选中项，如图 2.25 所示。

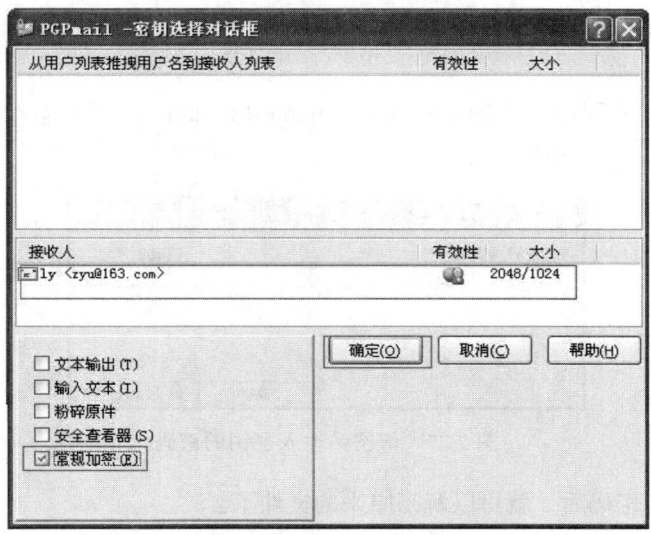

图 2.25　PGP 密钥选择对话框

⑥ 输入你的私钥 passphrase，正确输入后文件被转换为扩展名为.pgp 的加密文件，如图 2.26（a）所示。

再次输入密钥的密码，如图 2.26（b）所示。

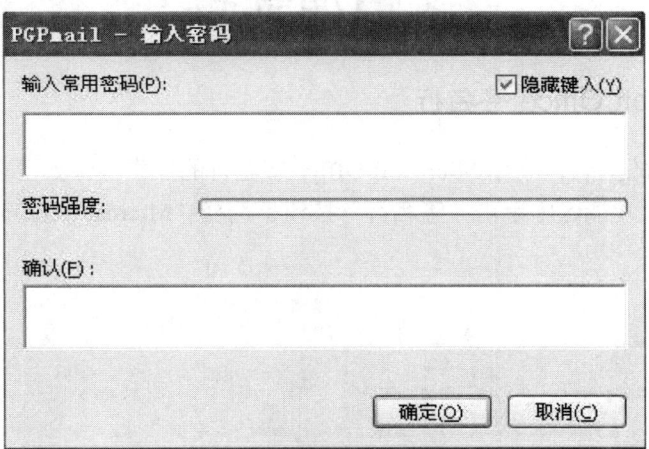

（a）输入你的私钥 passphrase

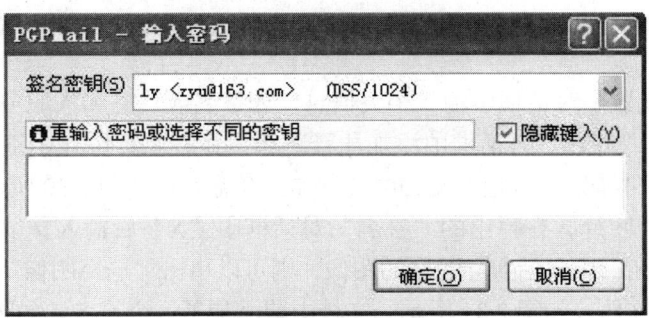

（b）再次输入密钥的密码

图 2.26　输入密钥

⑦ 在 pgptest.txt 的目录下会出现一个新的加密的文件，名为"pgptest.txt.pgp"，加密文件就成功了。

⑧ 解密文件，先双击生成的加密文件"pgptest.txt.pgp"，要求输入密钥的密码，如图 2.27 所示。

图 2.27　解密，输入密钥的密码

⑨ 输入正确的密码后，就可以解密原来的文件了。

技能训练 2　使用签名——为 Office 文档加签名

1. 添加 Microsoft Office 签名行

签名行是可见的签名，添加 Microsoft Office 签名行的操作步骤如下。

① 在"插入"功能区中单击"签名行"按钮，选择"Microsoft Office 签名行"命令，如图 2.28 所示。

图 2.28　"插入"功能区中的"签名行"按钮

② 在"签名设置"对话框中输入相关信息，如签名人、签名人职务、邮件地址等，选中"允许签名人在"签署"对话框中添加注释"和"在签名行中显示签署日期"选项，如图 2.29 所示，单击"确定"按钮。文档中会添加一个签名，如图 2.30 所示。

③ 双击签名的图片，在弹出的"签名"对话框中"X"后输入文字，可以键入你的姓名，如果希望在签名行中包括实际签名的图像，则可以单击"选择图像"链接并插入包含你的手写签名的图形文件，如图 2.31 所示。文档中即添加了一个签名，如图 2.32 所示。

④ 在本示例中，签名行框中将显示"无效签名"警告。单击"无效签名"以调查签名无效的原因。

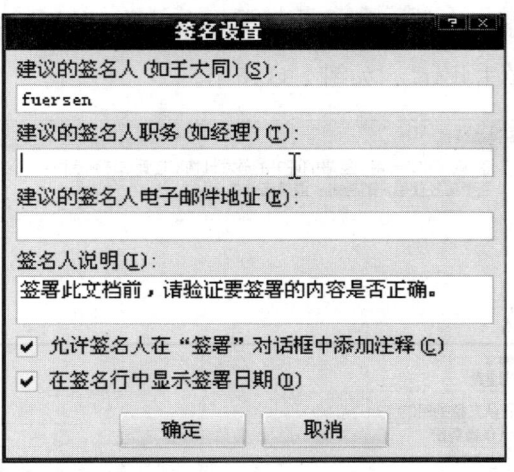

图 2.29 "签名设置"对话框

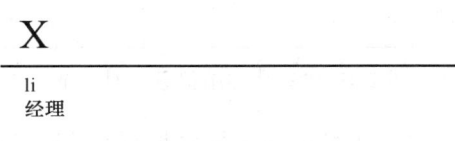

图 2.30 文档中添加的签名

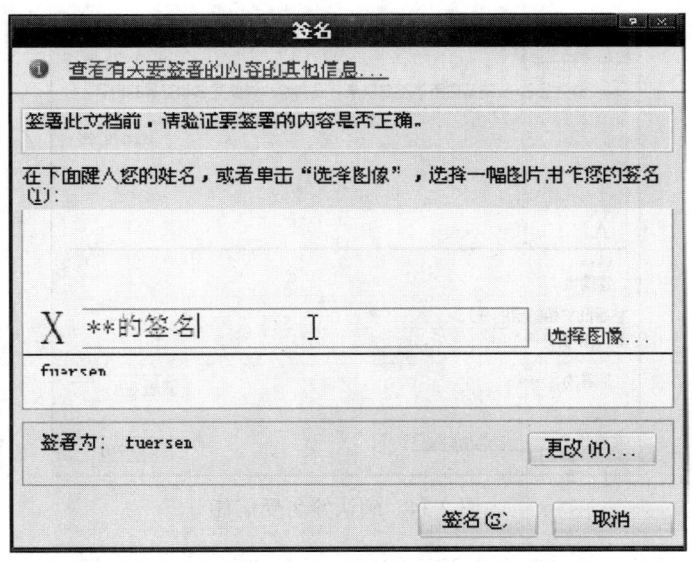

图 2.31 "签名"对话框

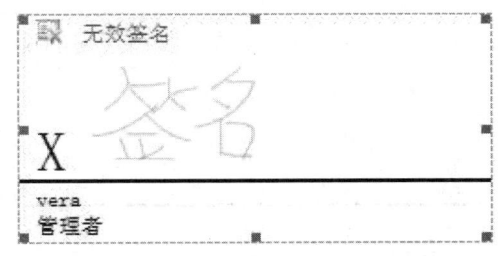

图 2.32 文档中的签名

在"签名详细信息"对话框中，将看到证书不可信。若要信任证书，请单击链接"若要信任此用户的身份，请单击此处"，如图 2.33 所示。

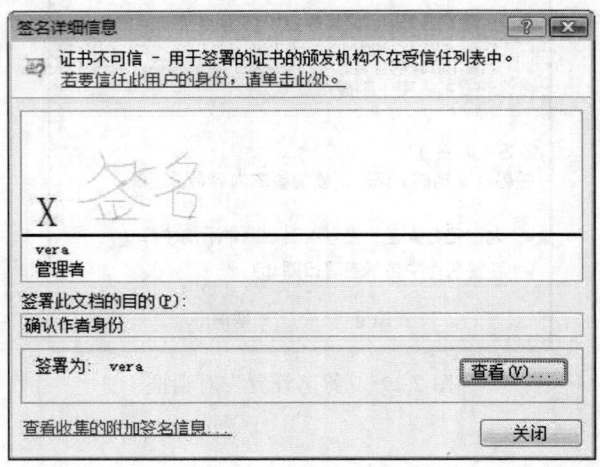

图 2.33 "签名详细信息"对话框

⑤ 在选择信任签名后，"签名详细信息"对话框将确认签名有效，如图 2.34 所示。单击"关闭"按钮。

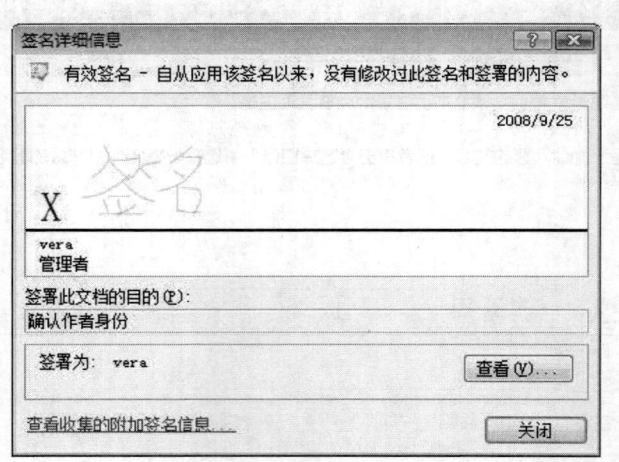

图 2.34 确认签名受信任

⑥ 签名行将不再显示与证书有关的问题，并且文档的签署日期现在将出现在签名行之上，如图 2.35 所示。

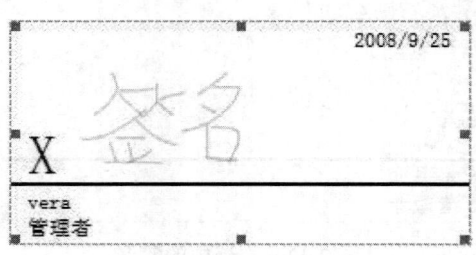

图 2.35 受信任的数字签名

2．添加图章签名行

图章签名行与 Microsoft Office 签名行类似，具体操作步骤如下。

① 在"插入"功能区中单击"签名行"按钮，选择"图章签名行"命令，如图 2.36 所示。

② 在"签名设置"对话框中输入相关信息，如签名人、签名人职务、邮件地址等，选中"允许签名人在'签署'对话框中添加注释"和"在签名行中显示签署日期"选项，如图 2.37 所示。单击"确定"按钮，文档中会添加一个的签名，如图 2.38 所示。

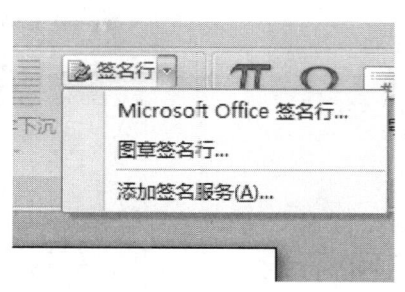

图 2.36　选择"图章签名行"命令

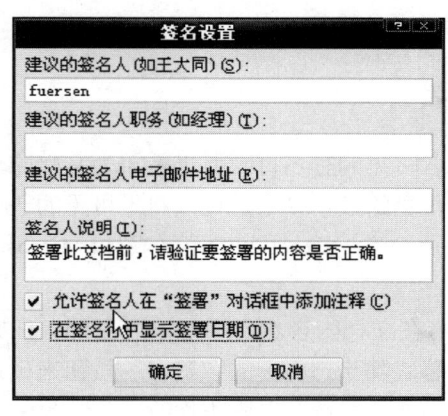

图 2.37　"签名设置"对话框　　　　图 2.38　签名的图片

③ 双击签名的图片，在弹出的"签名"对话框中单击"选择图像"按钮，如图 2.39 所示，插入图片，并在"签署此文档的目的"中输入文字后单击"签名"按钮。文档中即可添加的一个带有图片的签名，如图 2.40 所示。

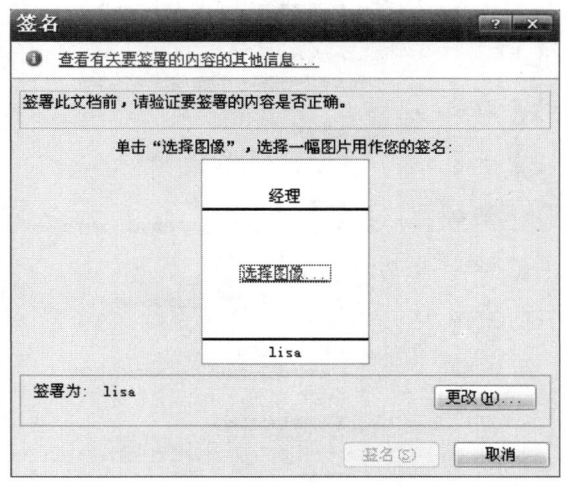

图 2.39　"签名"对话框

图 2.40　带有图片的签名

3．为 Office 文档添加不可见的数字签名

如果无需在 2007 Office system 文档中插入可见的签名行，但仍希望为文档的真实性、完整性和来源提供保证，可以在文档中添加不可见的数字签名。可以将不可见的数字签名添加到 Microsoft Office Word 2007 文档、Microsoft Office Excel 2007 工作簿和 Microsoft Office PowerPoint 2007 演示文稿中。

与 Office 签名行不同，不可见的数字签名在文档内容本身中是不可见的，但文档接收人可以通过查看文档的数字签名或通过查找屏幕底部状态栏上的"签名"按钮来确定文档已经过数字签名。对文档进行数字签名后，文档就变成只读，以防止修改。

① 单击"Office"按钮→"准备"，然后单击"添加数字签名"，如图 2.41 所示。

图 2.41　单击"添加数字签名"

② 将显示一个提供有关如何添加数字签名的信息的"Microsoft Office"对话框，如图 2.42 所示，单击"确定"。请注意，此对话框还包含一个用于从在线 Office 服务商获取签名服务的选项。

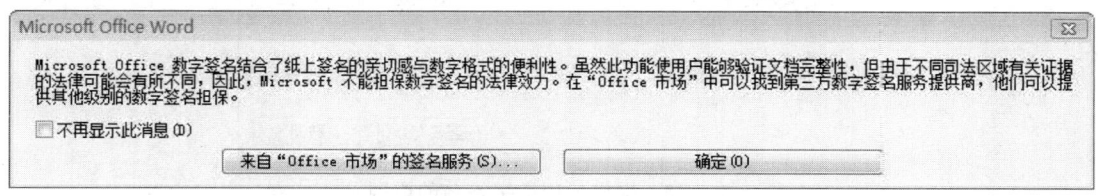

图 2.42　提供有关数字签名的信息的 Office 对话框

③ 将显示"Microsoft Office"对话框，说明在可以添加签名前必须使用支持数字签名的格式保存文档，如图 2.43 所示。可以使用新的 Office 格式（.docx、.xlsx 和.pptx）或早期的格式（.doc、xls 和.ppt）保存文件。单击"是"按钮，将使用已设置为 Office 应用程序的默认格式的格式保存文档。

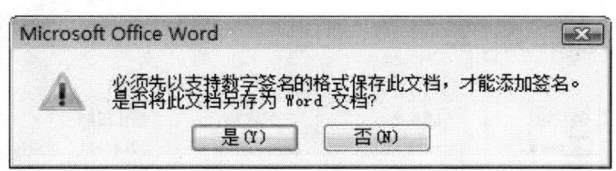

图 2.43　提供有关数字签名的信息的 Office 对话框

④ 在"另存为"对话框中，选择文档的保存位置，然后命名该文档，如图 2.44 所示。请确保使用合适的格式（例如，.doc 或.docx）保存该文档。单击"保存"按钮。

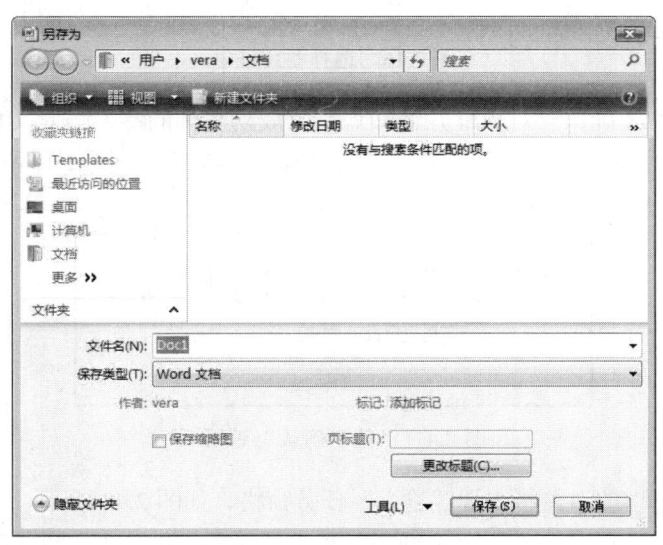

图 2.44　选择文档的保存位

⑤ 在"签名"对话框中，可以在"签署此文档的目的"框中输入签署文档的原因。也可以根据需要将此字段保留为空。请注意，"签署者"部分中输入有默认用户。可以通过单击"更改"按钮来更改文档的签署人，如图 2.45 所示。

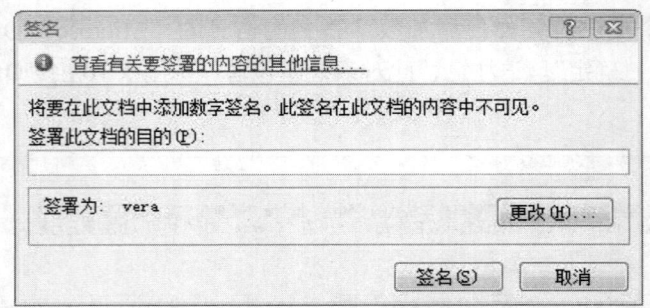

图 2.45　提供使用数字签名的原因

⑥ 将出现"选择证书"对话框，如图 2.46 所示。如果用户拥有多个用户证书，则可以从此框中选择一个证书。这对于使用共享计算机的情况非常有用。选择证书之前，可以查看有关证书的详细信息，其中包括颁发者、到期日期、证书路径以及证书是否可信。单击"取消"按钮，然后单击"签名"对话框中的"签名"。

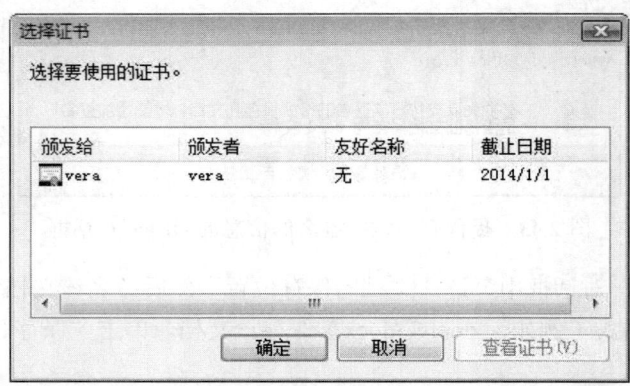

图 2.46　选择备用证书

⑦ 将出现"签名确认"对话框并通知您：已成功将你的签名与此文档一起保存。如果该文档发生了更改，则你的签名将失效。单击"确定"按钮，如图 2.47 所示。

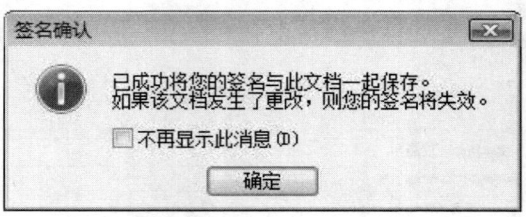

图 2.47　"签名确认"对话框

⑧ 应用程序窗口的右侧将出现"签名"任务窗格，如图 2.48 所示。

⑨ 单击有问题的签名，然后单击箭头。单击"签名详细信息"以了解与签名相关的问题，如图 2.49 所示。

⑩ 在"签名详细信息"对话框中包含一条信息，指明发生的签名问题是该签名可信或不可信，如图 2.50 所示。本示例中使用的签名是由 2007 Office system 创建的自签名证书。这种类型的证书通常用在未建立公钥基础结构（PKI）的中小型企业中。在已建立 PKI 的企

业环境中,此问题将指示读取此文档的计算机不信任签署用户的数字证书的证书颁发机构（CA）。

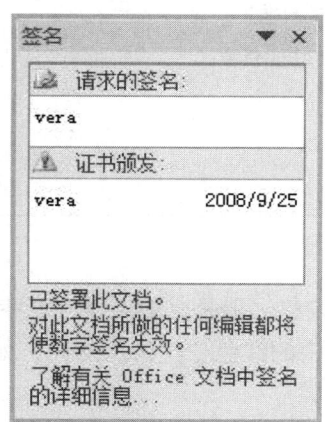

图 2.48 "签名"任务窗格通知有关证书颁发的信息

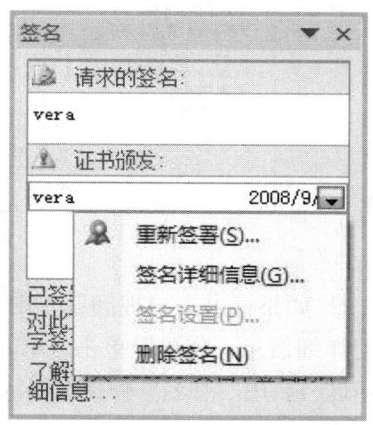

图 2.49 调查与数字证书相关的问题

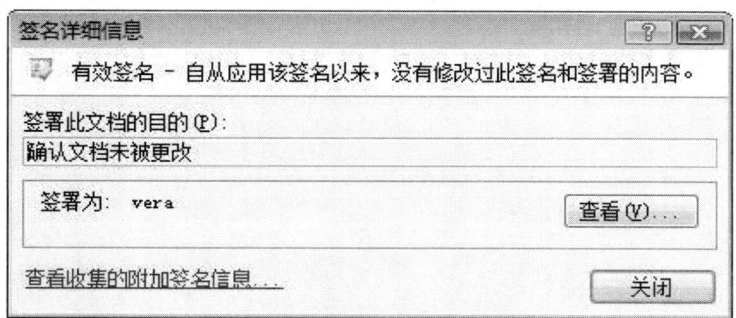

（a）不可信的签名

（b）验证有效的签名

图 2.50 "签名详细信息"对话框

⑪ 可以根据需要,通过单击"查看收集的附加签名信息"链接来查看有关已签名文档的其他信息,如图 2.51 所示。

在"附加信息"对话框中,可以看到以下信息:签名签署的内容、系统日期和时间、Windows 的版本、Microsoft Office 的版本、对文档进行签名使用的 Office 应用程序的版本、计算机上的监视器数目以及主监视器的分辨率。单击"确定"按钮,然后单击"签名详细信息"对话框中的"关闭"按钮。

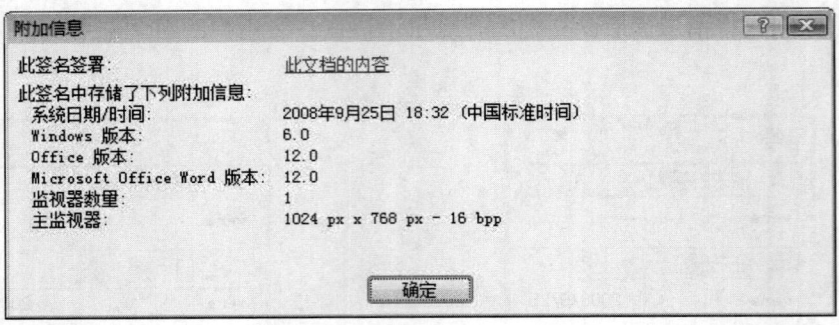

图 2.51 "附加信息"对话框

⑫ 如果证书未出现问题，则将不显示证书任务窗格。但是，如果要查看签署人及其证书的详细信息，您可以单击 Office 应用程序状态栏中的红色"丝带"图标，如图 2.52 所示。这将启用"签名"任务窗格。

图 2.52 数字签名指示器和启用"签名"任务窗格

现在文档中将出现数字签名行。双击签名行可提供详细信息。

第3章 认证技术

认证，也叫验证（Authentication），就是指验证用户身份的合法性和用户间传递消息的完整性与真实性。即当接收方收到发送方的报文时，接收方能够验证收到的报文是真实的未被篡改的。认证服务主要包括：报文鉴别和身份验证。

第一部分 任务学习引导

3.1 报文鉴别与身份验证概述

1. 报文鉴别

（1）报文鉴别的含义

为了确保数据的完整性和真实性，信息接收者对报文的来源、时间及目的地进行的验证，也叫完整性校验。报文鉴别必须解决以下3个问题：
- 报文是由指定的发送方产生的；
- 报文内容没有被修改过；
- 报文是按已传送的相同顺序收到的。

（2）报文鉴别基本原理

将信源处的报文使用一定的操作组成一个约束值，称为该报文的完整性检测向量 ICV（Integrated Check Vector）。然后通过论证编码器将它与数据封装在一起进行加密，传输过程中由于侵入者不能对报文解密，所以也就不能同时修改数据并计算新的 ICV，这样，接收方收到数据后经过认证解码器解密并计算 ICV，若与明文中的 ICV 不同，则认为此报文无效，如图 3.1 所示。

（3）报文鉴别方法

报文鉴别方法主要有以下几种。
① 基于报文加密方式的鉴别
基于报文加密方式的鉴别以整个报文的密文作为鉴别符。该方式采用对称或非对称密钥

加密方式进行。

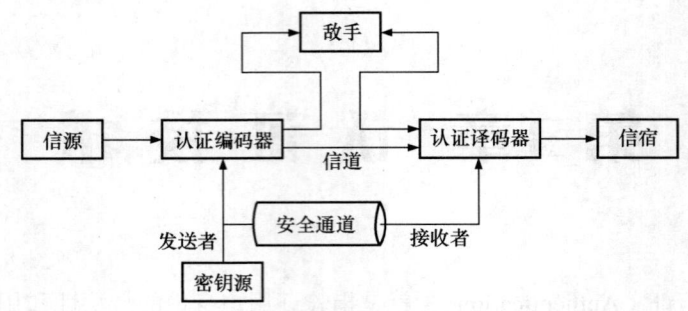

图 3.1　报文鉴别基本原理

对称密钥加密方式：在加密的同时提供保密和鉴别，如图 3.2（a）所示。

非对称密钥加密方式：提供报文鉴别和签名功能，不提供加密功能，如图 3.2（b）所示。

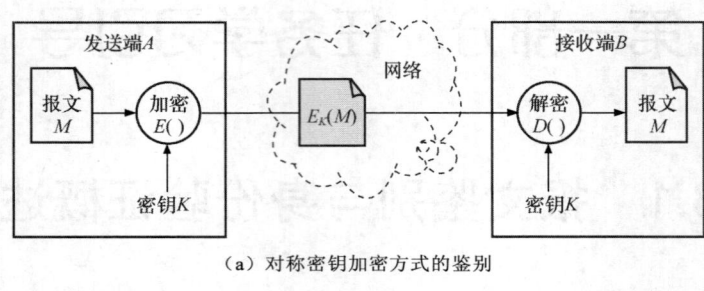

（a）对称密钥加密方式的鉴别

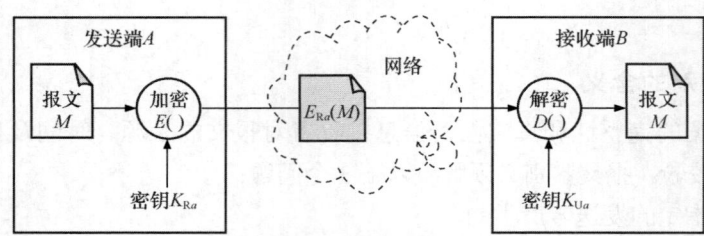

（b）非对称密钥加密方式的鉴别

图 3.2　基于报文加密方式的鉴别

② 报文鉴别码的鉴别方式

报文鉴别码或消息鉴别码（Message Authentication Code，MAC）是发送方使用一个密钥和特定算法对明文产生的一个短小的定长数据分组。

发送方将它附加在报文中，在接收方，使用相同的密钥和算法对明文计算 MAC，如果新的 MAC 与报文中的 MAC 匹配，那么接收者确信报文尾被修改过，接收者确信报文来自所期望的发送方（完整性）。因为若攻击者更改报文内容而未更改 MAC，则接收者计算出的 MAC 将不同于接收到的 MAC；由于攻击者不知道密钥 K，故他不可能计算出一个与更改后报文相对应 MAC 值。接收者 B 也能够确信报文 M 是来自发送者 A 的（真实性）。因为只有 A 了解密钥 K，也只有 A 能够计算出报文 M 所对应的正确的 MAC 值。

报文鉴别码的鉴别方式如图 3.3 所示。

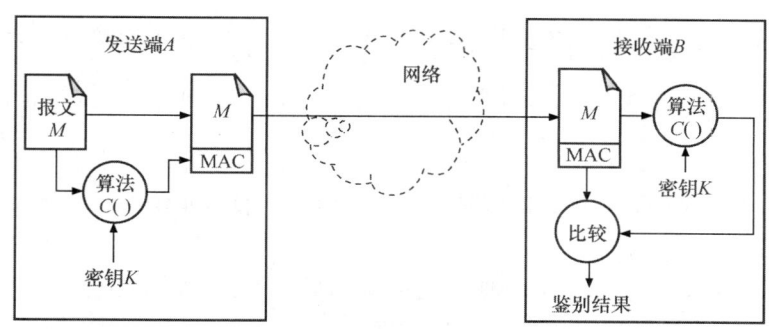

图 3.3　报文鉴别码的鉴别方式

③ 散列函数报文鉴别

散列函数类似报文鉴别码，该方式采用一个公共散列函数，将任意长度的报文映射为一个定长的散列值，并以散列值作为鉴别符。散列码通常称为报文摘要（MD）。

散列函数又叫哈希函数、摘要函数，具有以下特点。

散列函数 $H(\ )$ 的输入可以是任意大小的数据块。

散列函数 $H(\ )$ 的输出是定长。

计算需要相对简单，易于用软件或硬件实现。

单向性：对任意散列码值 h，要寻找一个 M，使 $H(M)=h$ 在计算上是不可行的。

弱抗冲突性（Weak Collision Resistance）：对任何给定的报文 M，若要寻找不等于 M 的报文 $M1$ 使 $H(M1)=H(M)$ 在计算上是不可行的。该性质能够防止伪造。

强抗冲突性（Stronge Collision Resistance）：要找到两个报文 M 和 N 使 $H(M)=H(N)$ 在计算上是不可行的。该性质指出了散列算法对"生日攻击"的抵抗能力。

基于散列函数上述特点，可以用它来进行报文鉴别，其过程如图 3.4 所示。

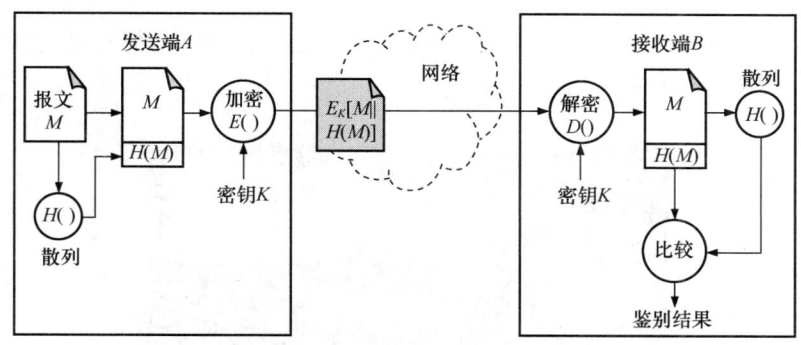

图 3.4　散列函数报文鉴别

注：MD 与 MAC 的区别在于是否需要密钥，一般散列函数都没有使用密码。散列函数可用于报文的完整性鉴别，与加密技术配合使用可以对报文的起源进行鉴别，还可以用于存储文件的完整性检验。

2．身份验证

身份验证即验证申请进入网络系统者是否为合法用户，以防非法用户访问系统。其方式一般有用户口令验证、摘要算法验证、基于 PKI（公钥基础设施）的验证。身份验证一般涉及两个过程：

- 识别
- 验证

① 识别：识别是指要明确访问者是谁，识别信息一般是非秘密的，如用户信用卡号、用户名、身份证号码等。

② 验证：验证是指在访问者声明自己的身份后，系统对其身份进行验证，以防止假冒，验证信息一般是秘密的，如用户信用卡的密码。

身份验证的方法有口令验证、个人持证验证、个人特征验证 3 种。

① 口令验证

口令验证最简单，系统开销也小，应该相当广泛，但安全性也最差，如图 3.5 所示。

图 3.5　口令验证

② 个人持证

持证为个人持有物，如钥匙、磁卡、智能卡等，比口令法安全性好，但验证系统比较复杂，磁卡常和 PIN 一起使用，如图 3.6 所示。

图 3.6　个人持证验证

③ 个人特征

个人特征验证法指指纹识别、声音识别、血型识别、视网膜识别等，其安全性最好，但验证系统也最复杂，如图 3.7 所示。

图 3.7 个人特征验证

3.2 证书与 CA

1. 数字证书

（1）数字证书的含义

数字证书是由权威机构——CA 证书授权（Certificate Authority）中心发行的，能提供在 Internet 上进行身份验证的一种权威性电子文档，人们可以在互联网交往中用它来证明自己的身份和识别对方的身份。

数字证书是一种可以将客户的身份（证书主体）与某个公开密钥值安全地联系在一起的数据结构。数字证书由认证机构颁发，包含公开密钥持有者信息、公开密钥文件、认证机构的数字签名、密钥的有效时间、认证机构的名称及证书序列号等信息。典型的公开密钥数字证书如图 3.8 所示。

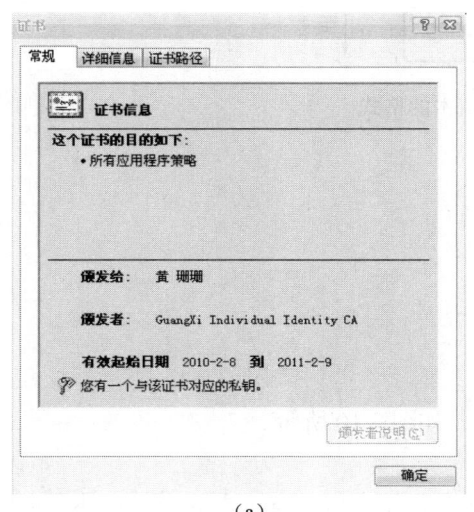

（a）

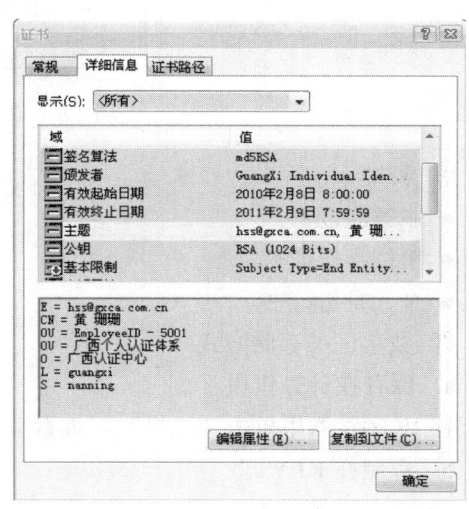

（b）

图 3.8 公开密钥数字证书

（2）数字证书的格式与种类

① 格式

目前数字证书的格式普遍采用的是 X.509 V3 国际标准，内容包括证书序列号、证书持有者名称、证书颁发者名称、证书有效期、公钥、证书颁发者的数字签名等，如图 3.9 所示。

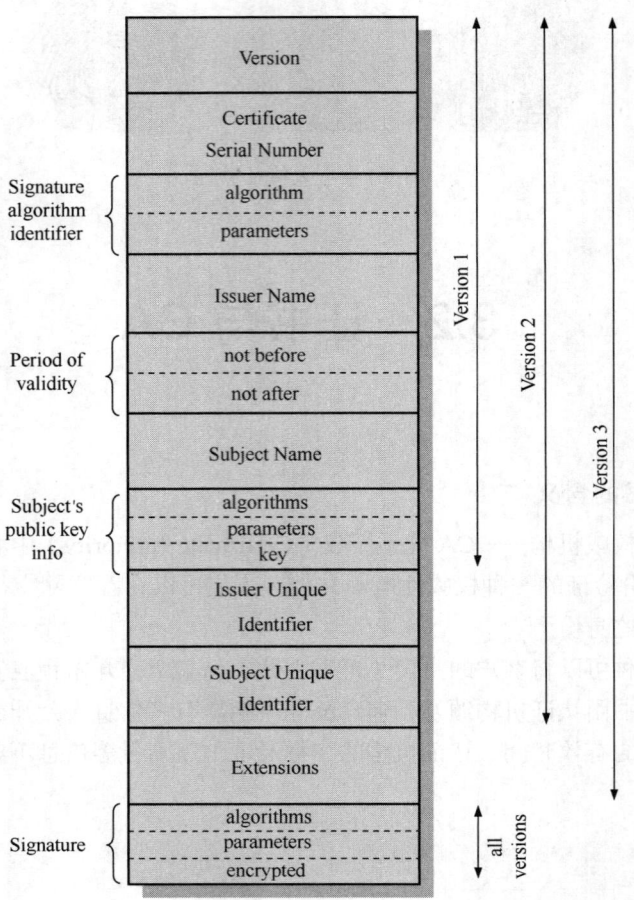

图 3.9　数字证书基本的格式

② 种类
● 服务器证书。
● 单位身份证书。
● 个人身份证书。

③ 数字证书存储方式

a. 保存在计算机里

在 IE 浏览器里单击"工具"可查看证书信息，如图 3.10 所示。

b. 存储在 KEY 盘

KEY 盘的外形如 U 盘，内置了加密的芯片，是用于存储数字证书的设备；外形小巧轻便，存储容量小，如图 3.11 所示。

④ 利用数字证书实现信息安全过程

数字证书可实现：身份认证、机密性、完整性、抗抵赖性。

a. 加密过程

发送方利用散列函数把要发送的信息散列成固定长度数字摘要。

图 3.10　查看证书信息

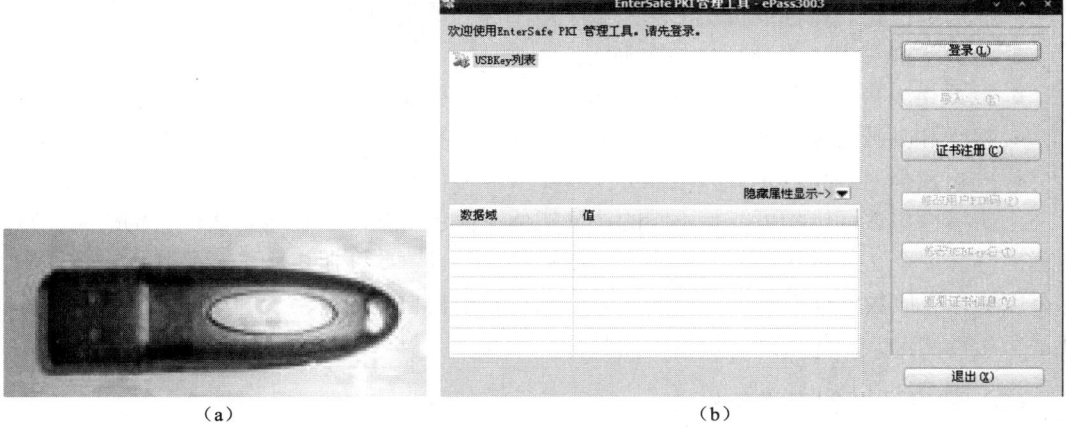

　　(a)　　　　　　　　　　　　　　(b)

图 3.11　存储在 KEY 盘数字证书

　　发送方用自己的私有密钥对数字摘要进行加密，形成数字签名。

　　把数字签名和自己的数字证书附加在原信息上，利用对称密钥加密，形成加密后的信息。

　　发送方用接收方数字证书中给出的公开密钥，再次加密形成数字信封。

b. 解密过程

- 接收方用自己的私有密钥对接收到的数字信封解密，得到发送方用于加密的对称密钥。
- 用该密钥对接收的加密信息解密，得到信息、数字签名和发送方的数字证书。
- 接收方用发送方数字证书中的公开密钥对数字签名解密，得到数字摘要。
- 接收方用同样的散列函数，把解密得到的信息散列成固定长度的数字摘要。
- 比较两个数字摘要。如一致说明传递过程中未被篡改。

c. 验证过程

接收方认为必要时，可以到证书发行者网站检索此证书，验证证书是否有效，并查询证书是否撤销、停用等。

如怀疑发证者的身份,还可以根据证书发行者获得的认证证书,到为其认证的认证机构进行认证,直到找到接收方信任的认证机构为止。

2. 数字证书认证机构 CA

(1) 数字证书管理机构的组成

数字证书管理机构包括认证机构 CA 和注册机构 RA。

① 认证机构

认证机构 CA(Certification Authority)负责对于数字证书的管理。它是对数字证书的申请者发放、管理、取消数字证书的机构。

② 注册机构

注册机构 RA 负责认证机构与其用户或数字证书申请人间的交互工作。

注册机构本身并不发放数字证书,但注册机构可以确认、批准或拒绝数字证书申请人的申请,随后由认证机构给经过批准的申请人发放数字证书。注册机构的主要功能如下:

- 注册、注销、批准或拒绝对用户数字证书属性的变更要求;
- 对数字证书申请人进行合法性确认;
- 批准生成密钥对和数字证书的请求及恢复备份密钥的请求;
- 接受和批准撤销或暂停数字证书的请求(需要相应认证机构的支持);
- 向有权拥有身份标记的人当面分发标记或恢复旧标记。

注册机构与认证机构可能是不同的法律实体,但也有些注册机构是认证机构的某一特殊组成部分。一个认证机构可能对应多个注册机构,而且这些注册机构可能是分散在各处的。这是因为在发放数字证书时,申请人需亲自到场,出具自己的身份证明文件、交换实物标记或进行生物测定,以此来确定申请人的身份。

(2) 数字证书的申请与发放

① 数字证书的申请注册

在电子商务环境中,数字证书可以发放给各种不同类型的实体,包括个人、组织和设备。一般来讲,数字证书的申请注册从数字证书申请人提出请求发放数字证书的申请开始。

a. 数字证书的申请注册手续在不同的环境中可能是各不相同的。

- 在实体环境中,例如,雇主在给其雇员发放数字证书时,其注册过程可以是自动的,因为雇主对雇员是很了解的。
- 在 Internet 环境中,数字证书的申请注册大多是通过在线注册过程或完全在线方式来进行的。例如,用户可以利用 Web 浏览器与充当认证机构服务前端的服务器进行在线注册。但注册机构必须对用户进行合法性验证,以确定公钥值及其他的用户信息真正来自于该用户,且在传送的过程中未被篡改过。

注册机构还可能需要了解有关该用户的更多信息。这些信息可以通过与用户间的在线对话来获得,也可通过查询第三方的相关数据库而获得。由于单纯通过在线注册系统获得的确认信息是有一定的局限性的,因此,在更多的情况下,有些确认过程是在网下进行的。例如,数字证书申请人向注册机构出具身份证明书,或由注册机构通过邮政服务给数字证书申请人邮寄在线数字书申请过程中提交命令所需要的秘密口令等。

　　b. 在批准和发放数字证书之前，注册机构要对个人、设备和实体的身份及其他指定属性（如特权、作用、权限等）进行确认。身份确认可以通过下述方法来进行。

　　● 了解私有信息。主体出具与之有关的私有信息。如账户或姓名加上口令或身份识别号。

　　● 亲自到场。令人信服的身份确认是被确认人与确认实体进行面对面的交流。申请人亲自到场，使认证机构或其代表不仅能证实数字证书申请人的存在并了解其特点，还能了解申请人申请数字证书的目的以及了解申请人是否有能力遵守数字证书应用规则和进行数字证书的使用。

　　● 身份证明文件。认证机构或其代表可以要求申请人当面出具可信的身份证明文件，以确认申请人的身份。

　　② 数字证书的生成

　　数字证书的生成通过下列步骤实现。

　　a. 数字证书申请人将申请数字证书所需要的数字证书内容信息提供给认证机构。

　　b. 认证机构确认申请人所提交信息的正确性，这些信息将包含在数字证书中。

　　c. 由持有认证机构私钥的签证设备给数字证书加上数字签名。

　　d. 将数字证书的一个副本传送给用户，如果需要的话，用户在收到数字证书后返回一确认信息。

　　e. 将数字证书的一个副本传送到数字证书数据库如目录服务，以便公布。

　　f. 作为一种可供选择的服务，数字证书的一个副本可以由认证机构或其他实体存档，以加强档案服务、提供证据服务以及不可否认性服务。

　　g. 认证机构将数字证书生成过程中的相关细节，以及其他在数字证书发放过程中的原始活动都记录在审计日志中。

　　③ 数字证书的更新

　　每份数字证书的生命周期都是有限的。

　　● 在数字证书期满后需要更换数字证书。

　　● 在整个生命周期中，认证机构有义务也有权利撤销数字证书。

　　● 密钥对需要定期更换，而一旦更换了密钥对，就需要用新的数字证书。

　　一般是由用户来进行数字证书的更新。但有时数字证书的更新对用户来说是透明的。用户会收到更新数字证书的通知，确认数字证书更新申请的内容，并接受新的数字证书。

　　④ 数字证书的分发

　　由于数字证书具有自我保护能力，所以不需要通过具有安全性保护的系统和协议来传送。常用的数字证书分发方法如下。

　　● 通过数字签名来分发。

　　● 通过目录服务来分发。

　　利用数字签名，可以方便地进行数字证书的分发：签名者通常拥有自己数字证书的一个副本，他可以将该副本附加在数字签名中。这样，任何想检验数字签名的人就都可以拥有该数字证书的副本。类似地，签名者也可以附加上其他必需的数字证书以证实自己数字证书的有效性，例如，附加上其他认证机构给签名者所发放的数字证书。目前，大多数使用数字签名的通信协议都规定用这种方法来将数字证书附加在数字签名上。

目录服务或数字证书数据库进行数字证书的分发：信息的发送方可以通过目录检索来获得接收方的数字证书及其他的信息，如接收方的电子邮件地址等。

⑤ 数字证书的撤销

数字证书的生命期是有限的，该生命期往往用一个起始和终止日期时间来表示，存放在数字证书的有效期字段内。有效期的长短视发放数字证书的认证机构的政策而定，一般可以从几个月到几年不等。在某些情况下，用户不得不在数字证书期满前终止该数字证书。如当已知或怀疑相应的私钥被泄露；名称变更；主体与认证机构的关系发生变化等。正是由于数字证书可能被撤销，所以数字证书实际使用期可能要比原定的有效期短。

认证机构必须要能够鉴别用户提出的任何撤销请求。而对撤销数字证书请求的评价，具体是赞成还是拒绝撤销请求，则是注册机构的职责。

在做出撤销数字证书的决定后，认证机构必须通知可能的数字证书用户。认证机构通过定期地（如每小时、每天或每周）公布一份数字证书撤销表（CRL）来进行公布。在每个周期内，不管有没有新的被撤销的数字证书加入该列表，都会产生一个新的数字证书撤销表。这样做的目的是确保数字证书使用系统获得最新的数字证书撤销表。

撤销数字证书有很多方法：由认证机构定期公布数字证书撤销表，广播数字证书撤销，进行数字证书的在线状态检查，发放短期数字证书等。

第二部分　技　能　训　练

技能训练 1　数字证书下载及安装

1. 将中国数字认证网设置成为"受信任的根证书颁发机构"

中国数字认证网提供 4 种类型的数字证书："测试证书"、"免费证书"、"标准证书"和"企业证书"，如图 3.12 所示。

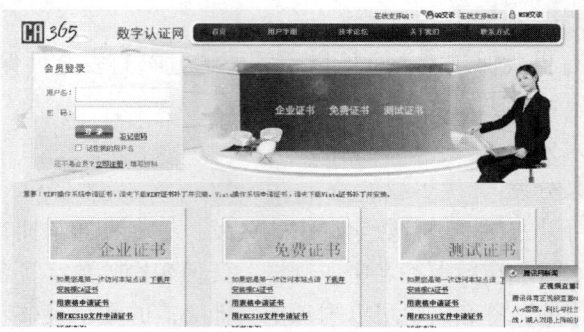

图 3.12　中国数字认证网

使用不同的证书需要安装相应的根证书，设置"受信任的根证书颁发机构"的实质就是安装根证书。

注：在安装根证书前，浏览器 Internet 安全设置一定设置成默认的中级或以下安全级别，如图 3.13 所示。停止客户端的防火墙等工具中对 Active X 下载安装的拦截。

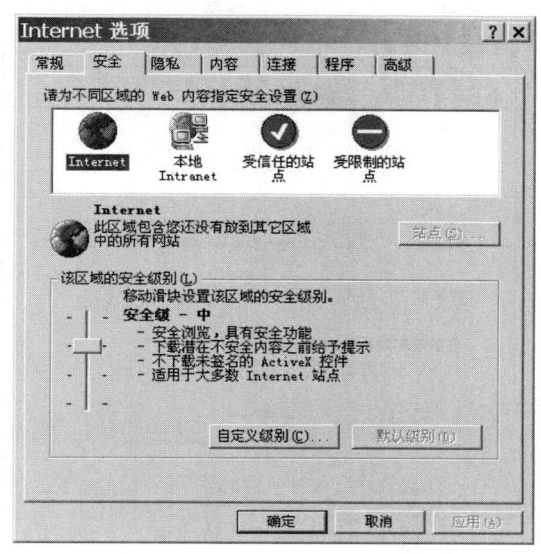

图 3.13　Internet 安全设置

● 访问中国数字认证网主页时，如果客户端没有安装根证书，系统会提示用户自动安装根证书，对于系统提示一定要选择确定安装。

● 如果不能自动安装根证书可以采取以下方法手动安装根证书。

① 从中国数字认证网主页选择下载相应的"根 CA 证书"，然后选"在文件的当前位置打开"，如图 3.14 所示。鼠标单击"确定"铵钮。

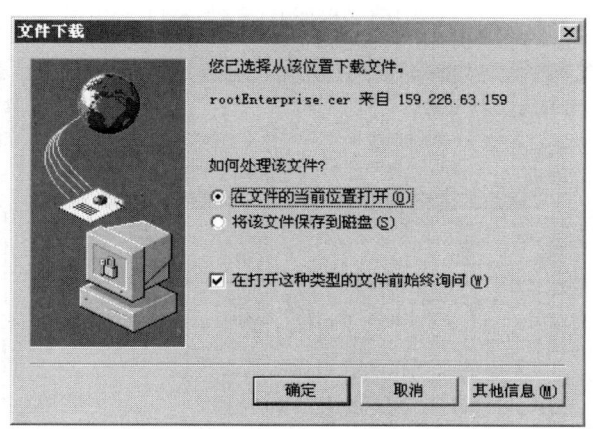

图 3.14　下载相应的"根 CA 证书"

② 选择"安装证书"，如图 3.15 所示。

③ 按照向导提示进行，在"根证书存储"窗口选择"是（Y）"，如图 3.16 所示。根证书成功安装后成为"受信任的根证书颁发机构"。从浏览器的"工具"菜单中选择

"Internet 选项",然后选择"内容"标签,鼠标单击"证书"按钮,然后选择"受信任的根证书颁发机构"标签,列表中应该有相应的根证书,如图 3.17 所示。

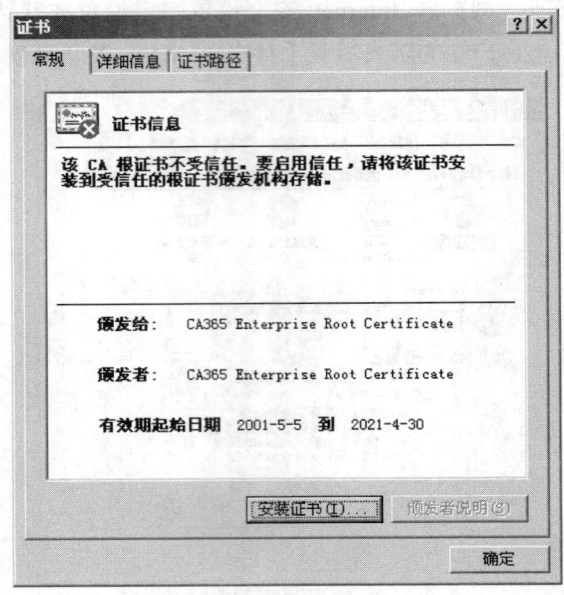

图 3.15　选择"安装证书"

图 3.16　"根证书存储"窗口

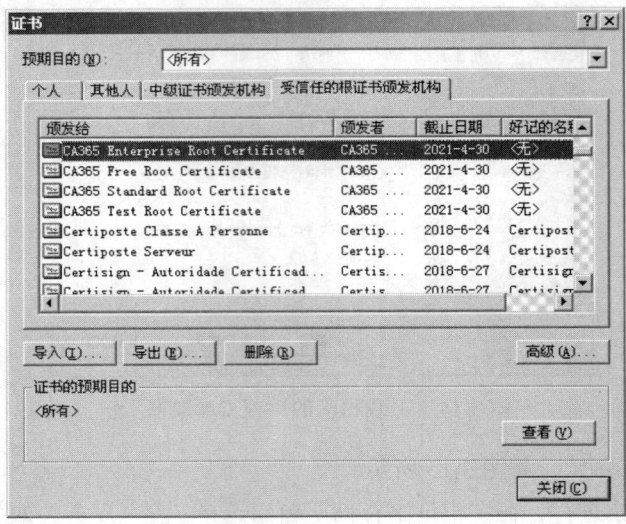

图 3.17　"受信任的根证书颁发机构"标签

2. 获得数字证书的序列号

① 证书成功申请后系统会返回证书"序列号",如图 3.18 所示。

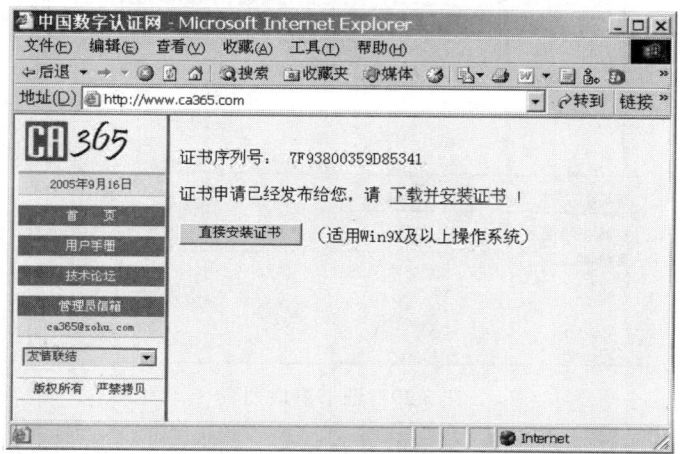

图 3.18 证书成功申请

② 下载证书时选择"在文件的当前位置打开",在"证书"窗口的"详细信息"里可以看到证书的"序列号"。或将证书保存到磁盘,在"资源管理器"里鼠标左键双击证书文件,也可以打开"证书"窗口,如图 3.19 所示。

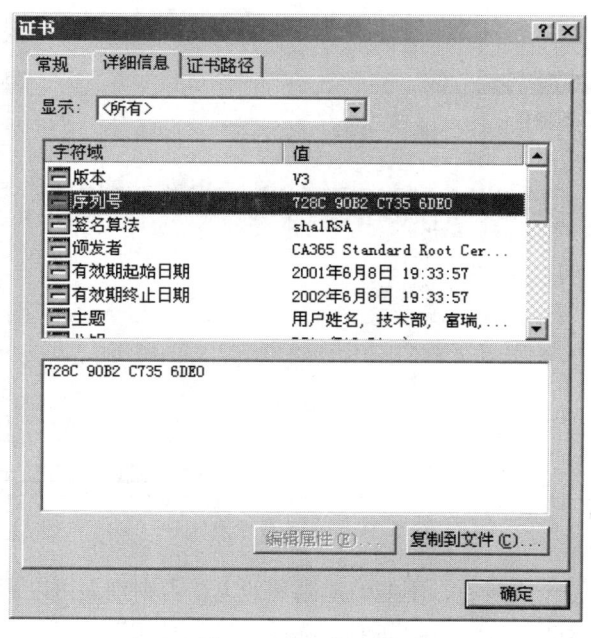

图 3.19 查看证书

③ 如果证书下载后成功安装,从浏览器的"工具"菜单中选择"Internet 选项",然后选择"内容"标签,鼠标单击"证书"按钮,然后选择"个人"标签,列表中应该有相应的根证书,如图 3.20 所示。

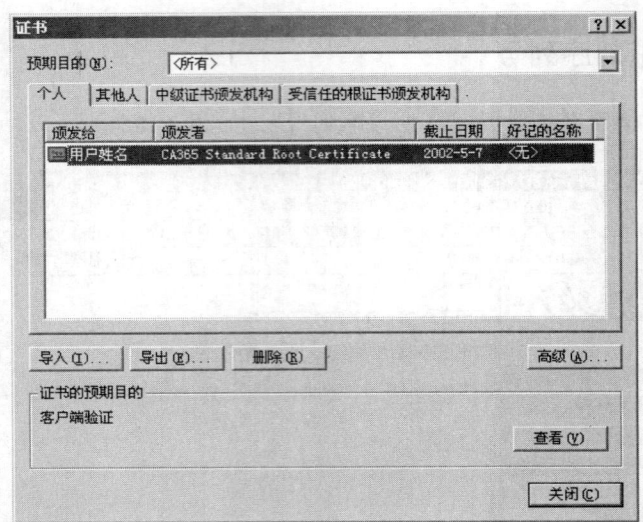

图 3.20　证书窗口列表

④ 鼠标左键双击相应的证书,也可以打开"证书"窗口,查看"序列号"。

3. 获得并保存数字证书

① 按照"获得数字证书的序列号"介绍的方法打开证书窗口,如图 3.20 所示。

② 选择所需要的证书,鼠标单击"导出"按钮。弹出如图 3.21 所示"证书导出向导"界面。

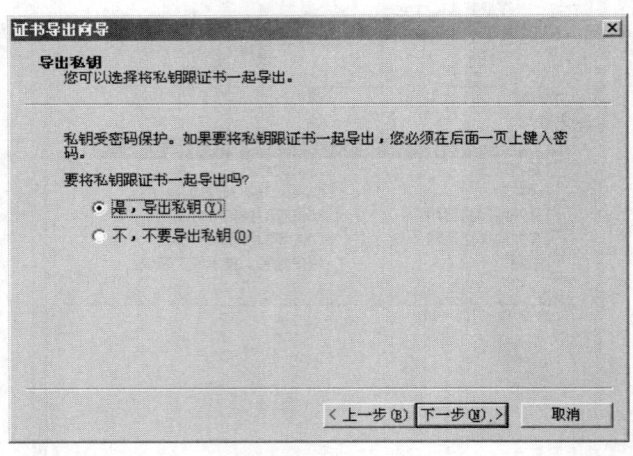

图 3.21　确证书导出向导

注:"私钥"为用户个人所有,不能给泄露其他人,否则别人可以用它以你的名义签名。
- 如果是为了保留证书备而复制证书,选择"导出私钥"。
- 如果为了给其他人您的"公钥",为您发送加密邮件或其他用途,不要导出私钥。
- 如果在申请证书时没有选择"标记密钥为可导出",则不能导出私钥。

③ 输入私钥保护密码,如图 3.22 所示。

如果在申请证书时没有选择"启用严格密钥保护",则没有密码提示。

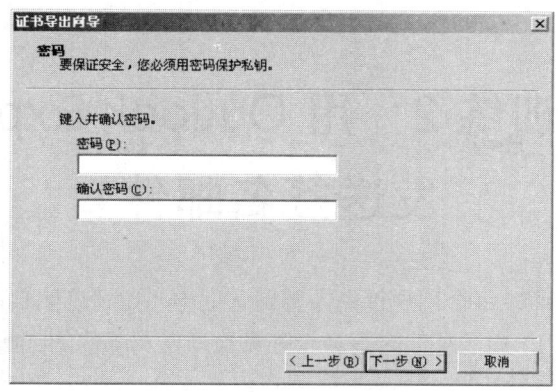

图 3.22　输入私钥保护密码

④ 输入文件名，按提示进行操作，如图 3.23 所示。

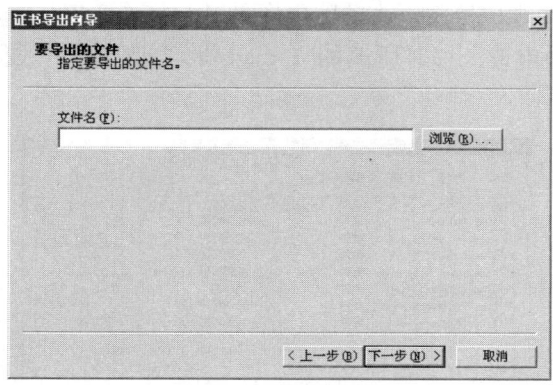

图 3.23　输入文件名

4．从数字证书文件中导入数字证书

① 按照"2.获得数字证书的序列号"中的方法打开证书窗口，如图 3.20 所示。
② 鼠标单击"导入"按钮。弹出如图 3.24 所示证书导入向导界面。

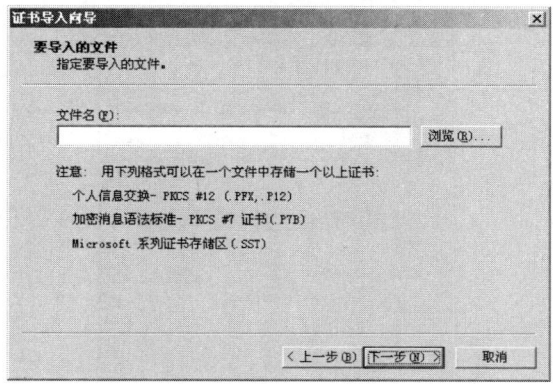

图 3.24　证书导入向导

③ 输入文件名，按提示进行操作。

技能训练2　用Outlook Express发送签名邮件

要使用安全电子邮件，每个用户首先需要到认证中心申请证明自己身份的数字证书（可按技能训练1方法进行），用于邮件的签名和签名验证以及邮件的加解密。

1. 签名邮件设置

① 启动 Outlook Express 后，选择"工具"菜单中的"账户"命令，单击弹出窗口中的"邮件"标签切换到邮件账户列表，选择用户将要用于发送签名电子邮件的账户。该账户所对应的邮件地址和用户申请证书时所填的 E-mail 地址要完全一致，然后单击"属性"按钮，如图3.25所示。

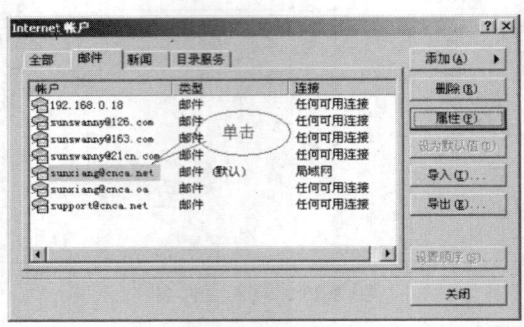

图3.25　邮件账户列表

② 在出现的电子邮件账户的"属性"对话框，单击"安全"选项卡，出现如图3.26所示的邮件账户安全属性设置页面，单击"签署证书"栏的"选择（S）"按钮，选择签名数字证书；单击"加密首选项"栏的"选择（L）"按钮，选择加密证书和算法。

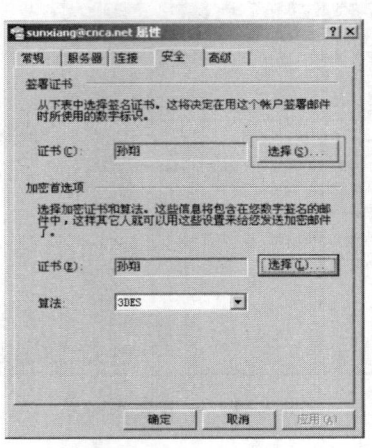

图3.26　邮件账户安全属性

③ 单击"确定"按钮，关闭安全属性设置窗口。此时，用户已经在 Outlook Express 中设置好自己 E-mail 的签署证书，可以发送签名邮件和接收加密邮件了。

2．加密邮件的设置

如果要给某人发送加密邮件，必须要有收件人加密数字证书的公钥，并且该数字证书必须与通讯簿中的名称相关联。在用户接收带有数字签名的邮件的时候，Outlook Express 自动将发件人的数字证书添加到通讯簿中，如果用户已关闭此选项，则需要手动添加联系人的数字证书，方法如下。

① 开带有数字签名的邮件。

② 在"文件"菜单上，单击"属性"，再单击"安全"选项卡，在出现的界面上单击"查看证书"按钮。

③ 在出现的如图 3.27 所示"查看证书"界面，单击"签署证书"按钮，可以查看签署此邮件的证书；单击"发件人证书"按钮，可以查看发件人要使用的邮件加密证书；单击"添加到通讯簿"按钮，可以将发件人的数字证书添加到通讯簿中。

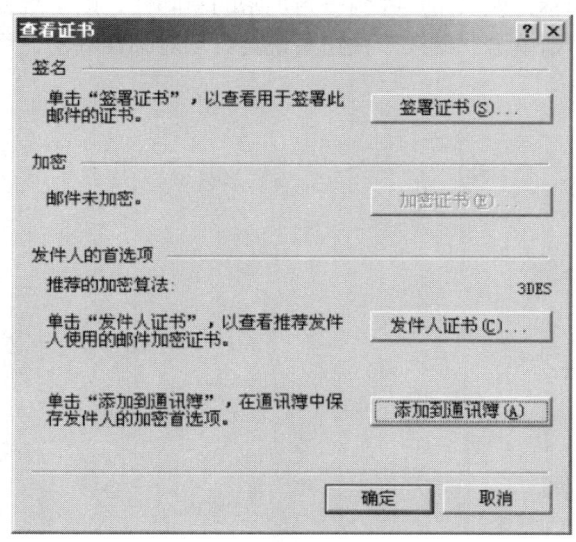

图 3.27　查看证书

④ 在发件人的数字证书添加到通讯簿后，就可以在通讯簿的姓名的前面看到一个红色的飘带，此时，用户就可以给发件人发送加密邮件了。

3．发送签名邮件

单击"新邮件"按钮，在出现的窗口撰写新邮件，输入用户要发送签名邮件的收件人电子邮件地址以后，单击工具栏的"签名"按钮，再单击"发送"按钮。至此，用户已经成功发送数字签名邮件。

需要注意的是，在发送签名邮件之前，用户必须在 Outlook Express 中设置好自己的 E-mail 证书。

4．接收签名邮件

打开 Outlook Express，如果用户收到一封带有发件人数字签名的新邮件，则系统会出现提示信息；如果安装了发件人的公钥，则单击"继续"按钮系统会自动对邮件解密，用户便可以阅读到带有签名的邮件。

5．发送加密邮件

单击"新邮件"按钮，在出现的窗口撰写新邮件，输入用户要发送加密邮件的收件人电子邮件地址以后，单击工具栏的"加密"按钮，再单击"发送"按钮。至此，用户已经成功发送加密邮件。

需要注意的是，在发送加密邮件之前，必须将收件人的数字证书添加到通讯簿中。

6．接收加密邮件

打开 Outlook Express，如果用户收到一封加密的新邮件，则系统会出现提示信息；如果安装了发件人的公钥，则单击"继续"按钮系统会自动对邮件解密，用户便可以阅读到加密的邮件内容。

第 4 章 网络安全协议

Internet 的共享性和开放性使网上信息安全存在不足，因为其赖以生存的 TCP/IP 协议族缺乏相应的安全机制。而且因最初的设计考虑的是使网络不会因局部的故障而影响信息的传输，基本没有考虑到它的安全问题。随着 Internet 的发展，TCP/IP 协议族在安全方面的问题也日渐突出，因此，需要有一系列的机制来完善它。

第一部分 任务学习引导

4.1 TCP/IP 基本知识

TCP/IP 起源于 20 世纪 70 年代初建立的美国国防部高级研究计划网络 ARPAnet。当时 ARPAnet 的干线使用的是分组交换网，网上仅连接了数台大型计算机。几经发展，到 1990 年，美国国家科学基金委员会（NSF）的计算机网络 NFSnet 成为 Internet 的主干网。

TCP/IP（传输控制协议/网间协议）是 Internet 采用的工业标准，它是一组网络通信协议，规范了网络上的所有通信设备，尤其是一个主机与另一个主机之间的数据往来格式以及传送方式。TCP/IP 协议族中最有名的是 TCP 和 IP，由于对网络通信最重要的是 IP 协议，所以采用 TCP/IP 的网络也称为 IP 网络。

TCP/IP 经受了长期应用的考验，既可用于广域网（WAN），也可用于局域网（LAN），是 Internet 的基础协议。它能够唯一地确定 Internet 中任一台主机的位置，在 Internet 中几乎可以无差错地传送数据。对 Internet 用户来说，并不需要了解网络协议的整个结构，仅需了解 IP 的地址格式，即可与世界各地进行网络通信。

1. IP 地址

（1）IP 地址的含义

连入 Internet 网络的计算机成千上万，为了能识别每一台计算机，为了使每个上网的计算机之间能够相互进行资源共享和信息交换，Internet 给每一台上网的计算机分配了一个 32 位长的二进制数字编号，这个编号就是所谓的 IP 地址。任何一台计算机上的 IP 地址在全世界范围内都是唯一的。

（2）IP 地址的格式

IP 地址又称 Internet 地址，共 32 位长，分为 4 段，每个段称为一个地址节，每个地址节长 8 位。为了书写方便，每个地址节用一个十进制数表示，每个数的取值范围为 0～255，地址节之间用小数点"."隔开，如下所示：

11000000. 10101000. 00000000. 00000001

172 . 168 . 0 . 1

结构：IP 地址= 网络号 + 主机号

一个有效 IP 地址是由机器所在的网络号和主机号组成，例如 IP 地址为 202.93.120.44 的主机所处的网络为 202.93.120，主机号为 44。

最小的 IP 地址为 0.0.0.0，最大的 IP 地址为 255.255.255.255。

（3）IP 地址的分类

IP 地址又分为 A、B、C、D 和 E 这 5 类。A 类地址适用于大型网络，B 类地址适用于中型网络，C 类地址适用于小型网络，D 类地址用于组播，E 类地址用于实验。一个单位或部门可拥有多个 IP 地址，如可拥有 2 个 B 类地址和 50 个 C 类地址。地址的类别可从 IP 地址的最高 8 位进行判别，如表 4.1 所示。

表 4.1　　　　　　　　　　　IP 地址分类表

IP 地址类	高 8 位数值范围	最高 4 位的值
A	0～127	0XXX
B	128～191	10XX
C	192～223	110X
D	224～239	1110
E	240～255	1111

例如，IP 地址 116.111.4.120 是 A 类地址，IP 地址 162.105.129.11 是 B 类地址，IP 地址 210.40.0.58 是 C 类地址。

由于 IP 地址用网络号+主机号的方式来表示，A 类地址用高 8 位表示网络号，其中最高位固定为 0（实际只用 7 位），用低 24 位表示主机号；B 类地址用高 16 位表示网络号（实际只用 14 位），低 16 位表示主机号；C 类地址用高 24 位表示网络号（实际只用 21 位），用低 8 位表示主机号，如图 4.1 所示。

在 Internet 中，各种类别地址所能包含的网络个数是不一样的，A 类地址只有 128 个网络，但每个网络拥有 16777216 个主机数；而 C 类地址拥有 2097152 个网络，每个网络只能拥有 256 台主机，如表 4.2 所示。

由于每一个网络都存在两个特殊 IP 地址（全"0"或全"1"），所以实际能够分配的主机数比最大主机数少 2 个。

（4）特殊 IP 地址

对于任何一个网络号，其全为"0"或全为"1"的主机地址均为特殊 IP 地址。例如，210.40.13.0 和 210.40.13.255 都是特殊的 IP 地址。特殊的 IP 地址有特殊的用途，不分配给任何用户使用，如表 4.3 所示。

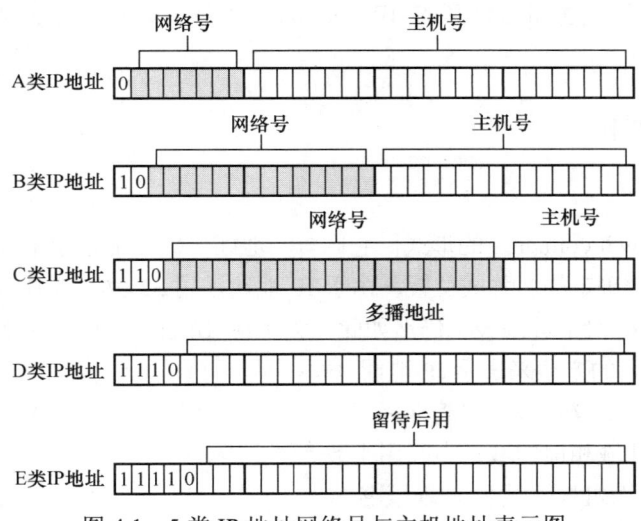

图 4.1 5 类 IP 地址网络号与主机地址表示图

表 4.2　　　　　　　　　　　　IP 地址分类表

类别	网络号位数	最大网络数	主机位数	最大主机数	实际主机数
A 类	7	128	24	16777216	16777214
B 类	14	16384	16	65536	65534
C 类	21	2097152	8	256	254

表 4.3　　　　　　　　　　　　特殊 IP 地址表

网络地址	主机地址	地址类型	用途
全 0	全 0	本机地址	启动时使用
网络号	全 0	网络地址	标识一个网络
网络号	全 1	直接广播地址	在特殊网上广播
全 1	全 1	有限广播地址	在本地网上广播
127	任意	回送地址	回送测试

① 网络地址

网络地址又称网段地址。网络号不空而主机号全 0 的 IP 地址表示网络地址，即网络本身。例如，地址 210.40.13.0 表示其网络地址为 210.40.13。

② 直接广播地址

网络号不空而主机号全"1"表示直接广播地址，表示这一网段下的所有用户。例如，210.40.13.255 就是直接广播地址，表示 210.40.13 网段下的所有用户。

③ 有限广播地址

网络号和主机号都是全"1"的 IP 地址是有限广播地址。在系统启动时，还不知道网络地址的情形下进行广播就是使用这种地址对本地物理网络进行广播。

④ 本机地址

网络号和主机号都为全"0"的 IP 地址表示本机地址。

⑤ 回送测试地址。

网络号为"127"而主机号任意的 IP 地址为回送测试地址。最常用的回送测试地址为 127.0.0.1。

2. 域名及域名解析

（1）域名

域名，如"www.it.com.cn"的形式。它同 IP 地址一样，都是用来表示一个单位、机构或个人在网上的一个确定的名称或位置。由于 IP 地址是用 32 位二进制表示的，不便于识别和记忆，即使换成 4 段十进制表示仍然如此。为了使 IP 地址便于记忆和识别，Internet 从 1985 年开始采用域名的方法来表示 IP 地址。

域名采用相应的英文或汉语拼音表示，一般由 4 个部分组成，从左到右依次为：分机名、主机域、机构性域和地理域，中间用小数点"."隔开。即：

分机名.主机域名.机构性域名.地理域名

机构性域名又称为顶级域名，表示所在单位所属的行业或单位的性质，用 3 个或 4 个缩写英文字母表示。不同的组织、机构，都有不同的域名标识，如：.com——商业公司；.org——组织、协会等；.net——网络服务；.edu——教育机构；.gov——政府部门；.mil——军事领域；.arts——艺术机构；.firm——商业公司；.info——提供信息的机构等。

地理域名又称高级域名，以两个字母的缩写代表一个国家或地区的高级域名。如：.cn——中国；.au——澳大利亚；.jp——日本等。

例如，辽宁石油化工大学图书馆的域名为"lib.lnpu.edu.cn"。这里的 lib 为分机名，是 Library 的缩写；lnpu 为主机域名，是辽宁石油化工大学的缩写；edu 为机构性域名，是 education（教育行业）的缩写；cn 为地理域名，是 China（中国）的缩写。"lib.lnpu.edu.cn"的含义就是"中国教育与科研网络辽宁石油化工大学网站下的图书馆"。

（2）域名解析

域名管理系统即 DNS（Domain Name System）。计算机在网络上进行通信时只能识别如"202.101.139.188"之类的 IP 地址，而不能识别如"www.it.com.cn"之类的域名，因此，想要让好记的域名能被网络所识别，则需要在域名和网络之间有一个"翻译"，它能将域名翻译成网络能够识别的 IP 地址，DNS 起的正是这种作用。它的工作便称为域名解析。域名解析需要由专门的域名解析服务器来完成，整个过程是自动进行的。

具体来说，在地址栏中输入"www.lnpu.edu.cn"的域名之后，计算机会向 DNS 服务器查询该域名所对应的 IP 地址，然后计算机就可以调出那个 IP 地址所对应的网页，并将网页在浏览器上显示。

全球共有 13 台根域名服务器。这 13 台根域名服务器中名字分别为"A"～"M"，其中 10 台设置在美国，另外于英国、瑞典和日本各设有一台。表 4.4 所示为这些机器的管理单位、设置地点及最新的 IP 地址。

根域名服务器是架构互联网所必需的基础设施。在根域名服务器中并没有每个域名的具体信息，但储存了负责每个域（如 COM、NET、ORG 等）的解析的域名服务器的地址信息，如同通过北京电信问不到广州市某单位的电话号码，但是北京电信可以告诉你去查020114。世界上所有互联网访问者的浏览器的将域名转化为 IP 地址的请求（浏览器必须知道数字化的 IP 地址才能访问网站）理论上都要经过根服务器的指引后去该域名的权威域名服务器（authoritative name server，如 haier.com 的权威域名服务器是 dns1.hichina.com）上得到对应的 IP 地址。当然现实中提供接入服务的 ISP 的缓存域名服务器上可能已经有了这个对应关系（域名到 IP 地址）的缓存。

表 4.4 根域名服务器的 IP 地址

名称	管理单位及设置地点	IP 地址
A	INTERNIC.NET（美国，弗吉尼亚州）	198.41.0.4
B	美国信息科学研究所（美国，加利福尼亚州）	128.9.0.107
C	PSINet 公司（美国，弗吉尼亚州）	192.33.4.12
D	马里兰大学（美国马里兰州）	128.8.10.90
E	美国航空航天管理局（美国加利福尼亚州）	192.203.230.10
F	因特网软件联盟（美国加利福尼亚州）	192.5.5.241
G	美国国防部网络信息中心（美国弗吉尼亚州）	192.112.36.4
H	美国陆军研究所（美国马里兰州）	128.63.2.53
I	Autonomica 公司（瑞典，斯德哥尔摩）	192.36.148.17
J	VeriSign 公司（美国，弗吉尼亚州）	192.58.128.30
K	RIPE NCC（英国，伦敦）	193.0.14.129
L	IANA（美国，弗吉尼亚州）	198.32.64.12
M	WIDE Project（日本，东京）	202.12.27.33

3．子网、子网掩码和默认网关

（1）子网

IP 地址由两部分组成，即网络号（Network ID）和主机号（Host ID）。对于一般由路由器和主机组成的互联系统，我们可以分开主机和路由器的每个接口，从而产生了几个分离的网络端点，接口端连接了这些独立的网络的端点。这些独立的网络中的每个都叫做一个子网（subnet）。此时，网络号标识的是 Internet 上的一个子网，而主机号标识的是子网中的某台主机。只有在一个网络号下的计算机之间才能"直接"互通，不同网络号的计算机要通过网关（Gateway）才能互通。

但这样的划分在某些情况下显得并不十分灵活。为此 IP 网络还允许划分成更小的网络，就是我们通常意义上的子网（Subnet）。

例如：某企业有 8 个部门，每个部门有 25 台计算机，共计有 200 台计算机连入 Internet 网。Internet 地址管理机构只能给该企业分配 1 个 C 类地址（1 个 C 类地址可连入 254 台计算机）。也就是说，不可能给该企业的每一个部门都分配一个 C 类地址。但在企业内部，希望在网上仍能以部门为单位进行管理。要想解决这一问题，就要在内部网络中进行子网的划分。

（2）子网掩码

要将一个网络划分为多个子网，网络号将要占用原来的主机位，如对于一个 C 类地址，它用 21 位来标识网络号，要将其划分为 2 个子网则需要占用 1 位原来的主机标识位。此时，网络号位变为 22 位，主机标示变为 7 位。同理借用 2 个主机位则可以将一个 C 类网络划分为 4 个子网……在前面的例子中，可用 3 位表示子网号，即 "000" 表示第 1 个子网，"001" 表示第 2 个子网，"010" 表示第 3 个子网，…，"111" 表示第 8 个子网。而用低 5 位表示子网内部主机号（5 位地址位最大可表示 32 个主机号）。

计算机是怎样才知道这一网络是否划分了子网呢？这样就产生了子网掩码。子网掩码的作用就是用来判断任意两个 IP 地址是否属于同一子网络，这时只有在同一子网的计算机才能"直接"互通。

那么怎样确定子网掩码呢？子网掩码和 IP 地址一样有 32 位，确定子网掩码的方法是其与 IP 地址中标识网络号的所有对应位都用 "1"，而与主机号对应的位都是 "0"。如分为 2 个子网的 C 类 IP 地址用 22 位来标识网络号，则其子网掩码为 11111111 11111111 11111111 10000000 即 255.255.255.128。由此可以知道，A 类地址的缺省子网掩码为 255.0.0.0，B 类为 255.255.0.0，C 类为 255.255.255.0。表 4.5 所示为 C 类地址子网划分及相关子网掩码。

表 4.5　　　　　　　　　C 类地址子网划分及相关子网掩码

子网位数	子网掩码	主机数	可用主机数
1	55.255.255.128	128 126	126
2	255.255.255.192	64	62
3	255.255.255.224	32	30
4	255.255.255.240	16	14
5	255.255.255.248	8	6
6	255.255.255.252	4	2

对于一个 IP 地址，如何计算其归属哪一个子网，其在子网中的主机号又是多少？其实，我们只要按子网划分的方法，将 IP 地址中的网络号和子网内部主机号分离出来即可。那么如何分离出 IP 地址中的网络号和子网内部主机号分离出来呢？过程如下。

① 将 IP 地址与子网掩码转换成二进制。
② 将二进制形式的 IP 地址与子网掩码做'与'运算，将运算结果转化为十进制便得到 IP 地址中的网络号。
③ 将二进制形式的子网掩码取"反"。
④ 将取"反"后的子网掩码与 IP 地址做'与'运算，将运算结果转化为十进制便得到子网内部主机号。

例：有一个 C 类地址为 192.9.200.13，其缺省的子网掩码为 255.255.255.0，则它的网络号和主机号可按如下方法得到。

① 将 IP 地址 192.9.200.13 转换为二进制 11000000 00001001 11001000 00001101。
② 将子网掩码 255.255.255.0 转换为二进制 11111111 11111111 11111111 00000000。
③ 将两个二进制数做'与'运算得：11000000 00001001 11001000 00000000。
④ 将其化为十进制得：192.9.200.0，即网络号为 192.9.200.0。
⑤ 将子网掩码取'反'得：00000000 00000000 00000000 11111111。
⑥ 再与 IP 地址做'与'运算得：00000000 00000000 00000000 00001101。
⑦ 将其化为十进制得：0.0.0.13，即主机号为 13。

（3）网关

网关（Gateway）就是一个网络连接到另一个网络的"关口"，实质上，它是一个网络通向其他网络的 IP 地址。按照不同的分类标准，网关有很多种。TCP/IP 里的网关是最常用的，在这里我们所讲的"网关"均指 TCP/IP 协议下的网关。比如有网络 A 和网络 B，网络 A 的 IP 地址范围为"192.168.1.1～192.168.1.254"，子网掩码为 255.255.255.0；网络 B 的 IP 地址范围为"192.168.2.1～192.168.2.254"，子网掩码为 255.255.255.0。在没有路由器的情况下，两个网络之间是不能进行 TCP/IP 通信的，即使是两个网络连接在同一台交换机（或集线器）上，TCP/IP 也会根据子网掩码（255.255.255.0）判定两个网络中的主机处在不同的网络里。而要实现这两个网络之间的通信，则必须通过网关。如果网络 A 中的主机发现数据包的目的主机不在本地网络中，就把数据包转发给它自己的网关，再由网关转发给网络 B 的网关，网络 B 的网关再转发给网络 B 的某个主机。网络 B 向网络 A 转发数据包的过程也是如此。

所以说，只有设置好网关的 IP 地址，TCP/IP 才能实现不同网络之间的相互通信。那么这个 IP 地址是哪台机器的呢？网关的 IP 地址是具有路由功能的设备的 IP 地址，具有路由功能的设备有路由器、启用了路由协议的服务器（实质上相当于一台路由器）、代理服务器（也相当于一台路由器）。

4．IP 地址和 MAC 地址

（1）MAC 地址的概念

MAC（Medium/Media Access Control）地址，或称为 MAC 位址、硬件地址，用来定义网络设备的位置。在 OSI 模型中，第三层网络层负责 IP 地址，第二层数据链路层则负责 MAC 位址。因此，一个网卡会有一个全球唯一固定的 MAC 地址，但可对应多个 IP 地址。

MAC 地址通常是由网卡生产厂家烧录在 NetworkInterfaceCard（网卡，NIC）里的，它存储的是传输数据时真正赖以标识发出数据的计算机和接收数据的主机的地址，这个地址与网络无关，也即无论将带有这个地址的硬件（如网卡、集线器、路由器等）接入到网络的何处，它都有相同的 MAC 地址，MAC 地址一般不可改变，不能由用户自己设定。

MAC 地址的长度为 48 位（6 个字节），通常表示为 12 个 16 进制数，每 2 个 16 进制数之间用冒号隔开，如 08:00:20:0A:8C:6D 就是一个 MAC 地址，其中前 6 位 16 进制数 08:00:20 代表网络硬件制造商的编号，它由 IEEE（Istitute of Electrical and Electronics Engineers，电气与电子工程师协会）分配，而后 3 位 16 进制数 0A:8C:6D 代表该制造商所制造的某个网络产品（如网卡）的系列号。每个网络制造商必须确保它所制造的每个以太网设备都具有相同的前 3 字节以及不同的后 3 个字节。这样就可保证世界上每个以太网设备都具有唯一的 MAC 地址。查看本机 MAC 号码过程如图 4.2 所示。

形象地说，MAC 地址就如同我们身份证上的身份证号码，具有全球唯一性。

（2）地址解析协议（Address Resolution Protocol，ARP）

IP 地址和 MAC 地址的关系就如同一个职位和应聘这个职位的人之间的关系。IP 地址如同一个职位，而 MAC 地址则好像是去应聘这个职位的人才，职位既可以让甲坐，也可以让乙坐。同样的道理，一个结点的 IP 地址对于网卡是不做要求的，基本上什么样的厂家都可以用，也就是说，IP 地址与 MAC 地址并不存在着绑定关系。例如，如果一个网卡坏了，可以被更换，而无须取得一个新的 IP 地址。如果一个 IP 主机从一个网络移到另一个网络，可以给它一个新的 IP 地址，而无须换一个新的网卡。

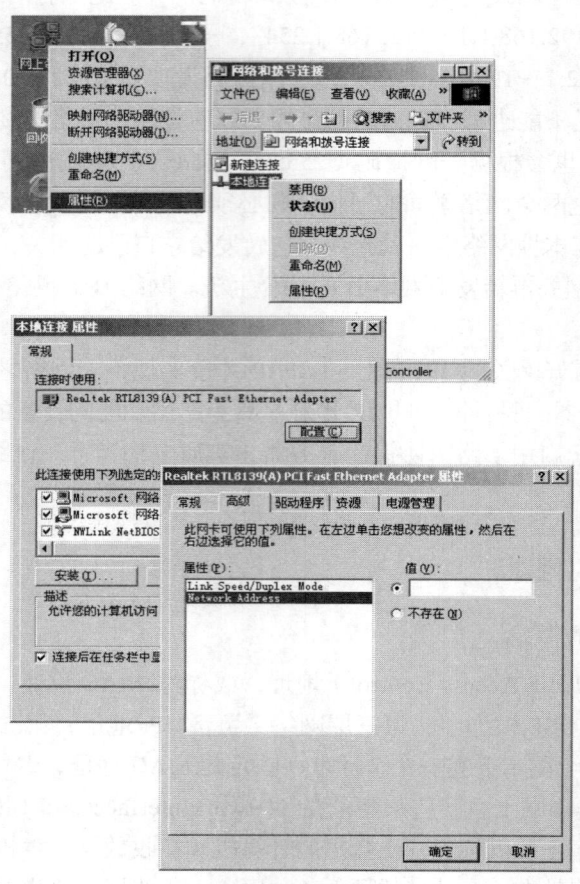

图 4.2　查看本机 MAC 号码

无论是局域网，还是广域网中的计算机之间的通信，最终都表现为将数据包从某种形式的链路上的初始节点出发，从一个节点传递到另一个节点，最终传送到目的节点。数据包在这些节点之间的移动都是由地址解析协议负责将 IP 地址映射到 MAC 地址上来完成的。下面我们来通过一个例子看看 IP 地址和 MAC 地址是怎样结合来传送数据包的。

假设网络上要将一个数据包（名为 PAC）由北京的一台主机（名称为 A，IP 地址为 IP_A，MAC 地址为 MAC_A）发送到华盛顿的一台主机（名称为 B，IP 地址为 IP_B，MAC 地址为 MAC_B）。这两台主机之间不可能是直接连接起来的，因而数据包在传递时必然要经过许多中间节点（如路由器，服务器等），我们假定在传输过程中要经过 C1、C2、C3（其 MAC 地址分别为 M1、M2、M3）3 个节点。A 在将 PAC 发出之前，先送一个 ARP 请求，找到其要到达 IP_B 所必须经历的第一个中间节点 C1 的 MAC 地址 M1，然后在其数据包中封装（Encapsulation）这些地址：IP_A、IP_B、MAC_A 和 M1。当 PAC 传到 C1 后，再由 ARP 根据其目的 IP 地址 IP_B，找到其要经历的第二个中间节点 C2 的 MAC 地址 M2，然后再将带有 M2 的数据包传送到 C2。依此类推，直到最后找到带有 IP 地址为 IP_B 的 B 主机的地址 MAC_B，最终传送给主机 B。在传输过程中，IP_A、IP_B 和 MAC_A 不变，而中间节点的 MAC 地址通过 ARP 在不断改变（M1、M2、M3），直至目的地址 MAC_B。

4.2 IPSec

尽管 TCP/IP 技术获得了巨大的成功，但由于 TCP/IP 协议簇在设计初期只是用于科学研究而基本没有考虑到安全性问题，任何人，只要能够搭入线路，即可分析所有的通信数据。随着应用的普及，如一些要求安全性很高的军事领域及商业领域，对网络传输安全性的要求也越来越高，TCP/IP 在安全上的不足之处也越来越多地暴露出来。

针对 Internet 的安全需求，Internet 工程任务组（IETF）于 1998 年 11 月颁布了 IP 层安全标准 IPSec（IP Security）。其目标是为 IPv4 和 IPv6 提供具有较强的互操作能力、高质量和基于密码的安全，弥补由于 TCP/IP 协议体系自身带来的安全漏洞，在 IP 层实现多种安全服务，包括访问控制、无连接完整性、认证、机密性以及它们的组合。虽然 IPSec 中的一些组件，如安全策略等，仍在研究之中，但可以预料，IPSec 必将成为网络安全的产业标准。

1．IPSec 含义

IPSec（IP Security）是一种由 IETF 设计的端到端的确保 IP 层通信安全的机制。IPSec 协议可以为 IP 网络通信提供透明的安全服务，保护 TCP/IP 通信免遭窃听和篡改，保证数据的完整性和机密性，有效抵御网络攻击，同时保持易用性。IPSec 不是一个单独的协议，而是一组协议，IPSec 协议的定义文件包括了 12 个 RFC 文件和几十个 Internet 草案，是工业标准的网络安全协议。

2．IPSec 的功能

① 身份鉴别：即确保 IP 报文来源于合法的 IP 报文发送者，以防止为造合法身份而对网络形成攻击。

② 数据完整性保护：IPSec 通过此项功能以保证 IP 报文中的数据为发送方最初放在报文中的原始数据，以防止因接收到被篡改的报文而受到攻击。

③ 数据的机密性保护：IPSec 通过对 IP 报文实施一定的加密算法以防止信息被非法者窃取。

④ 防重放攻击：即防止敌手截获已经过认证的 IP 数据报后实施重放攻击。

3．IPSec 的作用

① 保证互联网上各分支办公点的安全连接。公司可以借助互联网或公用的广域网搭建安全的虚拟专用网络。这使得公司可以不必耗巨资去建立自己的专用网络，而只需依托因特网即可获得同样的效果。

② 保证互联网上远程访问的安全。在计算机上装有 IPSec 的终端用户可以通过拨入所在地的 ISP 的方式获得对公司网络的安全访问权。这一做法降低了流动办公人员及远距离工作者的长途电话费用。

③ 通过外部网或内部网建立与合作伙伴的联系。IPSec 通过认证和密钥交换机制确保企业与其他组织的信息往来的安全性和机密性。

④ 提高了电子商务的安全性。尽管在电子商务的许多应用中已嵌入了一些安全协议，IPSec 的使用仍然可以使其安全级别在原有的基础上更进一步，因为所有由网络管理员指定的通信都是认证和加密的。

4．IPSec 的优点

① 如有需要的话，IPSec 可以为个体用户提供安全保障，这样做就可以保护企业内部的敏感信息。

② IPSec 的主要特征在于它对所有 IP 级的通信进行加密和认证，使得 IPSec 可以确保包括远程登录、客户/服务器、电子邮件、文件传输及 Web 访问等在内的多种应用程序的安全，从而成为目前最易于扩展、最完整的一种网络安全方案。

③ 过滤每一个访问计算机的数据包，并可根据数据报的源 IP 地址、协议和端口进行过滤。因此，如果在路由器或在防火墙上执行了 IPSec，它将会为周边的通信提供强有力的安全保障。一个公司或工作组内部的通信将不增加与安全相关的费用。

④ 对应用程序和终端用户完全透明，应用程序无需任何调整，也不必对用户进行安全机制的培训。

5．IPSec 的体系结构

IPSec 协议不是一个单独的协议，它给出了应用于 IP 层上网络数据安全的一整套体系结构，包括网络认证协议 Authentication Header（AH）、封装安全载荷协议 Encapsulating Security Payload（ESP）、密钥管理协议 Internet Key Exchange（IKE）和用于网络认证及加密的一些算法等。

IPSec 体系结构如图 4.3 所示。

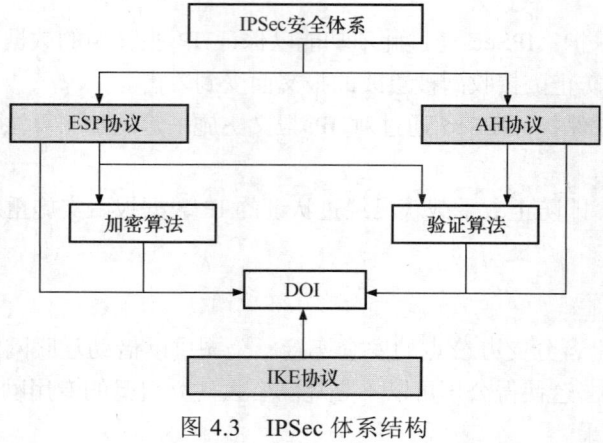

图 4.3　IPSec 体系结构

（1）AH 协议

AH（Authentication Header）协议定义了如何使用 AH 进行数据包鉴别的处理规则、AH 首部格式及其提供的服务，描述了如何将不同鉴别算法用于 AH 和 ESP 可选的鉴别选项中。

① AH 提供的服务

AH 为 IP 数据包提供如下 3 种服务。

- 数据完整性验证：通过哈希函数（如 MD5）产生的校验来保证。
- 数据源身份认证：通过在计算验证码时加入一个共享密钥来实现。
- 防重放攻击：AH 报头中的序列号可以防止重放攻击。

② AH 运行原理

发送方将 IP 分组头、上层数据、公共密钥这 3 部分通过 MD5（或 SHA-1）算法进行计算，得出 AH 首部的认证数据，并将 AH 首部加入 IP 分组中。当数据传输到接收方时，接收方将收到的 IP 分组头、数据部分和公共密钥的相同的 MD5（或 SHA-1）算法运算，并把得到的结果和收到的数据分组的 AH 首部进行比较，进行认证。如果信息一致，则证明报文没有被非法修改，也证明报文并未被非法者伪造。AH 还可以通过其单调递增的序列号（Sequence Number，SN）防止消息重放攻击。

AH 协议并不提供对数据的保密性保护，因此当数据通过网络时，如果攻击者使用协议分析器依然能够窃取敏感数据。

③ AH 报头格式

AH 报头包括以下内容，如图 4.4 所示。

- 下一报头：长 8bit，用以识别这一报头之后紧跟的报头类型。
- 负载长度：长 8bit，其值为单位是 32 位字的 AH 报头长度减 2。
- 保留（Reserved）：长 16bit，留待将来使用。
- 鉴别数据：其长度可变，但必须是 32 位字的整数倍，其中包含完整性检查值。

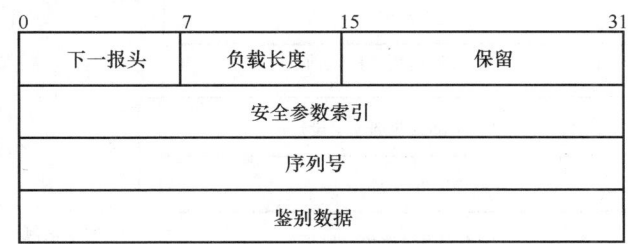

图 4.4 AH 报头格式

④ AH 运行模式

AH 可运行于传送模式和通道模式，它保护的数据是一个上层协议或一个完整的 IP 数据报。任何一种情况下，AH 都要对外部 IP 头的固有部分进行身份验证。

- AH 传输模式

运行于传输模式时，保护的是端到端的通信。通信的终点必须是 IPSec 终点。AH 头被插在数据报中 IP 头与需要保护的上层协议之间，对这个数据报进行安全保护，如图 4.5 所示。

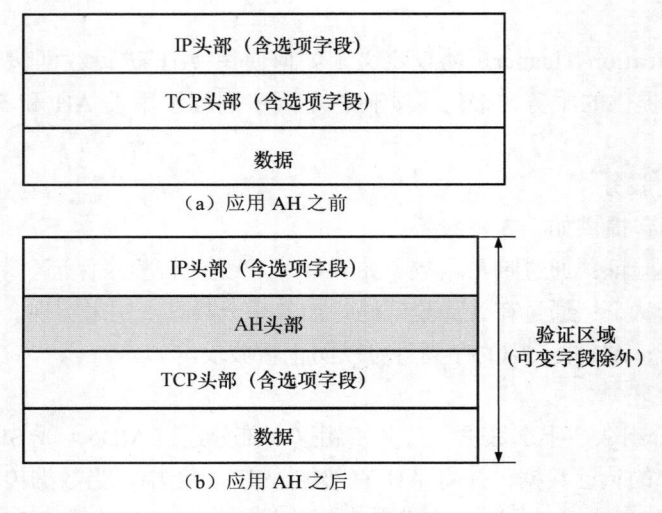

图 4.5　AH 传输模式

- AH 隧道模式

运行于通道模式时，它将自己保护的数据报封装起来，另外，在 AH 头之前，另添了一个 IP 头。里面的 IP 数据报中包含了通信的原始寻址，而"外面的"IP 数据包则包含了 IPSec 端点的地址。通道模式可用来替换端对端安全服务的传送模式，但是，由于这一协议中没有提供机密性，因此，相应地就没有通信分析这一保护措施，所以它没什么用处。AH 只用于保证收到的数据包在传输过程中不会被修改，保证由要求发送它的当事人将它发送出去，以及保证它是一个新的非重播的数据包，如图 4.6 所示。

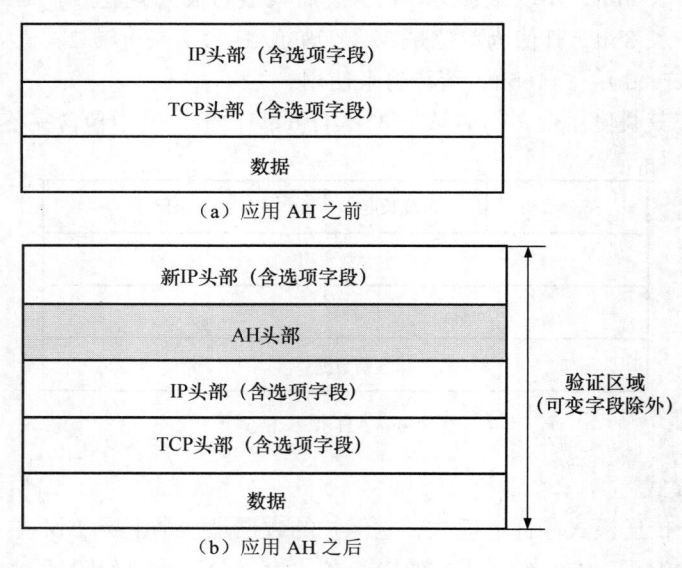

图 4.6　AH 隧道模式

（2）ESP 协议

ESP（Encapsulating Security Payload）协议定义了如何使用 ESP 进行数据包加密的处理规则，ESP 首部格式及其提供的服务，描述了如何将不同加密算法用于 ESP。

① ESP 提供的服务

ESP 除了为 IP 数据包提供 AH 已有的 3 种服务外，还提供另外两种服务。

- 数据包加密：对一个 IP 包进行加密，可以是对整个 IP 包，也可以只加密 IP 包的载荷部分，一般用于客户端计算机。
- 数据流加密：一般用于支持 IPSec 的路由器，源端路由器并不关心 IP 包的内容，对整个 IP 包进行加密后传输，目的端路由器将该包解密后将原始包继续转发。

注：加密是 ESP 的基本功能，而数据源身份认证、数据完整性验证以及防重放攻击都是可选的。

② ESP 报头格式

ESP 报头格式包括以下内容，如图 4.7 所示。

- 有效负载数据（Payload Data）：包括被加密保护的 IP 包或传输层数据段（传输模式）。
- 填充项（Padding）：0～255 字节，该字段用于当加密算法要求明文长度为某一长度整数倍时，则可通过填充达到所需长度等。
- 填充长度（Pad Length）：长 8bit，指明填充项的长度，接收端利用它恢复载荷数据的真实长度。
- 鉴别数据（Authentication Data）：长度必须为 32 位字的整数，是一个验证算法（通常是散列函数）应用于 ESP 包所得出的完整性检查值（ICV）。该字段是可选的。

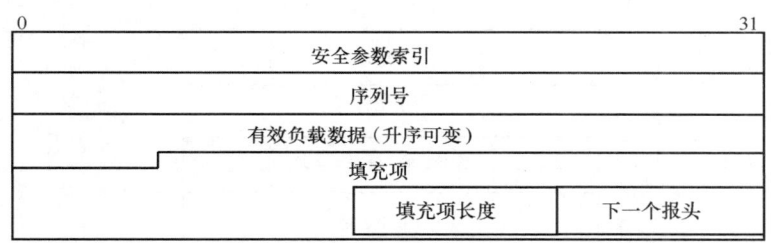

图 4.7 ESP 报头格式

③ ESP 运行模式

- ESP 传输模式如图 4.8 所示。
- ESP 隧道模式如图 4.9 所示。

总地说来，从所提供的服务上看，AH 可证明数据的起源地、保障数据的完整性、防止相同数据包的重播。而 ESP 除具有 AH 的所有能力之外，还可选择保障数据的机密性以及为数据流提供有限的机密性保障。

从使用上看，AH 和 ESP 可以单独使用，也可以嵌套使用。通过这些组合方式，可以在两台主机、两台安全网关（防火墙和路由器），或者主机与安全网关之间使用。

从运行模式上看，AH 和 ESP 既可用来保护一个完整的 IP 载荷，亦可用来保护某个 IP 载荷的上层协议。这两方面的保护分别是由 IPSec 两种不同的模式来提供的，如图 4.10 所示。其中，传输模式用来保护上层协议，而隧道模式用来保护整个 IP 数据报。

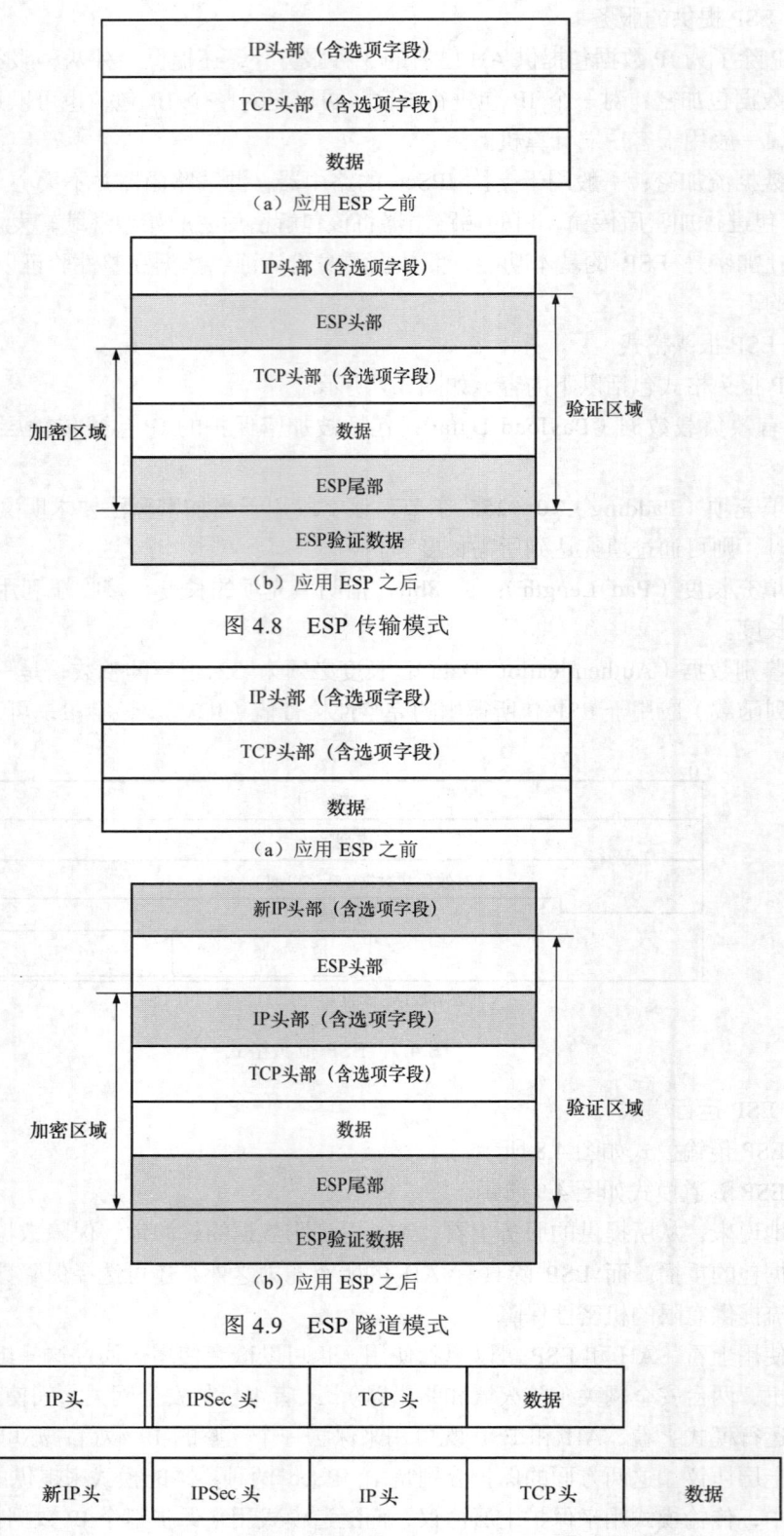

图 4.8 ESP 传输模式

图 4.9 ESP 隧道模式

图 4.10 IPSec 的传输模式和通道模式

在传输模式中，IPSec 先对上层协议进行封装，增加一个 IPSec 头，对上层协议的数据进行保护，然后才由 IP 协议对封装的数据进行处理，增加 IP 头。

而在隧道模式中，IPSec 对 IP 协议处理后的数据进行封装，增加一个 IPSec 头，对 IP 数据报进行保护，然后再由 IP 协议对封装的数据进行处理，增加新 IP 头。

（3）IKE 协议

IKE（Internet Key Exchange）协议负责密钥管理，是描述密钥管理机制的文档，包括如何协商密钥，分发密钥等。

IPSec 的密钥管理是对密钥的产生、登记、认识、注册、分发、安装、存储、归档、注解等服务的实施和运用。而密钥协商则是密钥管理的一个重要的组成部分，它主要处理密钥的生成、分发，两者的关系如图 4.11 所示。

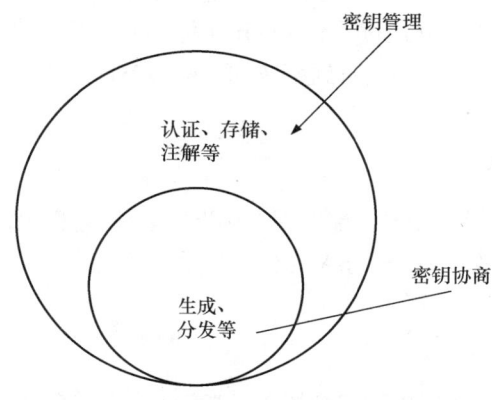

图 4.11　密钥管理与密钥协商

IKE 将密钥协商的结果保留在安全联盟（SA）中，供 AH 和 ESP 以后通信时使用。

（4）DOI（Domain of Interpretation）

解释域 DOI 定义 IKE 所没有定义的协商的内容。

DOI 为使用 IKE 进行协商 SA 的协议统一分配标识符。共享一个 DOI 的协议从一个共同的命名空间中选择安全协议和变换、共享密码以及交换协议的标识符等。

DOI 将 IPSec 的这些 RFC 文档联系到一起。

6．安全联盟&安全联盟数据库

（1）SA（Security Association，安全关联）

要进行安全通信，需采用身份鉴别和加密服务。所以通信的双方在通信之前需协商好采用哪种安全协议、加密算法以及加密的密钥等问题。所谓的安全关联（Security Association）就是通信双方协商好的安全通信的构建方案，是通信双方共同签署的"协定"。

安全关联是单工的，即从业务流的发送方到接收方的一个单向逻辑关系。在典型的、双向的点到点连接中，需要提供两个 SA。

安全关联由如下 3 个参数唯一确定。

- 安全参数索引（Security Parameters Index，SPI）：SPI 是一个长度为 32 位的数据，接

收方用 AH 和 ESP 报头的 SPI 唯一的确定一个 SA。
- IP 目的地址：即 SA 中接收方的 IP 地址。
- 安全协议标识符：用以标识通信双方采用的是 AH 协议还是 ESP 协议。

除以上 3 个参数外，SA 还包含以下参数：顺序号计数器（Sequence Number Countor）。顺序号溢出标志（Sequence Counter Overflow）。防重放窗口（Anti-replay Window）。AH 信息（AH Information）。ESP 信息（ESP Information）和其他一些相关参数。

SA 的创建分两步进行：先协商 SA 参数，再用 SA 更新安全策略数据库。协商 SA 参数可采用人工协商或 Internet 标准密钥管理协议（如 IKE）来完成。人工密钥协商是必须支持的，在 IPSec 的早期开发及测试过程中，人工协商是一项非常有用的方式。在人工密钥协商过程中，通信双方都需要离线同意 SA 的各项参数。但人工协商过程非常容易出错，既麻烦、又不安全。因此，在已经有一种稳定、可靠的密钥管理协议的前提下，已经配置好 IPSec 的一个环境中，SA 的建立通过一种 Internet 标准密钥管理协议来完成。如果安全策略要求建立安全、保密的连接，但却找不到相应的 SA，IPSec 的内核便会自动调用 IKE。IKE 会与目标主机协商具体的 SA。

（2）安全联盟数据库

在每一个 IPSec 的执行过程中，都有一个标准的安全联盟数据库（Security Association Database，SAD），其中存放了每一个 SA 的相关参数。

7. SPD（安全策略数据库）

安全策略决定了为一个包提供的安全服务。IPSec 将安全策略所有可能实施方案，保存在一个数据库中，这个数据库称为安全策略数据库。根据"选择符"对该数据库进行检索，获取为一个 IP 包提供安全服务的有关信息。

IP 包的外出和进入处理都要以安全策略为准，在进入和外出包处理过程中，需查阅 SPD，以判断为这个包提供哪些安全服务。对外出通信而言，在 SPD 中进行检索的结果是一个指针，指向 SAD 中的 SA 或 SA 集束（前提是已建立了 SA）。SA 或 SA 集束需要根据策略的要求，按指定的顺序依次对外出包进行处理。假如 SA 尚未建立，就会调用密钥管理协议来建立数据包；对进入通信来说，首先要对包进行安全处理。然后，根据选择符对 SPD 数据库进行检索，证实对包采取的策略。

8. IPSec 处理

IPSec 的处理的分为两种：外出处理和进入处理。

（1）外出处理

外出处理过程中，传输层的数据包流入 IP 层。IP 层检索 SPD 数据库，判断应为这个包提供哪些服务。可能有以下几种情况。
- 丢弃：简单丢掉。
- 绕过安全服务：为载荷增添 IP 头，然后分发 IP 包。
- 应用安全服务：假设已建立 SA，则返回指向该 SA 的指针；如果未建立 SA，则调用

IKE 建立 SA。如果策略规定强行将 IPSec 应用于数据包，则在 SA 正式建立起来之前，包是不会被传送出去的。SA 建好之后，会按正确顺序增添适当的 AH 和 ESP 头。

(2) 进入处理

① 收到 IP 包后，如果包内没有 IPSec 头，则根据安全策略对包进行检查，决定如何处理。
- 丢弃：直接丢弃。
- 应用安全服务：SA 没有建立，包同样会被丢弃；否则将包传给上层协议处理。

② 如果 IP 包中包含了 IPSec 包：从 IP 包中提取三元组（SPI、目标地址、协议）在 SAD 中检索。根据协议值交给 AH 层或 ESP 层处理。协议载荷处理完之后，要在 SPD 中查询策略，验证 SA 使用是否得当。

4.3 电子商务安全协议

虽然 IPSec 可以提供端到端的网络安全传输能力，但是它无法处理位于同一端系统之中的不同用户之间的安全需求，因此，需要在传输层和更高层提供网络安全传输服务，来满足这些要求。目前，国际上流行的电子商务所采用的安全协议主要如下。
- 安全套接层协议（Secure Sockets Layer，SSL）。
- 安全电子交易协议（Secure Electronic Transaction，SET）。
- 安全 HTTP（S-HTTP）协议。
- 安全电子邮件协议（PEM、S/MIME 等）。
- 虚拟专用网 VPN。

1. 安全套接层协议

(1) SSL 概述

安全套接层协议 SSL（Secure socket Layer）是一种国际标准的加密及身份认证通信协议，是一种在客户端和服务器端之间建立安全通道的协议。它主要使用公开密钥体制和 X.509 数字证书技术保护信息传输的机密性和完整性，不能保证信息的不可抵赖性。SSL 主要适用于点对点之间的信息传输，被设计用来使用 TCP 提供一个可靠的端到端安全服务，为两个通信个体之间提供保密性和完整性（身份鉴别）。它常用 Web Server 方式。

SSL 通过加密传输来确保数据的机密性，通过信息验证码（Message Authentication Codes，MAC）机制来保护信息的完整性，通过数字证书来对发送和接收者的身份进行认证。

SSL 一经提出，就在 Internet 上得到广泛的应用，最常用来保护 Web 的安全，保护存有敏感信息 Web 的服务器的安全，消除用户在 Internet 上数据传输的安全顾虑。在网络上传输的敏感信息（如电子商务、金融业务中的信用卡号或 PIN 码等机密信息）都纷纷采用 SSL 来进行安全保护。

(2) SSL 协议作用

SSL 以对称密码技术和公开密码技术相结合,可以实现如下 3 个通信目标。

① 秘密性:SSL 客户机和服务器之间传送的数据都经过了加密处理,网络中的非法窃听者所获取的信息都将是无意义的密文信息。

② 完整性:SSL 利用密码算法和散列(Hash)函数,通过对传输信息特征值的提取来保证信息的完整性,确保要传输的信息全部到达目的地,可以避免服务器和客户机之间的信息受到破坏。

③ 认证性:利用证书技术和可信的第三方认证,可以让客户机和服务器相互识别对方的身份。为了验证证书持有者是其合法用户(而不是冒名用户), SSL 要求证书持有者在握手时相互交换数字证书,通过验证来保证对方身份的合法性。

(3) SSL 协议的体系结构

SSL 安全协议不是一个单独的协议,而是 SSL 握手协议、SSL 修改密文协议、SSL 警告协议和 SSL 记录协议组成的一个两层协议族,如图 4.12 所示。

握手协议	修改密文协议	警告协议
SSL 记录协议		
TCP		
IP		

图 4.12 SSL 协议的体系结构

① SSL 握手协议

SSL 中最复杂的协议就是握手协议。握手协议分为两个阶段:第一个阶段用于建立私密性通信信道;第二个阶段用于客户认证。该协议允许服务器和客户机相互验证,协商加密和 MAC 算法以及保密密钥,用来保护在 SSL 记录中发送的数据。

握手协议是在任何应用程序的数据传输之前使用的。SSL 握手协议的格式如图 4.13(a)所示,消息类型如表 4.6 所示。

表 4.6   SSL 握手协议的消息类型

消息类型	参数
Hello_request	Null
Client_hello	版本,随机数,会话 id,密码组,压缩模式
Server_hello	版本,随机数,会话 id,密码组,压缩模式
certificate	X.509v3 的证书系列
Server_key_exchange	参数,签名
Certificate_request	类型,授权
Server_done	Null
Certificate_key_exchange	签名
Client_key_exchange	参数,签名
finished	哈希值

② 修改密文协议

SSL 更改密文规格协议由单个消息组成,只有一个值为 1 的单字节,如图 4.13(b)所示。其目的是使未决状态复制为当前状态。更新用于当前连接的密码组。

③ SSL 警告协议

SSL 警告协议用于对等实体之间传送 SSL 的有关警告。其格式如图 4.13（c）所示。

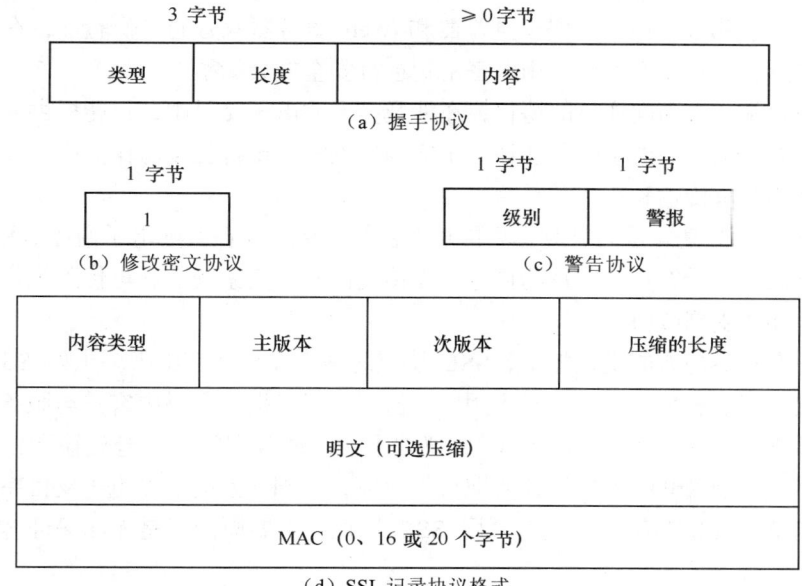

图 4.13　SSL 协议格式

④ SSL 记录协议

SSL 记录协议为 SSL 连接提供了以下两种服务：

● 机密性。
● 消息完整性。

SSL 记录协议包括了对记录头和记录数据格式的规定。其格式如图 4.13（d）所示。

a. SSL 记录头格式。
b. SSL 记录数据的格式。
c. SSL 数据单元的形成过程。
d. MAC 的计算过程。
e. 消息加密过程。
f. 生成报头。

（4）SSL 协议实现的步骤

● 连接
● 会话

a. 接通阶段：客户机通过网络向服务器打招呼，服务器回应。
b. 密码交换阶段：客户机与服务器之间交换双方认可的密码，一般选用 RSA 密码算法。
c. 会谈密码阶段：客户机器与服务器间产生彼此交谈的会谈密码。
d. 检验阶段：客户机检验服务器取得的密码。

e. 客户认证阶段：服务器验证客户机的可信度。

f. 结束阶段：客户机与服务器之间相互交换结束的信息。

（5）SSL 协议与电子商务

通过数字签名和数字证书可实现浏览器和 Web 服务器双方的身份验证，在用数字证书对双方的身份验证后，双方就可以用保密密钥进行安全的会话了。

然而，SSL 是一个面向连接的协议，在涉及多方的电子交易中，只能提供交易中客户与服务器间的双方认证，而电子商务往往是由客户、网站、银行三家协作完成，SSL 协议并不能协调各方间的安全传输和信任关系。

SSL 协议运行的基点是商家对客户信息保密的承诺。但在实际电子商务流程中 SSL 协议有利于商家而不利于客户：客户的信息首先传到商家，商家阅读后再传到银行，这样，客户资料的安全性便受到威胁。

随着电子商务参与方的迅速增加，SSL 协议的缺点完全暴露出来。比如 SSL 提供的保密连接有很大的漏洞。另外，SSL 对应用层不透明，只能提供交易中客户与服务器间的双方认证，在涉及多方的电子交易中，SSL 协议并不能协调各方间的安全传输和信任关系，因此，SSL 协议逐渐被新的 SET 协议所取代。目前，我国开发的很多电子支付系统，如中国银行的长城卡电子支付系统，并没有采用 SSL 协议，主要原因就是无法保证客户资金的安全性。

2. SET 协议

（1）SET 协议概述

SET 协议（Secure Electronic Transaction，安全电子交易）是应用层协议，是由 VISA 和 Master Card 两大信用卡公司联合推出的规范。用于保证在公共网络，特别是 Internet 上进行银行卡支付交易的安全性，能够有效地防止电子商务中的各种诈骗。它是目前已经标准化并且被业界所广泛接受的一种基于信用卡的付款机制。

作为一种应用于互联网环境、以信用卡为基础的电子支付交易协议，SET 协议可以解决持卡人、商家和银行之间通过信用卡来进行网上支付的交易，旨在保证支付命令的机密性、支付过程的完整性、商家以及持卡人身份的合法性以及可操作性。

在 SET 系统中，符合 SET 协议的相关软件安装在持卡人计算机、网络商店与收单银行的网络服务器主机与认证中心服务器中，这些相关的软件负责提供符合 SET 规范的信息处理以及确认彼此之间由认证中心所核发的数字证书是否合法。

（2）SET 协议中的相关成员

SET 协议中的角色如下。

① 持卡人（Cardholder）

持卡人通过 Web 浏览器或客户端软件直接与网络商家互动购物。第一次上网购物前，须向认证中心 CA 注册登记，取得数字证书后，才可以使用经过 SET 协议认证的电子钱包以及其他电子凭证进行交易。持卡人要在安全电子商务环境中进行付款操作应做到如下几点。

- 安装一套符合 SET 协议标准的钱包软件。
- 从发卡银行获取一张信用卡/银行卡。
- 从身份认证机构获取一张数字证书。

② 发卡机构（Card Issuer）

发卡银行不属于安全电子商务交易的直接组成部分，但却是授权与清算操作的主要参与方。持卡人数字证书的签发既可以由发卡银行发放，也可以由专业的认证中心 CA 签发。

- 为持卡人建立一个银行账户，并发放支付卡。
- 负责持卡人身份认证，同时从事发放数字证书的各项审核工作。

③ 商家（Merchant）

- 提供网络商店或商品光盘给消费者。
- 须与信用卡收单银行签订协议，向认证中心申请到数字证书。
- 必须使用经过 SET 协议认证过的商家服务器软件，负责消费者在网上付款的审核。

网络商家要在安全电子商务环境中提供付款操作，必须做到如下几点。

- 安装一套符合 SET 标准的商家软件。
- 在收款银行开有自己的收款账户。
- 从身份认证机构获取一张数字证书。

④ 收单银行（Acquiring Bank）

- 为商家建立一个银行账户。
- 处理支付卡的授权和付款事宜。
- 同样，收单银行也不属于安全电子商务交易的直接组成部分，但却是授权与清算操作的主要参与方。

⑤ 支付网关（Payment Gateway）

支付网关是由收单银行或收单银行指定的第三方运行的一套设备，用来处理商家的付款信息以及持卡人发出的付款指令，将网络商家传来的 SET 报文转换成信用卡信息，处理支付卡的授权和支付。

要在安全电子商务环境中运行付款网关，必须做到以下几点。

- 安装一套符合 SET 标准的网关软件。
- 与收款银行交易处理主机建立符合 ISO 8583 报文格式的通信。
- 从身份认证机构获取一张数字证书。

⑥ 认证中心（Certificate Authority，CA）

为了保证电子商务交易的安全，首先要验证或识别参与网上交易活动的各个主体（如持卡消费者、商户、收单银行的支付网关）的身份，并用相应的电子证书代表他们的身份。CA 为每个交易参与方生成一个数字证书作为交易方身份的验证工具。

在安全电子商务环境中，认证中心 CA 必须做到以下几点。

- 安装一套符合 SET 标准的 CA 软件。
- 绝对安全的运作与管理以下设备与软件。
- 物理设备。
- CA 软件的运行。
- 根密钥的保管。

● 证书生成时使用硬件加密。

（3）SET 协议流程

SET 协议的准备工作如下。

① 持卡人向发卡银行申请一张银行卡。

② 持卡人向发卡银行进行数字证书申请，同时将数字证书关联到持卡人的银行卡。

③ 在自己的个人计算机上安装一套符合 SET 协议标准的电子钱包软件。

在 SET 协议作用下，消费者购物付款交易的流程主要分为 3 个阶段。

第一阶段为购买请求阶段，持卡人与商家确定所用支付方式的细节。

第二阶段是支付的认定阶段，商家与银行核实，随着交易的进行，他们将得到支付。

第三阶段为受款阶段，商家向银行出示所有交易的细节，然后银行以适当方式转移货款。

具体流程如图 4.14 所示。

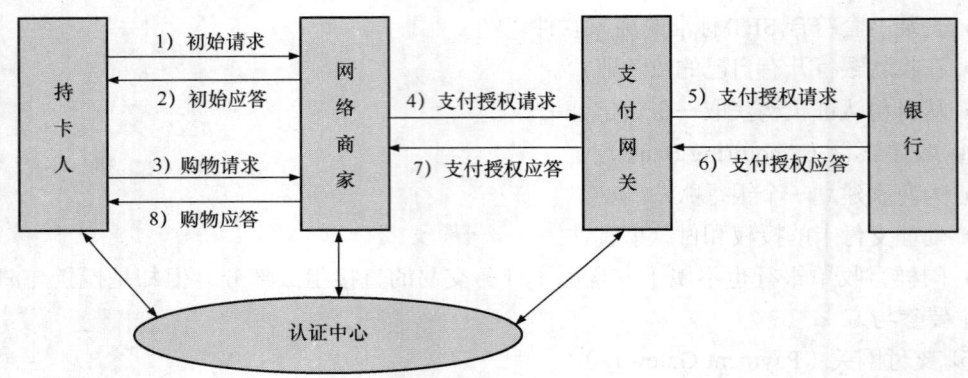

图 4.14　消费者购物付款交易的流程

① 初始请求

a. 持卡人在自己的个人计算机上通过浏览器在网络商家的网站上浏览所展示商品。

b. 填写相应的订货单。

c. 选择 SET 作为其付款协议，然后单击付款按钮。

d. 激发支付软件，向商家发送初始请求。

② 初始应答

a. 商家接收到用户的支付初始请求后，商家产生初始应答信息。

b. 用单向哈希函数对初始应答信息生成报文摘要。

c. 用商家的私钥对初始应答报文摘要进行数字签名。

d. 将商家证书、支付网关证书、初始应答、初始应答报文摘要的数字签名等，发送给持卡人。

③ 购物请求

a. 持卡人接受初始应答，验证商家和支付网关的证书，以确认它们是有效的。

b. 用商家公钥解开初始应答报文摘要的数字签名，得到初始应答报文摘要。用单向哈希函数对初始应答产生初始应答的报文摘要，将这两个报文摘要进行比较，如果相同则表示数据在途中未被篡改，否则丢弃。

c. 检查商家传送过来的购买项目和价钱正确无误，并确认商家的基本资料也没有问题，向商家提出购物请求，它包含了真正的交易行为。

④ 网络商家发出支付授权请求

a. 商家接受持卡人的购物请求，验证持卡人的数字证书。若未通过认证，则终止，若通过认证，则往下进行。

b. 用商家的私钥解密订单信息 OI，并进行双重签名比较，检查数据在传输过程中是否被篡改。

c. 产生支付授权请求，将支付授权请求用哈希算法生成报文摘要并签名，并用一随机的对称密钥对支付授权加密形成密文，再形成数字信封。

d. 将商家证书、支付请求密文、商家数字签名、数字信封及持卡人通过商家转发的双重签名 Sign[H（OP）]、OI 摘要、PI 密文、持卡人数字信封、持卡人证书等发往支付网关。

⑤ 支付网关发出支付授权请求

a. 商家通过 Internet 发出的支付授权请求和持卡人通过商家转发的付款指示 PI 密文等，在收单行的支付网关收到后，支付网关验证商家证书，验证商家签名，验证商家是否在黑名单内。

b. 用私钥打开商家信封，获取商家对称密钥，解开支付授权请求密文。

c. 支付网关验证持卡人的证书，然后用私钥打开持卡人数字信封，得到持卡人的账号和对称密钥。

d. 验证来自商家的交易标识和来自持卡人的付款指示 PI 的交易标识是否相匹配。

e. 通过银行专用网，向持卡人所属的发卡银行发送支付授权请求。

⑥ 发卡银行的支付授权应答

a. 发卡银行在收到支付网关的支付授权请求后，检查持卡人的信用卡是否有效。若有效，则发卡银行响应支付授权请求，批准交易。

b. 向支付网关发送支付授权应答。

⑦ 支付网关向商家发送支付授权应答

支付网关产生支付授权应答信息，它包括发卡银行的响应信息和支付网关的签名证书等，并将其生成数字信封，作为支付授权应答信息发给商家。

⑧ 向持卡人发送购物应答

a. 商家验证支付网关证书，解密支付授权应答，验证支付网关的数字签名，用私钥打开数字信封，得到网关对称密钥，用此密钥解开支付授权应答，产生支付授权应答报文摘要。

b. 用网关公钥解开其数字签名，得到原始支付授权应答报文摘要，并与新产生的摘要比较。

c. 商家产生购物应答，对购物应答生成报文摘要，并签名。

d. 将商家证书，购物应答，数字签名一起发往持卡人。

⑨ 持卡人接收并处理购物应答

a. 持卡人收到购物应答后，验证商家证书。

b. 验证通过后，对购物应答产生报文摘要，用商家公钥解开数字签名，得到原始报文摘要，将之与新产生的报文摘要比较，相同则表示数据完整，不同则丢弃。

c. SET 软件记录交易日志，以备将来查询。

d. 持卡人等待商家发货，若在等待期结束后，还未收到货物，则可凭交易日志向商家发出询问，商家可根据情况向持卡人做出解答。

⑩ 发送货物

商家由物流公司发送货物或提供服务，并在适当的时候通知收单银行将钱从持卡人的账号转移到商店账号，或通知发卡银行请求支付，即实现支付。

（4）SET 协议的局限性

虽然 SET 具有高度的安全性和规范性，有望逐步发展成为目前安全电子支付的国际标准。但 SET 1.0 版自 1997 年推出以来推广应用较慢，没有达到预期的效果。

最大的挑战在于定期进行网上购物的消费者极少，原因主要是 SET 协议为了保证安全性而牺牲了简便性、操作过于复杂、成本较高、具有较大竞争力的 SSL 协议的广泛应用以及部分经济发达国家的法律规定了持卡人承担较低的信用卡风险等。SET 协议提供了多层次安全保障，复杂程度显著增加。这些安全环节在一定程度上增加了交易的复杂性。另外，SET 协议目前只局限于银行卡的网上支付，对其他方式的支付没有给出很好的解决方案。SET 协议只支持 B2C 模式的电子商务，而不支持目前最具有前途和影响力的 B2B 电子商务交易。

（5）SET 与 SSL 比较

① 协议层次

SSL 是基于传输层的安全技术规范，它不具备电子商务的商务性、协调性和集成性功能。

SET 位于应用层，对网络其他各层也有涉及。它不仅规范了整个商务活动的流程，而且制定了严格的加密和认证标准，具备商务性、协调性和集成性功能。

② 处理速度

SET 协议非常复杂、庞大，处理速度慢。从持卡人到商家，到支付网关，到认证中心及信用卡结算中心之间的信息流走向及必须采用的加密、认证都制定了严密的标准，一个典型的 SET 交易过程需验证电子证书 9 次、验证数字签名 6 次、传递证书 7 次、进行 5 次签名、4 次对称加密和 4 次非对称加密，整个交易过程可能需花费 1.5 分钟至 2 分钟。

而 SSL 协议则简单得多，处理速度比 SET 协议快。SSL 只需要通过一次"握手"过程就可以建立客户与服务器之间的一条安全通信通道，保证传输数据的安全。同时，SSL 可以很好地封装应用层数据，不用改变位于应用层的应用程序，对用户是透明的。但是，SSL 对网上传输的所有信息都加密，因此，每次传输速度相对较慢，尤其是当网页中图片较多时。

③ 用户接口

SSL 协议已被浏览器和 Web 服务器内置，无需安装专门软件。

SET 协议中客户端需安装专门的电子钱包软件，在商家服务器和银行网络上也需安装相应的软件。

④ 认证要求

早期的 SSL 协议并没有提供身份认证机制，虽然在 SSL3.0 中可以通过数字签名和数字证书实现浏览器和 Web 服务器之间的身份验证,但仍不能实现多方认证,而且 SSL 中只有商家服务器的认证是必需的,客户端认证则是可选的。

SET 协议的认证要求较高,所有参与 SET 交易的成员都必须申请数字证书,并且解决了客户与银行、客户与商家、商家与银行之间的多方认证问题。

⑤ 安全性

SSL 协议虽采用了公钥加密、信息摘要和 MAC 检测,可以提供保密性、完整性和一定程度的身份鉴别功能,但缺乏一套完整的认证体系,不能提供完备的防抵赖功能。

SET 协议由于采用了公钥加密、信息摘要和数字签名可以确保信息的保密性、可鉴别性、完整性和不可否认性,且 SET 协议采用了双重签名来保证各参与方信息的相互隔离。

SSL 与 SET 协议的比较如表 4.7 所示。

表 4.7 　　　　　　　　　SSL 与 SET 协议的比较

项目	SSL 协议	SET 协议
工作层次	传输层与应用层之间	应用层
是否透明	透明	不透明
过程	简单	复杂
效率	高	低
安全性	商家掌握消费者	消费者对商家保密
认证机制	双方认证	多方认证
是否专为 EC 设计	否	是

总之,由于 SSL 协议的成本低、速度快、使用简单,对现有网络系统不需进行大的修改,因而目前取得了广泛的应用。但随着电子商务规模的扩大,网络欺诈的风险性也在提高,在未来的电子商务中 SET 协议将会逐步占据主导地位。

3. 安全 HTTP(HTTPS)协议

通常我们在用 "http://" 这样的方式来访问网站的时候,其内容是通过明文传输的,传输内容可能被别人截获,所以在传递一些隐私以及密码相关的信息时,就显得非常的不安全。在一些比较正式的网站以及一些银行相关的网站中,一些需要提交隐私或者重要级别比较高的密码时,需采用 "https://" 的方式,来将传输内容加密,从而保证用户安全和避免隐私的泄露。

(1) HTTSP 概述

HTTPS 是一个安全通信通道,它基于 HTTP 开发,用于在客户计算机和服务器之间交换信息。它使用安全套接字层(SSL)进行信息交换,简单来说它是 HTTP 的安全版。

HTTPS 由 Netscape 开发并内置于其浏览器中,用于对数据进行压缩和解压操作,并返回网络上传送回的结果。HTTPS 实际上应用了 Netscape 的安全全套接字层(SSL)作为 HTTP 应用层的子层(HTTPS 使用端口 443,而不是像 HTTP 那样使用端口 80 来和 TCP/IP 进行通信)。SSL 使用 40 位关键字作为 RC4 流加密算法,这对于商业信息的加密是合适的。HTTPS 和 SSL 支持使用 X.509 数字认证,如果需要的话用户可以确认发送者是谁。

（2）HTTPS 和 HTTP 的区别

① HTTPS 协议需要到 CA 申请证书，一般免费证书很少，需要交费。

HTTP 是超文本传输协议，信息是明文传输，HTTPS 则是具有安全性的 SSL 加密传输协议。

② HTTP 和 HTTPS 使用的是完全不同的连接方式，用的端口也不一样，前者是 80，后者是 443。

③ HTTP 的连接很简单，是无状态的。

④ HTTPS 协议是由 SSL+HTTP 协议构建的可进行加密传输、身份认证的网络协议，要比 http 协议安全。

（3）HTTPS 解决的问题

① 信任主机的问题

采用 HTTPS 的服务器必须从 CA 申请一个用于证明服务器用途类型的证书，该证书只有用于对应的服务器的时候，客户端才信任该主机。所以目前所有的银行系统网站，关键部分应用都是 HTTPS。客户通过信任该证书，从而信任了该主机。其实这样做效率很低，但是银行更侧重安全。

② 通信过程中的数据的泄密和被篡改

一般意义上的 HTTPS，就是服务器有一个证书。其主要目的是保证服务器就是它声称的服务器。这个跟第一点一样。

服务端和客户端之间的所有通信，都是加密的。具体讲，是客户端产生一个对称的密钥，通过服务器的证书来交换密钥，这是一般意义上的握手过程。接下来所有的信息往来就都是加密的，第三方即使截获，也没有任何意义，因为他没有密钥，当然篡改也就没有什么意义了。

少许对客户端有要求的情况下，会要求客户端也必须有一个证书。这里的客户端证书，其实就类似表示个人信息的时候，除了用户名/密码，还有一个 CA 认证过的身份。因为个人证书一般来说是别人无法模拟的，所以这样能够更准确的确认自己的身份。

目前，少数个人银行的专业版是这种做法，具体证书可能是拿 U 盘作为一个备份的载体。

4. 安全电子邮件协议 S/MIME

安全电子邮件协议 S/MIME（Secure/Multi—purpose Internet Mail Extensions）是保证我们经常使用的电子邮件正确无误安全的发送到对方的邮箱里面的安全协议和规范。

安全电子邮件协议由 RSA 公司提出，是电子邮件的安全传输标准，目前大多数电子邮件产品都包含对 S/MIME 的内部支持。

① 在 TCP/IP 协议栈中所处的层次，如图 4.15 所示。

S/MIME		
SMTP	HTTP	……
TCP		
IP		

图 4.15　安全电子邮件协议 S/MIME 在 TCP/IP 协议栈中所处的层次

② 安全服务：它用 PKI 数字签名技术支持消息和附件的加密。

③ 加密机制：安全电子邮件协议 S/MIME 采用单向散列算法，如 SHA-1、MD5 等，也采用公钥机制的加密体系。S/MIME 的证书格式采用 X.509 标准。

④ 工作原理：S/MlME 的认证机制依赖于层次结构的证书认证机构，所有下一级组织和个人的证书均由上一级组织认证，而最上一级的组织（根证书）间相互认证，整个信任关系是树状结构。另外，S/MIME 将信件内容加密签名后作为特殊附件传送。

⑤ 应用领域：各种安全电子邮件发送的领域。

⑥ 优点：安全电子邮件协议与传统 PEM 不同，因其内部采用 MIME 的消息格式，所以不仅能发送文本，还可携带各种附加文档，如包含国际字符集、HTML、音频、语音邮件、图像等不同类型的数据内容。

5．虚拟专用网 VPN

虚拟专用网络（VPN）是一种通过公用网络（如 Internet）连接专用网络（如用户的办公室网络）的方法。它将到拨号服务器的拨号连接的优点与 Internet 连接的方便与灵活性相结合。通过使用 Internet 连接，用户可以周游世界，而同时在大多数地方仍可以通过当地最近的 Internet 访问电话号码连接到用户的办公室。如果用户的计算机（和办公室）有高速 Internet 连接（如电缆或 DSL），就可以以最快的 Internet 速度与办公室通信，比使用模拟调制解调器的任何拨号连接速度快得多。

VPN 使用经过身份验证的链接来确保只有授权用户才能连接到用户的网络，而且这些用户使用加密来确保他们通过 Internet 传送的数据不会被其他人截取和利用。Windows 使用点对点隧道协议（PPTP）或第二层隧道协议（L2TP）实现此安全性。

VPN 技术使得公司可以通过公用网络（如 Internet）连接到其分支办事处或其他公司，同时又可以保证通信安全。通过 Internet 的 VPN 连接从逻辑上讲相当于一个专用的广域网（WAN）链接。

4.4 无线局域网安全

无线局域网（WLAN）具有安装便捷、使用灵活、经济节约、易于扩展等有线网络无法比拟的优点，因此，无线局域网得到越来越广泛的使用。但是，由于无线局域网信道开放的特点，使得攻击者能够很容易的进行窃听，恶意修改并转发，因此安全性成为阻碍无线局域网发展的最重要因素。虽然一方面对无线局域网需求不断增长，但同时也让许多潜在的用户对不能够得到可靠的安全保护而对最终是否采用无线局域网系统犹豫不决。

1．无线网络安全概况

（1）WLAN 所受的安全威胁

由于无线网络只是在传输方式上和传统的有些网络有区别，所以常规的安全风险如病毒，恶意攻击，非授权访问等都是存在的。与此同时，要将无线局域网发射的数据仅仅传送给一名目标接收者是不可能的。而防火墙对通过无线电波进行的网络通信起不了作用，任何人在视距范围之内都可以截获和插入数据。总地来说，WLAN 所受的安全威胁主要有以下几种。

① 未经授权的接入

在开放式的 WLAN 系统中，非指定用户也可以接入接入点（AP），导致合法用户可用的带宽减少，并对合法用户的安全产生威胁。

② MAC 地址欺骗

对于使用了 MAC 地址过滤的 AP，可以通过抓取无线包，来获取合法用户的 MAC 地址，从而通过 AP 的验证，来非法获取资源。

③ 无线窃听

对于 WLAN 来说，所有的数据都是可以监听到的，无线窃听不仅可以窃听到 AP 和无线工作站（STA）的 MAC，而且可以在网络间伪装一个 AP，来获取 STA 的身份验证信息。

④ 企业级入侵

相比传统的有线网络，WLAN 更容易成为入侵内网的入口。大多数企业的防火墙都在 WLAN 系统前方，如果黑客成功的攻破了 WLAN 系统，则基本认为成功地进入了企业的内网，而有线网络黑客往往找不到合适的接入点，只有从外网进行入侵。

（2）WLAN 系统的安全要求

基于以上的针对 WLAN 系统的安全威胁，WLAN 系统的安全系统应满足以下的要求。

① 机密性：这是安全系统的最基本要求，它可以提供数据、语音、地址等的保密性，不同的用户，不同的业务和数据，有不同的安全级别要求。

② 合法性：只有被确定合法并给予授权的用户才能得到相应的服务。这需要用户识别（Identify）和身份验证（Authenticate）。

③ 数据完整性：协议应保证用户数据的完整并鉴定数据来源。

④ 不可否认性：数据的发送方不能否认它发送过的信息，否则认为不合法。

⑤ 访问控制：应在接入端对 STA 的 IP，MAC 等进行维护，控制其接入。

⑥ 可用性：WLAN 应该具有一些对用户接入、流量控制等一系列措施，使所有合法接入者得到较好的用户体验。

⑦ 健壮性：一个 WLAN 系统应该不容易崩溃，具有较好的容错性及恢复机制。

2. WLAN 安全技术

为了有效地对 WLAN 的安全进行保护，先后出现了多种技术或机制。它们可以单独使用，也可以结合起来使用。目前，仍在使用的 WLAN 安全技术如下。

① WEP（Wired Equivalent Privacy）有线等效保密算法

WEP 被用来提供和有线 LAN 同级的安全性，使用 RC4（Rivest Cipher）串流加密算法达到机密性，并由 CRC32 验证数据完整性。其目标是通过对无线电波里的数据加密提供安全性，如同端对端发送一样。

② WPA（WI-FI Protected Access）WI-FI 访问保护

由于 WEP 无法为 WLAN 的安全性做出有效的保障，在 802.11i 出台之前，WI-FI 联盟设计了一套用来完全取代 WEP 的方案，即 WPA。WPA 主要包含以下的内容。

- WPA-PSK（Pre-Shared Key）。
- 802.1x。

③ IEEE802.1x

802.1x 协议是基于 Client/Server 的访问控制和认证协议。它可以限制未经授权的用户/设备通过接入端口（Access Port）访问 LAN/WLAN。在获得交换机或 LAN 提供的各种业务之前，802.1x 对连接到交换机端口上的用户/设备进行认证。在认证通过之前，802.1x 只允许 EAPoL（基于局域网的扩展认证协议）数据通过设备连接的交换机端口；认证通过以后，正常的数据可以顺利地通过以太网端口。在 802.1x 协议中，只有具备了以下 3 个元素才能够完成基于端口的访问控制的用户认证和授权。

- 客户端：一般安装在用户的工作站上，当用户有上网需求时，激活客户端程序，输入必要的用户名和口令，客户端程序将会送出连接请求。
- 认证系统：在无线网络中就是无线接入点 AP 或者具有无线接入点 AP 功能的通信设备。其主要作用是完成用户认证信息的上传、下达工作，并根据认证的结果打开或关闭端口。
- 认证服务器：通过检验客户端发送来的身份标识（用户名和口令）来判别用户是否有权使用网络系统提供的服务，并根据认证结果向认证系统发出打开或保持端口关闭的状态。

④ WAPI（Wireless LAN Authentication and Privacy Infrastructure）无线局域网鉴别和保密基础结构

针对 IEEE802.11 中 WEP 协议安全问题，中国无线局域网国家标准 GB15629.11 中提出的 WLAN 安全解决方案。它的主要特点是采用基于公钥密码体系的证书机制，真正实现了移动终端（MT）与无线接入点（AP）间双向鉴别。

除了以上讲述的几种常用的 WLAN 安全解决方法，随着技术的进步，WLAN 与其他无线系统的学习和融合，还有一些其他的选择。

- 动态密钥（D-Key）。
- 双因素身份认证（Two-factor Authenticator）。
- 个人防火墙（Personal Firewall）。
- 入侵检测系统（Intrusion Detection System）。
- 智能卡系统（Smart Card）。
- 虚拟专用网（Virtual Private Networks）。
- 公钥基础设施（PKI）。
- 生物特征识别（Biometrics）。

在实际应用中，可以将这些技术手段整合起来，在不同的场景使用不同级别的安全策略，如表 4.8 所示。

表 4.8 不同场所 WLAN 安全技术

安全级别	典型场合	使用技术
初级安全	小型企业、家庭用户等	WPA-PSK+隐藏 SSID+MAC 地址绑定
中级安全	仓库物流、医院、学校、餐饮娱乐	IEEE802.1x 认证+TKIP 加密
专业级安全	各类公共场合及网络运营商、大中型企业、金融机构	用户隔离技术+IEEE802.11i+Radius 认证和计费+PORTAL 页面推送（对运营商）

第二部分 技 能 训 练

技能训练 1 网络嗅探器 Sniffer 的使用

安装 Windows 2000/XP 的 PC 两台，在其中一台上安装 Sniffer Pro4.75，记为 A，另一台记为 B。

1. Sniffer Pro 的主要功能

① 监视功能用于计算机并显示实时网络通信量数据。

② 捕获功能用于捕获网络通信量并将当前数据包存储子缓冲（或文件）中，以便分析使用。

③ 实时专家系统分析用在捕获过程中分析网络数据包，并对网络中潜在的问题发出警告。

④ 显示功能用于解码和分析捕获缓冲区中的数据包，并用各种格式加以显示。

2. 监视功能

（1）Dashboard（仪表盘）

仪表盘是 Sniffer Pro 的可视化网络性能监视器。在第一次启动 Sniffer Pro 时，仪表盘就会出现在屏幕上，如图 4.16 所示。如果关闭了仪表盘窗口，可以选择菜单 Monitor（监控）→Dashboard（仪表盘）来启动它，或者单击 Sniffer Pro 工具栏中的仪表盘图标。

仪表盘窗口包括 3 个数字表盘，从左到右依次如下。

● 利用率百分比（Utilization %） 说明路线使用带宽的百分比，是用传输量与端口能够处理的最大带宽的比值来表示的。表盘的红色区域表示警戒值。在表盘下方有 2 个数字，用破折号隔开。第一个数字代表当前利用率百分比，破折号后面的数字代表最大的利用率百分比。

● 每秒传输的数据包（Packets/s） 说明当前数据包传输速度。表盘的红色区域表示警戒值，表盘下方显示的是当前的数据包传输速度及其峰值。

● 每秒产生的错误（Errors/s） 说明网络的出错率。表盘的红色区域表示警戒值，表盘下方的数值表示当前的出错率和最大出错率。

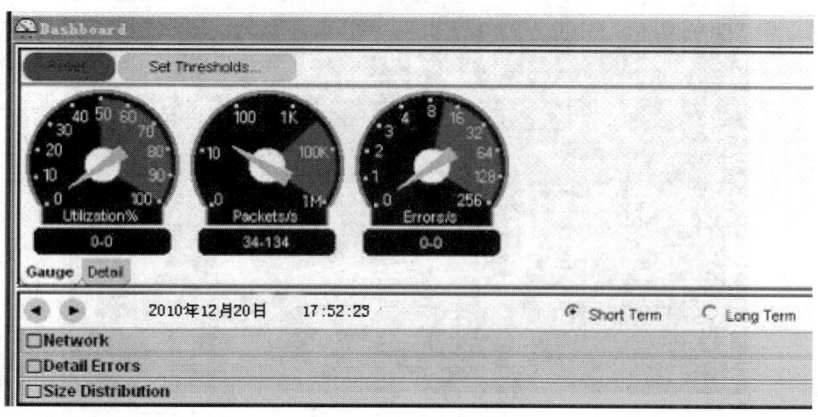

图 4.16　Sniffer 仪表窗口

（2）Host table（主机列表）

主机列表提供了被监视的所有主机正在与网络的通信情况。依次选择菜单 Monitor（监控）→Host Table（主机列表）来启动主机列表，如图 4.17 所示。

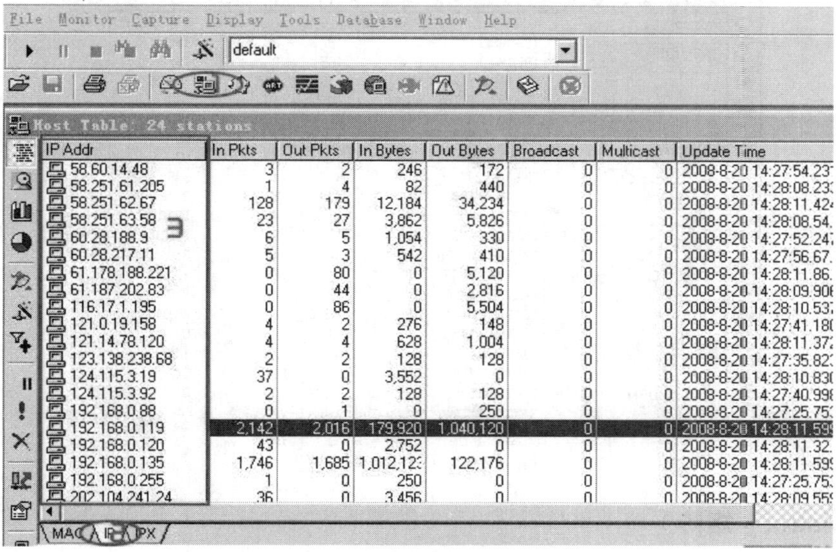

图 4.17　主机列表大纲视图

在主机列表窗口底部，可以选择以 MAC 地址、IP 地址或 IPX 地址查看主机列表。主机列表支持 4 种不同的视图：大纲（Outline）、详细资料（Detail）、直方图（Bar）和饼图（Pie）。

例如，如果想了解某一个特定工作站（如 192.168.0.119）的联网情况，只需单击图 4.17 中所指向的 IP 地址，会出现如图 4.18 所示的界面。该图清楚地显示出该机（192.168.0.119）连接的地址。在图 4.18 所示的界面中单击 Detail（详细资料）图标，将显示出整个网络中的协议分布情况，可清楚地看出网络中各台机器上正在运行的网络应用层协议，如

图4.19所示。

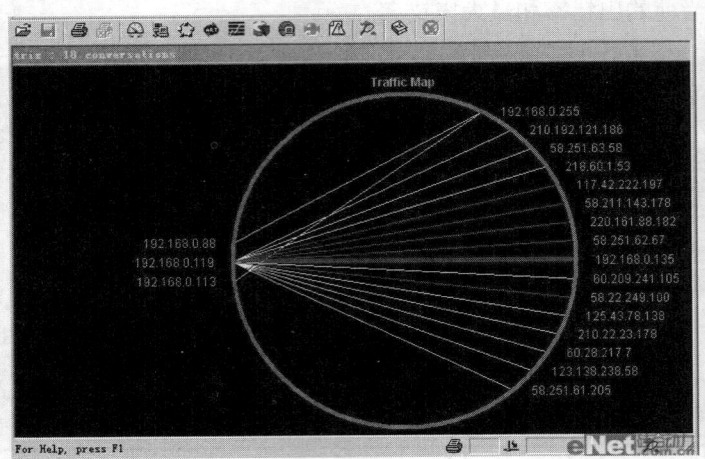

图4.18 流量映射图

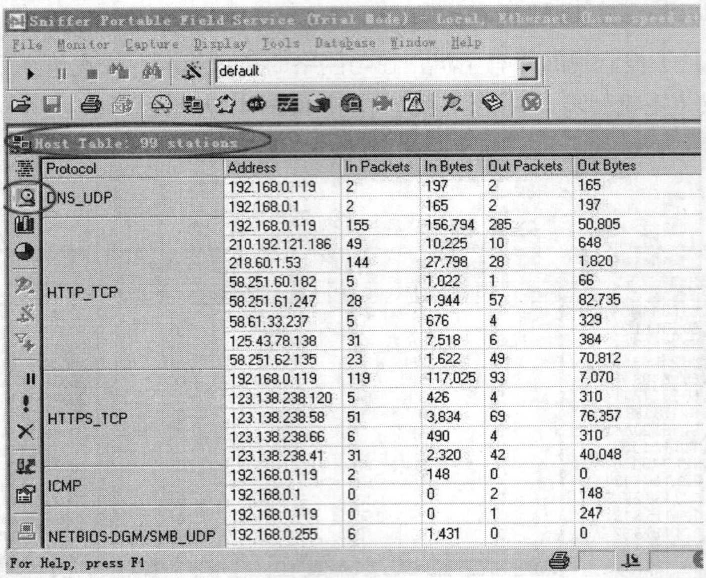

图4.19 详细资料视图

（3）Matrix（矩阵）

主机列表提供了主机与网络的通信情况，而矩阵则提供了被监视到的主机对之间的网络通信情况，与主机列表的操作界面和功能信息是完全类似的。可以选择菜单Monitor（监控）→Matrix（矩阵）来启动它，或者单击Sniffer Pro工具栏中的矩阵图标。

3．捕获HTTP协议数据包中的账号密码信息

（1）设置规则

① 在主机A上运行Sniffer Pro程序。从主菜单选择Capture（捕获）→Define Filter（定义过滤器）命令，如图4.20所示。

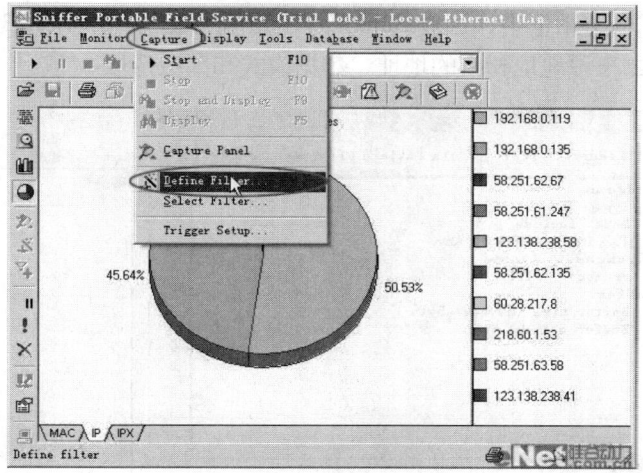

图 4.20　定义过滤器

② 在弹出的 Define Filter（定义过滤器）对话框中选择 Address（地址）选项，根据来源点和目的节点的地址集合建立过滤功能。如图 4.21 所示，在 Station 1（工作站 1）的位置输入 192.168.0.119，然后在 Station 2（工作站 2）的位置单击，出现 Any（任何）域。

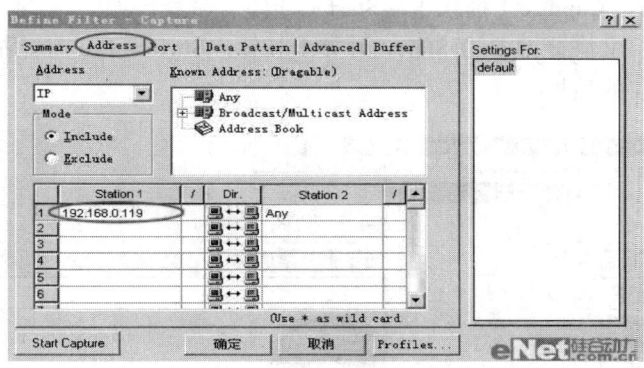

图 4.21　定义过滤器对话框的地址卷标

③ 在定义过滤器对话框中，选择 Advanced（高级）选项。如图 4.22 所示，依次选中 IP→TCP→HTTP，Packet Type（数据包类型）设置为 Normal（正常）。

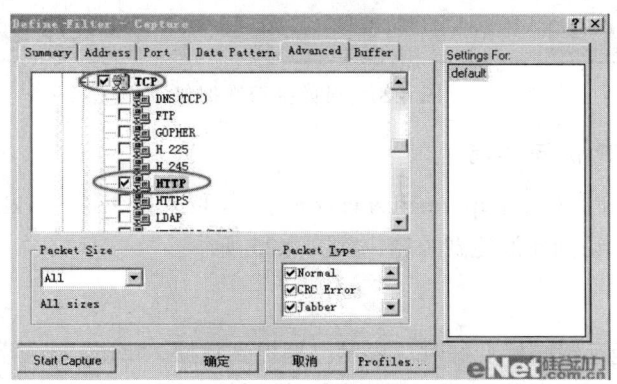

图 4.22　定义过滤器的高级卷标窗口

④ 在定义过滤器对话框中，选择 Summary（总结）选项。如图 4.23 所示，显示过滤器的所有设定信息，如来源地址和目的地址、数据模式和高级选项。

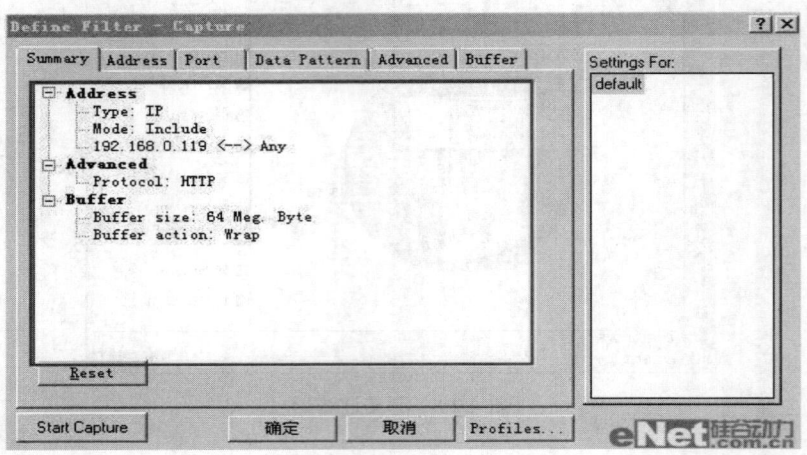

图 4.23　定义过滤器总结卷标

（2）捕获数据包

从主菜单中选择 Capture（捕获）→Start（开始）命令，如图 4.24 所示。或者按 F10 键，或者单击捕获报文快捷键中的 Start（开始）按钮。Sniffer Pro 开始捕捉指定 IP 地址主机的有关 HTTP 协议的数据包。

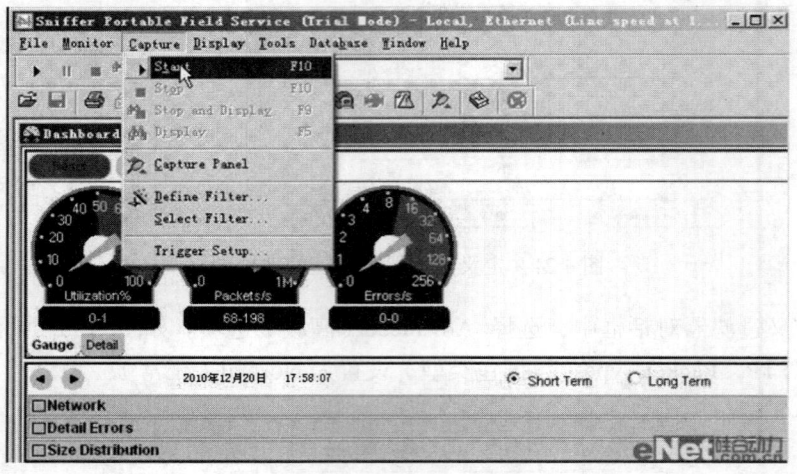

图 4.24　开始捕获数据包

（3）通过 HTTP 访问邮箱

在主机 B 上访问网站 http://mail.sina.com.cn，并以用户名：cykk2012@sina.com，密码：www.sans.org.cn 访问新浪免费邮箱，如图 4.25 所示。

（4）查看结果

当工具栏中的望远镜图标变红时，表示已捕捉到数据。单击望远镜图标，或者按 F9 键停止并显示捕获结果，出现图 4.26 所示界面。选择箭头所指的 Decode（解码）选项即可看到捕捉到的所有包。在 Summary（总结）中找到含有 POST 关键字的包，可以清楚地看出用户名为"cykk2012"，密码为"www.sans.org.cn"。

图 4.25　新浪邮箱

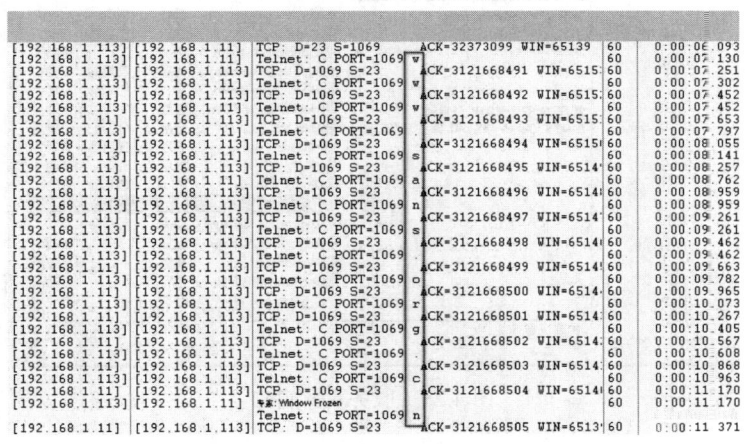

图 4.26　查看结果界面

技能训练 2　IPSec 的应用——IP Filter

　　IP Filter 是包含于 IP Security（IPSec）中的一个应用，是 Windows 2000 以后新加入的技术。工作原理很简单，当接收到一个 IP 数据包时，IP Filter 使用其头部在一个规则表中进行匹配。当找到一个相匹配的规则时，IP Filter 就按照该规则制定的方法对接收到的 IP 数据包进行处理。这里的处理工作只有两种：丢弃或转发。

1. 准备工作

由于 IP Filter 属于 IPSec 的一部分，所以在使用及配置 IP Filter 前需要保证 IPSec 服务的正常运行。

① 单击任务栏的"开始→运行"，输入"services.msc"，如图 4.27 所示。进入服务设置窗口，如图 4.28 所示。

图 4.27　输入 services.msc

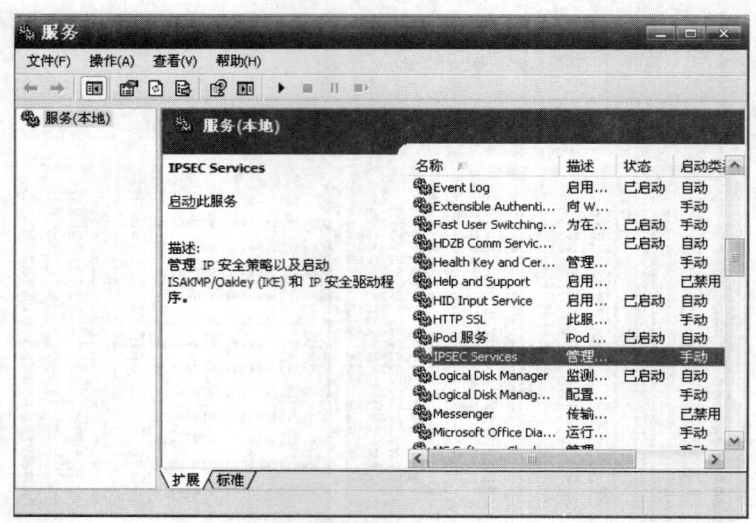

图 4.28　服务设置窗口

② 在服务设置窗口中找到名为"IPSEC Services"的服务，保证它是"启动"的，如图 4.28 所示。如果该服务没有启动，需要双击其名称，单击"启动"按钮手动启动该服务，然后还需要把其启动方式设置为"自动"，这样才能保证下面设置好的 IP Filter 防火墙过滤信息可以随系统启动而启动，从而保证对数据包的过滤功能生效。

2. 配置 IP Filter

① 通过任务栏的"开始→运行"输入"MMC"，启动管理单元控制台窗口。默认情况下只有"控制台根节点"一个选项，如图 4.29 所示。

② 通过主菜单的"文件→添加/删除管理单元"来加载 IPSec 模块。在出现的添加/删除管理单元窗口中单击"添加"按钮，如图 4.30 所示。

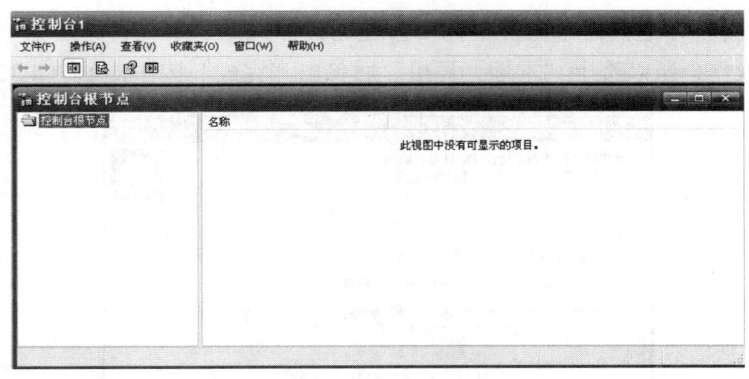

图 4.29 启动管理单元控制台窗口

图 4.30 加载 IPSec 模块

③ 在添加独立管理单元选项中找到"IP 安全策略管理",单击"添加"按钮进行添加,如图 4.31 所示。

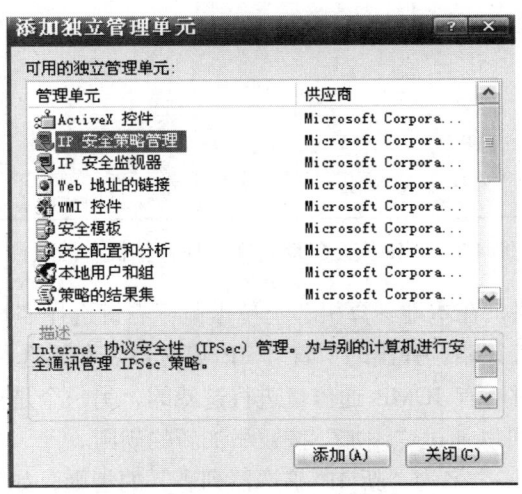

图 4.31 添加"IP 安全策略管理"

④ 系统会要求你选择这个管理单元要管理的计算机是哪个或者域是哪个。由于我们是对本地计算机操作，所以选上"本地计算机"后单击"完成"按钮，如图 4.32 所示。

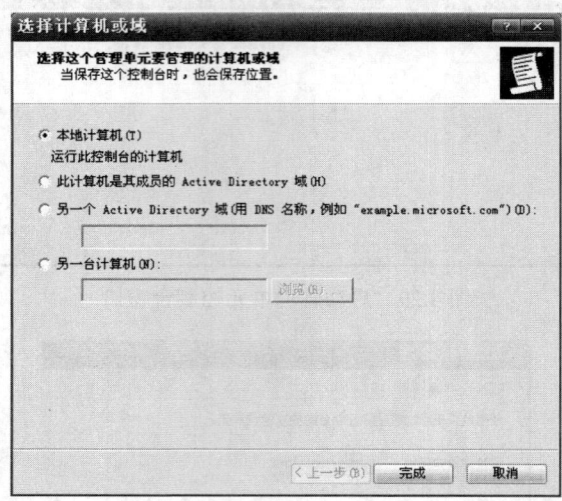

图 4.32 选择计算机

⑤ 添加后会在控制台窗口的"控制台根节点"下看到"IP 安全策略，在本地计算机"的项目，如图 4.33 所示。

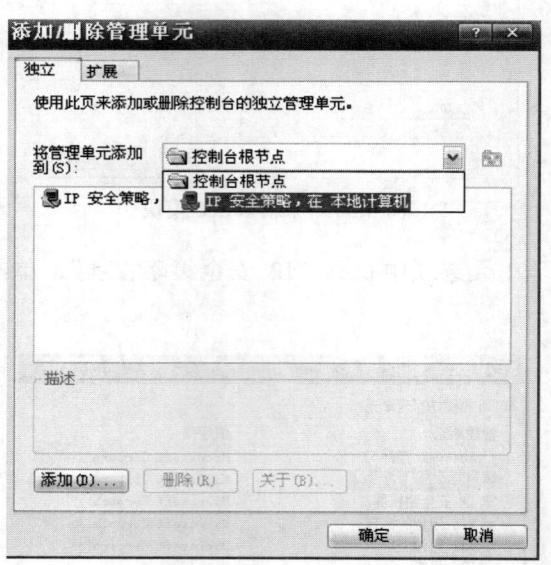

图 4.33 "IP 安全策略，在本地计算机"的项目

⑥ 在"IP 安全策略，在本地计算机"上单击鼠标右键选择"管理 IP 筛选器表和筛选器操作"开始配置防火墙策略。弹出的"管理 IP 筛选器表和筛选器操作"设置窗口中默认情况下有两项，一个是对所有 ICMP 通信量进行过滤的，另一个是对所有 IP 通信量进行过滤的，如图 4.34 所示。可以通过"添加"按钮添加新的规则。

⑦ 系统会自动生成一个名为"新 IP 筛选器列表"的规则，如图 4.35 所示。在该窗口中单击"添加"按钮，按图 4.36 所示操作向导添加一个具体的过滤项。

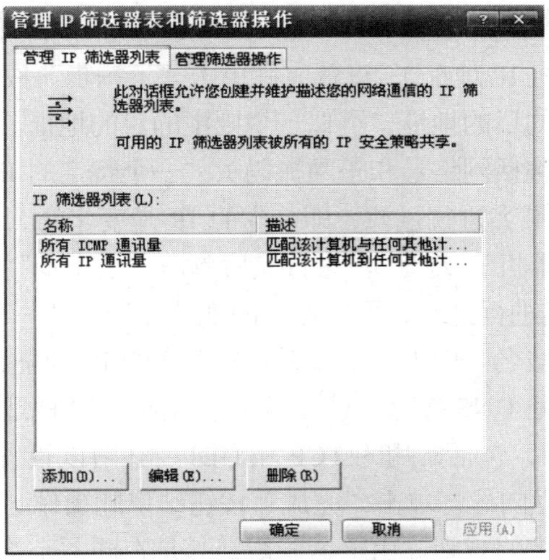

图 4.34 "管理 IP 筛选器表和筛选器操作"

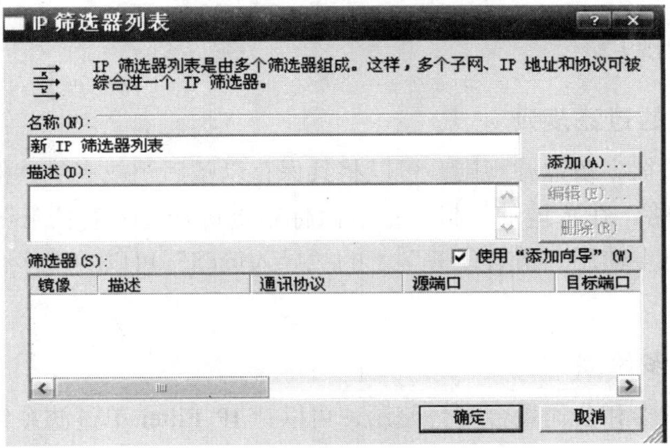

图 4.35 "新 IP 筛选器列表"

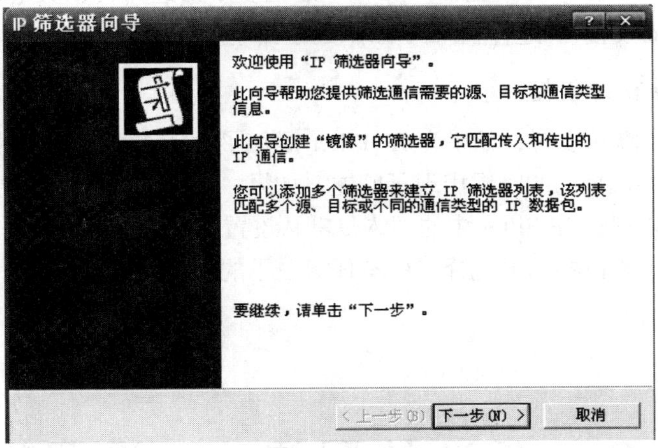

图 4.36 操作向导

a. 首先需指定 IP 通信的源地址，类似于规则中的源地址。可供选择的有"一个特定的 IP 子网络"（一个区域包括网络号和子网掩码）、"一个特定的 IP 地址"（一个地址）、"一个特定的 DNS 名称"（对域名进行过滤，即使它的 IP 是变化的）、"任何 IP 地址"（所有 IP 地址）、"我的 IP 地址"（本机 IP 地址）。设置完后单击"下一步"按钮继续。

b．接着指定 IP 通信的目的地址，类似于规则中的目的地址。可供选择的有"一个特定的 IP 子网络"（一个区域包括网络号和子网掩码）、"一个特定的 IP 地址"（一个地址）、"一个特定的 DNS 名称"（对域名进行过滤，即使它的 IP 是变化的）、"任何 IP 地址"（所有 IP 地址）、"我的 IP 地址"（本机 IP 地址）。设置完后单击"下一步"继续。

c．如果想对某个域名进行过滤，可以在目的地址处选择"一个特定的 DNS 名称"，然后在主机名处输入对应的域名。由于一个域名对应很多的 IP 地址，而且是动态的 IP 地址，因此，系统会首先查看本地 DNS 缓存，读取缓存中对应的 IP 地址进行过滤。

d．选择通信协议类型，包括常用的 TCP 和 UDP，还可以设置为任意。

e．完成 IP 筛选器建立向导，单击"完成"按钮结束此操作。此时，会在刚刚见过的 IP 筛选器列表窗口中看到添加的规则。由于这些规则都是在同一个筛选器中，所以规则可以同时生效。

3．IP Filter 高级技巧

（1）备份设置的过滤规则

如果已经建立了很多条过滤规则，可以将其保存以备后用或者供其他计算机使用。

在"IP 安全策略，在本地计算机"上点鼠标右键选择"所有任务"下的"导出策略"即可。到其他计算机上使用"所有任务"下的"导入策略"可以实现多台计算机快速使用同一个策略的功能。

（2）单防火墙多策略

笔记本经常在家中和公司场合交替使用，可以让 IP Filter 单过滤系统拥有多策略，即在家中使用一套过滤方案，在公司使用另一套过滤方案。

按照"2"的步骤在"IP 筛选器列表"中建立多个筛选器，依次起名"公司 IPSec 设置"与"家里 IPSec 设置"。这样在不同场所使用不同过滤列表即可。

（3）快速还原初始设置

IP Filter 有一个默认设置，如果为 IP Filter 添加了这样或那样的过滤规则后发现网络无法使用了，这说明添加规则的时候出现了问题。如果一个一个的删除过滤规则是可以的，但是太麻烦。完全可以通过 IP Filter 中的"恢复默认设置"来完成。方法是在"IP 安全策略，在"本地计算机"上点鼠标右键选择"所有任务"下的"还原默认策略"即可。这样所设置的所有策略都将被清空。

技能训练 3　VPN 的配置——设置 VPN 连接

① 右键单击"网上邻居"，如图 4.37 所示。

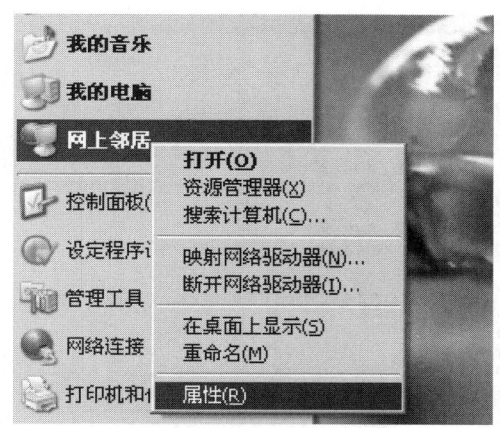

图 4.37 右键单击"网上邻居"

② 单击"创建一个新的连接",如图 4.38 所示。

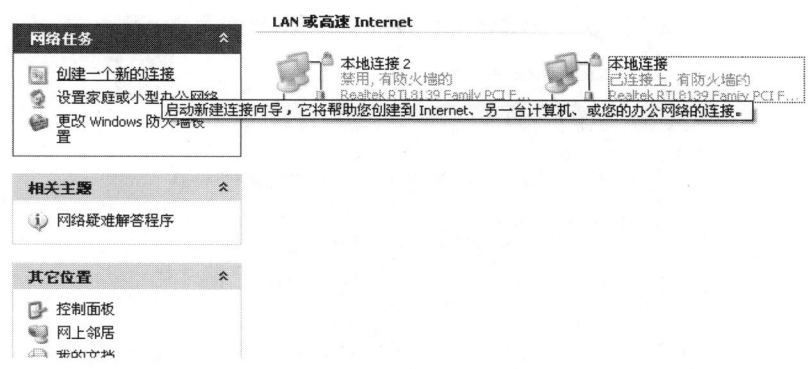

图 4.38 创建一个新的连接

③ 单击"下一步"按钮,如图 4.39 所示。

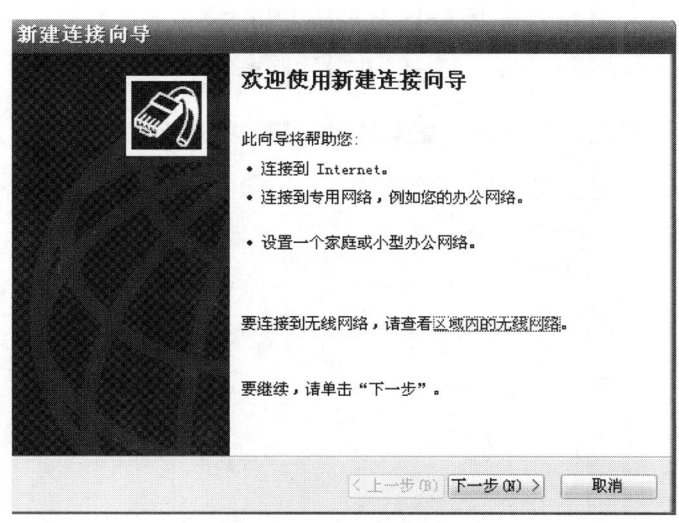

图 4.39 新建连接向导

④ 选择第 2 个选项,单击"下一步"按钮,如图 4.40 所示。

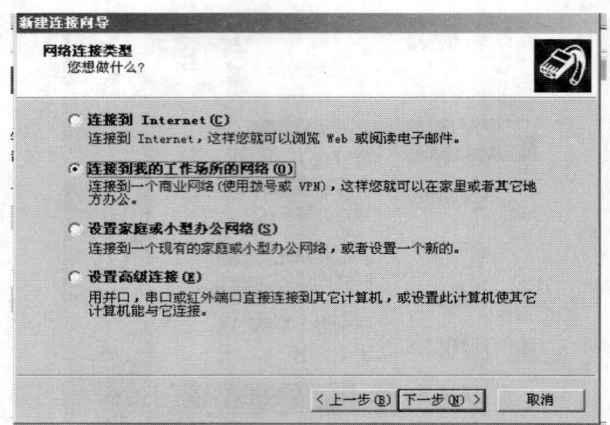

图 4.40　网络连接类型

⑤ 选择第 2 个选项,单击"下一步"按钮,如图 4.41 所示。

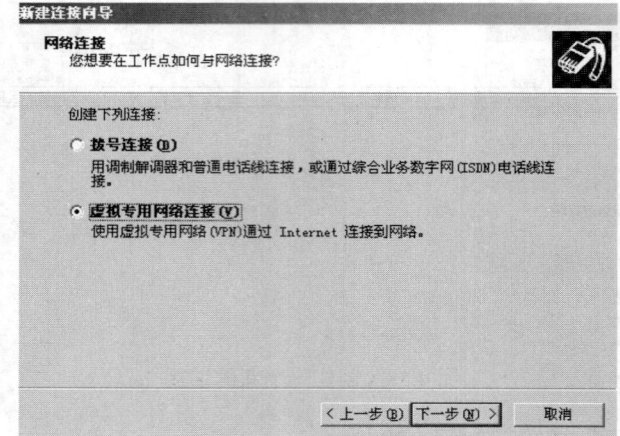

图 4.41　虚拟专用网络连接

⑥ 输入名称,单击"下一步"按钮,如图 4.42 所示。

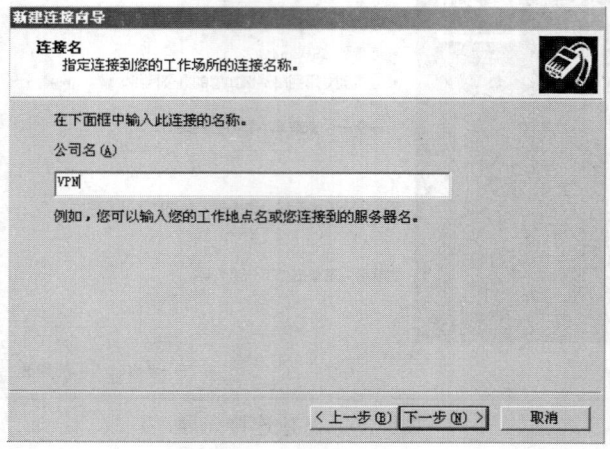

图 4.42　输入网络名称

⑦ 输入 IP 地址，这里可以选择 3 个：219.150.93.60；218.104.28.60；61.181.245.37。根据连接速度的快慢进行选择，如图 4.43 所示。

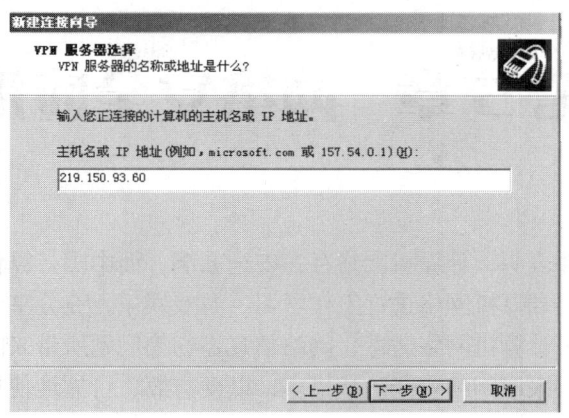

图 4.43　输入 IP 地址

⑧ 单击"完成"按钮，出现如图 4.44 所示界面。

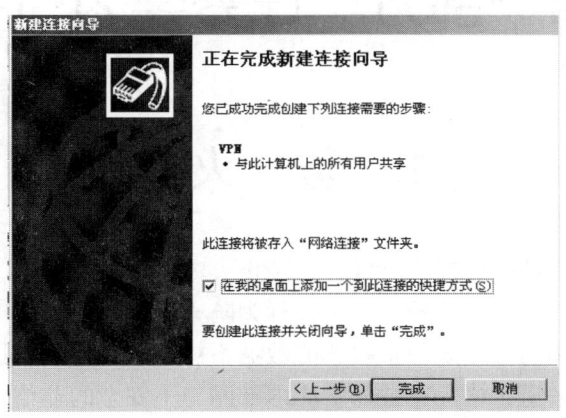

图 4.44　完成新建连接

⑨ 在弹出的窗口里面输入用户名和密码，保存用户名和密码，如图 4.45 所示。
⑩ 单击"连接"按钮，计算机的右下角出现如图 4.46 所示图标，表明已经连接成功。

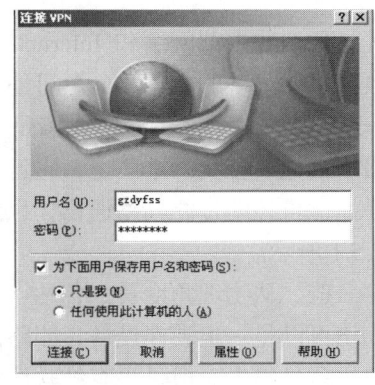

图 4.45　输入用户名和密码　　　　　图 4.46　连接成功标志

第 5 章 网络安全应用

许多重大黑客事件表明，计算机网络存在安全漏洞，而中国计算机网络的安全防护能力尤其薄弱。人们在利用计算机网络进行工作学习、游戏娱乐，充分享受着计算机网络带来的快乐的同时，也受到了计算机网络病毒、网络信息盗窃等问题所带来的威胁。人们不得不关注计算机网络的安全，采取网络安全防护措施，以便有效、可靠地使用计算机网络。

第一部分 任务学习引导

5.1 防 火 墙

在构建和使用木制结构房屋的时候，为防止火灾的发生和蔓延，人们将坚固的石块堆砌在房屋周围作为屏障，这种防护构筑物被称为防火墙。在今日的电子信息世界里，人们借助了这个概念，使用防火墙来保护敏感的数据不被窃取和篡改。这些防火墙由先进的计算机系统构成，犹如一道护栏隔在被保护的内部网与不安全的非信任网络之间。一方面可以最大限度地让内部用户方便地访问 Internet，另一方面会尽可能地防止外部网对内部网的非法入侵。

1. 防火墙的定义

防火墙是位于两个信任程度不同的网络之间（如企业内部网络和 Internet 之间）的软件或硬件设备的组合。它可通过监测、限制、更改跨越防火墙的数据流，尽可能地对外部屏蔽网络内部的信息、结构和运行状况，以此来实现网络的安全保护。防火墙是一个或一组系统，能够增强机构内部网络的安全性，保护网络不被他人侵扰。本质上，它遵循的是一种允许或阻止业务来往的网络通信安全机制，也就是提供可控的过滤网络通信，只允许授权的通信。防火墙在 Internet 网与内部网中的位置如图 5.1 所示。

防火墙这一术语和所执行的功能关系更紧密一些。从物理角度看，各站点防火墙物理实现的方式各不相同而不是仅仅指物理设备。防火墙可以是一组硬件设备，即路由器、主计算机或者是路由器、计算机和配有适当软件的网络的多种组合。但是也有纯软件防火墙，如天网个人防火墙。

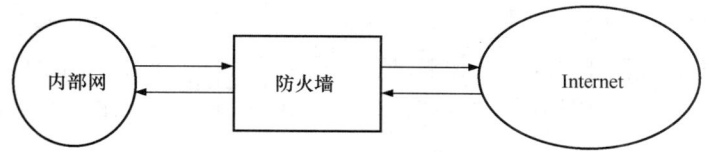

图 5.1　防火墙在 Internet 网与内部网中的位置

2．防火墙的基本功能

防火墙作为中心控制点，易于实现和更新公司的安全策略。它能为网络提供安全的单访问点。所以用户可以在一个地方改变设置而无需改动每台机器。它能在网络范围内加强安全，比如防止网络中的每个人都有权访问某些 Internet 资源。具体来说，防火墙具有如下功能。

① 防火墙能有效地记录 Internet 网上的活动。
② 防火墙限制暴露用户点。
③ 防火墙是一个安全策略的检查站。
④ 防火墙能建立一个节流点。

防火墙应能根据安全计划和安全策略中的定义来保护其后面的网络，要完成上述功能，它应该满足以下条件。

① 所有进出网络的通信流都应该通过防火墙。
② 所有穿过防火墙的通信流都必须有安全策略和计划的确认和授权。
③ 理论上说，防火墙是穿不透的。

3．防火墙的不足之处

防火墙也有自身的限制，这些缺陷包括以下内容。

（1）防火墙不能防范不通过它的连接

如果网络具有其他连接方式，例如，一台 Windows PC 使用一台调制解调器通过 ISP 连接到 Internet 上，因为连接不经过防火墙，因此绕过了防火墙提供的安全控制。

（2）防火墙无法阻止来自内部的威胁

比如一个恼怒的雇员或无意间帮助外部入侵者的雇员造成的攻击。

（3）防火墙无法防止病毒感染程序或文件的传输

因为在防火墙里面有各种操作系统和应用软件，要求防火墙扫描所有进来的文件、电子邮件和消息来确定是否有病毒，这不仅是不实用的，而且也许是不可能的。

4．防火墙实现原理

防火墙通常由多个不同的部分组成，包括包过滤器（Packet Filters）、代理（Proxies）和主机（Hosts）等，不同的组成其实现原理也各不相同。

（1）包过滤器

包过滤器在包对包的基础上进行网络流量的处理。它们只在 OSI 参考模型的网络层工作，因此，能够准许或阻止 IP 地址和端口，并且能够在标准的路由器上以及专门的防火墙设备上执行。一个纯包过滤器只关注这些信息：源 IP 地址、目标 IP 地址、源端口、目标端口、包类型。

包过滤器的一个基本例子就是位于 Internet 和内部网络之间的路由器，它根据数据包的来源、目的地址和端口来过滤。这样的路由器被称为筛分路由器（Screening Router）。

标准路由器和筛分路由器的不同之处在于两者检查报文的方式。普通路由器只是查看 IP 地址并把报文发送至目的地的正确路径上。筛分路由器检查报文头，不仅要决定怎样对其进行路由，还要基于一些规则决定是否应对其进行路由。

① 包过滤系统只能进行类似以下情况的操作
- 允许或不允许用户从外部网用 Telnet 登录。
- 允许或不允许用户使用 SMTP 往内部网发电子邮件。
- 允许或不允许某个 IP 通过 NNTP 往内部网发新闻。

② 包过滤不能允许进行如下的操作
- 允许某个用户从外部网用 Telnet 登录而不允许其他用户进行这种操作。
- 允许用户传送一些文件而不允许用户传送其他文件。

③ 包过滤器操作

a. 在操作包过滤路由器时，首先要按某种安全策略确定哪些服务允许通过而哪些服务应被拒绝，并将这些规定翻译成有关的包过滤规则。

安全策略有两种。
- 默认拒绝：拒绝所有的信息传输。在这种情况下，将指定准许进出网络的某些类型的信息传输。
- 默认允许：准许所有的信息传输在这种情况下，将指定你要拒绝的某些类型的信息传输。

上述包过滤规则由包过滤设备端口以特定的方式存储起来，比如使用由安全管理员已经建立好的文本文件。这个文本文件由逐行顺序读取的一些规则组成。每一个规则包含明确的条目来帮助决定流入的包将如何被处理。

b. 当包到达端口时，对包的报头进行语法分析，大多数包过滤设备只检查 IP、TCP 或 UDP 报头中的字段，不检查包体的内容。

c. 如果一条规则阻止包传输或接收，此包便不被允许通过。

d. 如果一条规则允许包传输或接收，该包允许通过。

e. 如果一个包不满足任何一条规则，该包被阻塞。因为一旦包在过滤器中的某个部分没有通过，后续的规则将不再被读取。因此，要考虑到在一个过滤器中规则的顺序。

包过滤器操作流程如图 5.2 所示。

④ 包过滤的优缺点

包过滤方式有许多优点，而其主要优点是仅用一个放置在重要位置上的包过滤路由器就可保护整个网络。如果内部的站点与 Internet 网间只有一台路由器，那么不管站点规模有多大，只要在这台路由器上设置合适的包过滤，内部的站点就可获得很好的网络安全保护。

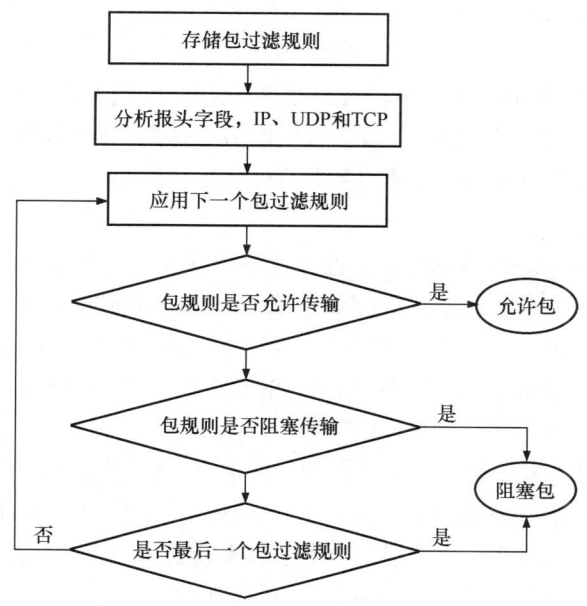

图 5.2 包过滤操作流程图

包过滤的缺点是在机器中配置包过滤规则比较困难，同时对系统中的包过滤规则的配置进行测试也较麻烦，并且许多产品的包过滤功能有这样或那样的局限性，要找一个比较完整的包过滤产品比较困难。

（2）**代理服务器**

代理服务器（Proxy Server）提供服务的替代连接，代理网络用户去取得网络信息。代理服务器位于网络和 Internet 之间，接收、分析服务请求，并在允许的情况下对其进行转发。例如，网络内部的一个用户想要远程登录到 Internet 上的一台主机，代理服务器会接收用户请求，决定是否准许其到远程的连接，之后建立自身与远程目标主机之间及自身与用户之间的 Telnet 会话。

① 代理的实现过程

代理服务器是在双重宿主主机或堡垒主机上运行一个特殊程序。使一些仅能与内部用户交谈的主机同样也可以与外界交谈，这些用户的客户程序通过与该代理服务器交谈来代替直接与外部 Internet 网中的服务器的"真正的"交谈。代理服务器判断从客户端来的请求并决定哪些请求允许传送而哪些应被拒绝。当某个请求被允许时，代理服务器就代表客户与真正的服务器进行交谈，并将从客户端来的请求传送给真实服务器，将真实服务器的回答传送给客户。代理服务的实现过程如图 5.3 所示。

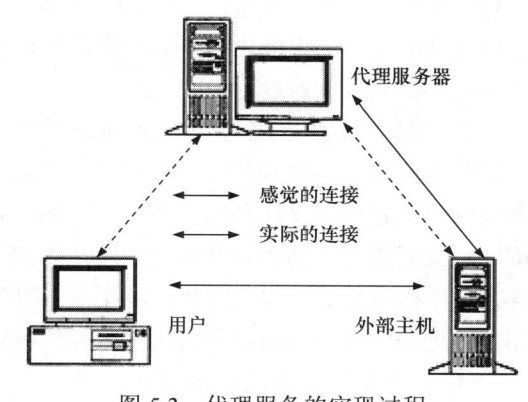

图 5.3 代理服务的实现过程

② 代理服务器类型

代理服务器主要有以下两种类型。

- 应用层代理

应用层代理（Application-layer Proxies）（也称应用层网关）是到目前为止最流行的代理服务器类型，是那些对应用层流量的代理。代理服务器从内部网络客户端接受请求，然后，如果客户端被代理服务器授权了，代理服务器将代表客户端与外部服务器进行通信。

- 链路层代理

链路层代理（Circuit-level Proxies）（也称链路层网关）是工作在 OSI 参考模型的传输层。链路层代理的另一个名字是链路层网关（Circuit-level Gateway）。链路层代理服务器常常提供网络地址翻译，即一台网络主机将内部网络主机的包进行修改，然后再将它们通过 Internet 发出。最流行的链路层代理是使用协议 SOCKS（SOCKS Protocol）的一种代理。

③ 代理服务器的主要功能

作为中介，代理服务器隐藏了关于用户的一些信息。假设用户正在从事一项高度保密的项目，那么用户就想对外（Internet）隐藏关于其所在网络的信息，如 IP 地址等。代理服务器会把用户地址改成自己的地址，使用一个内部表来解析到正确目的地的进出报文。对于外面的人而言，只有一个 IP 地址（代理服务器的 IP 地址）可见。

总结起来，代理服务器具有以下几种功能。

- 连接 Internet 与 Intranet 充当防火墙

因为所有内部网的用户通过代理服务器访问外界时，只映射为一个 IP 地址，所以外界不能直接访问到内部网；同时可以设置 IP 地址过滤，限制内部网对外部的访问权限；另外，两个没有互联的内部网，也可以通过第三方的代理服务器进行互联来交换信息。

- 节省 IP 开销

所有用户对外只占用一个 IP，所以不必租用过多的 IP 地址，降低网络的维护成本。这样，局域网内没有与外网相连的众多机器就可以通过内网的一台代理服务器连接到外网，大大减少费用。当然也有它不利的一面，如许多网络黑客通过这种方法隐藏自己的真实 IP 地址，而逃过监视。

- 提高访问速度

本身带宽较小，通过带宽较大的 proxy 与目标主机连接。而且通常代理服务器都设置一个较大的硬盘缓冲区（可能高达几个 GB 或更大），当有外界的信息通过时，同时也将其保存到缓冲区中，当其他用户再访问相同的信息时，则直接由缓冲区中取出信息，传给用户，从而达到提高访问速度的目的。

代理服务器适用于特定的 Internet 服务，如 HTTP、FTP 等。如 HTTP 代理服务器是介于浏览器和 Web 服务器之间的一台服务器，有了它之后，浏览器不是直接到 Web 服务器去取回网页而是向代理服务器发出请求，Request 信号会先送到代理服务器，由代理服务器来取回浏览器所需要的信息并传送给用户的浏览器。HTTP 代理服务器通常都拥有一个高速缓存，这个缓存存储用户经常访问的站点内容，在下一个用户要访问同一站点时，服务器就不用重复地获取相同的内容，直接将缓存内容发出即可，既节约了时间也节约了网络资源。

④ 代理服务器的优点和缺点

代理服务器的主要优点是能够提供地址翻译。对公共网络隐藏内部网络是极为重要的。

除此以外，还有下列的好处：验证、日志记录和报警、缓存、较少的规则。

代理服务器的不足之处在于：首先，它会使访问速度变慢，因为不允许用户直接访问网络，而且应用级网关需要对每一个特定的 Internet 服务安装相应的代理服务软件；其次，用户不能使用未被服务器支持的服务，对每一类服务要使用特殊的客户端软件，尤其是，并非所有的 Internet 应用软件都可以使用代理服务器。

5．防火墙体系结构

常用的防火墙设计有以下 4 种，每一个都提供了一个确定的安全级别。
- 屏蔽路由器。
- 双重宿主主机体系结构。
- 主机过滤体系结构。
- 子网过滤体系结构。

① 屏蔽路由器

屏蔽路由器（Screening Router）被认为是出色的首道防线。屏蔽路由器是最简单和最常用的防火墙，如图 5.4 所示。这种方法费用不高，但仍提供了显著的保护。

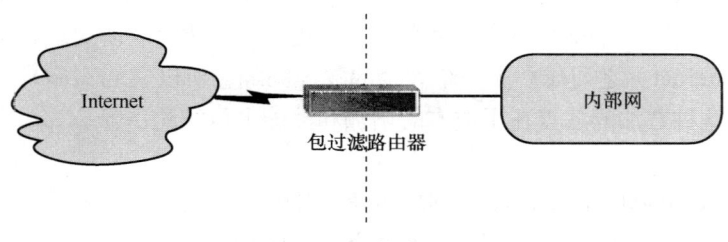

图 5.4　屏蔽路由器

只使用一台屏蔽路由器的解决方案的一个主要缺点是建立恰当的过滤器需要高水平的 TCP/IP 知识；另一个缺点是只有一台单一的设备在保护网络；另外，屏蔽路由器还没有高质量的监控或日志记录功能。

② 双重宿主主机体系结构

双重宿主主机体系结构是围绕具有双重宿主的主体计算机而构筑的。该计算机至少有两个网络接口，这样的主机可以充当与这些接口相连的网络之间的路由器，并能够从一个网络到另一个网络发送 IP 数据包。

双重宿主主机的防火墙体系结构比较简单。双重宿主主机位于 Internet 与内部网络之间，并且被连接到 Internet 网和内部的网络，如图 5.5 所示。

防火墙内部的网络系统能与双重宿主主机通信，同时防火墙外部的网络系统（在 Internet 网上）也能与双重宿主主机通信。通过双重宿主主机，防火墙内外的计算机便可进行通信了，但是这些系统不能直接互相通信，它们之间的 IP 通信被完全阻止。

③ 主机过滤体系结构

在主机过滤体系结构中提供安全保护的壁垒主机仅仅与内部网相连。另外，在该结构中还有一台单独的路由器（过滤路由器）。在这种体系结构中，主要的安全由数据包过滤提供，其结构如图 5.6 所示。

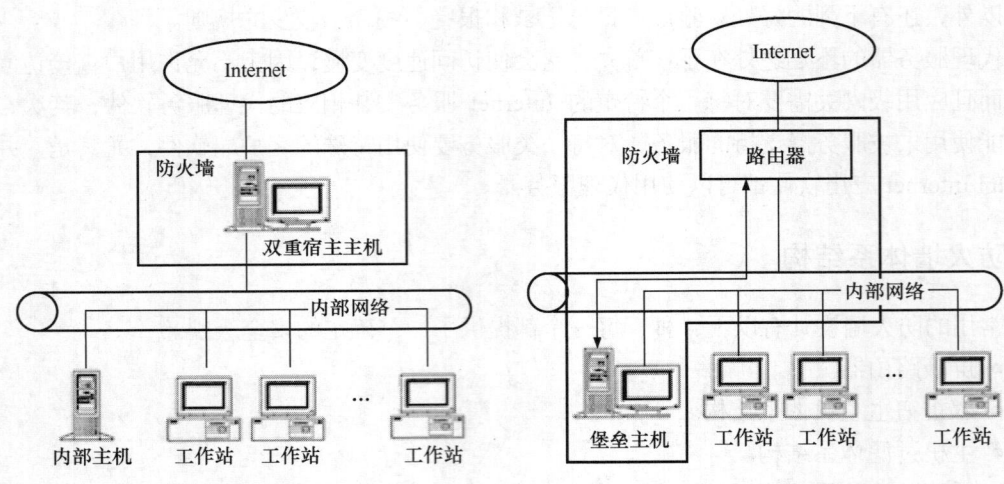

图 5.5 双重宿主主机体系结构　　　　图 5.6 主机过滤体系结构

堡垒主机既可以被配置成链路级也可以是应用级网关。当使用这两种类型中的任意一种时，每一个都是代理服务器，堡垒主机可以用来隐藏内部网络的配置。

在某些方面，这种实施方式优于包过滤防火墙。首先，它增加了一台壁垒主机以及链路级和应用级网关，同样，壁垒本身构成又一个安全设备，因为这种防火墙在网络和任意一个外部网络（如 Internet）之间建立了一个完全的物理间隔，所以它的实施是安全的。但是比起包过滤器来，这种方法的缺点在于成本的增加和性能上可能的下降。

④ 屏蔽子网

屏蔽子网（Screened Subnet）是最常用的实现防火墙的方法。它也被称做是非军事化区，这是由于它在 Internet 和内部网络之间建立了一个相当安全的空间，或称为子网。子网过滤体系结构添加了额外的安全层到主机过滤体系结构中，即通过添加屏蔽子网，更进一步地把内部网络与 Internet 网隔离开。

子网过滤体系结构的最简单的形式为两个过滤路由器，每一个都连接到子网，一个位于子网与内部的网络之间，另一个位于子网与外部网络之间，如图 5.7 所示。

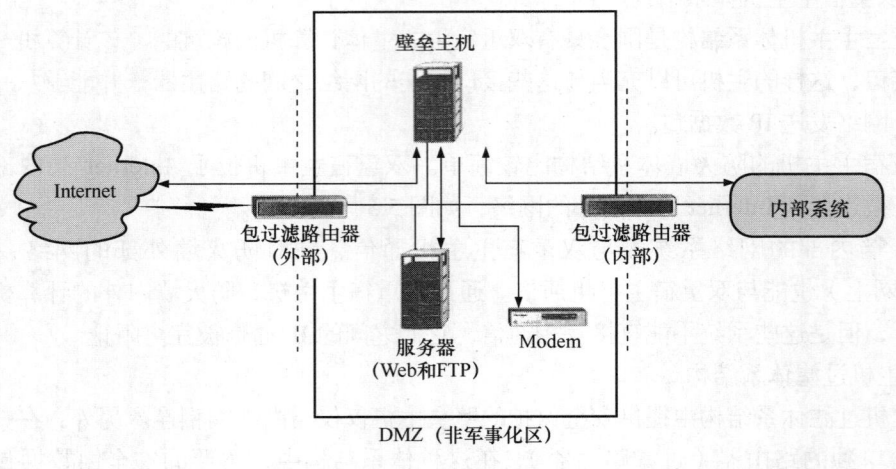

图 5.7 屏蔽子网

这种网络体系结构的主要好处在于，黑客要想接近网络，必须破坏3个分离的设备，而且不被发现；再一个好处是由于所有的出去和进来的信息包直接到达屏蔽子网，而不是内部的网络，内部网络有效地隐形于 Internet；另外，由于这个路由信息包含在网络中，内部用户不能不穿过壁垒主机而访问 Internet。

6．防火墙自身的安全性

（1）硬件问题

当选择硬件时，只使用经测试过的常用的硬件，而不是那些边缘技术。这些新的技术可以在生产环境中测试之后，通常会发现一些安全漏洞。确定处理器运行多快和购买多少 RAM 将由壁垒主机的角色而定。还必须备份壁垒主机，它应该配置有它自己的磁带备份设备。

（2）操作系统

包过滤器常常运行在路由器上，它们具有包过滤器必须使用的专用的操作系统。但是很多防火墙安装在一般的操作系统上，如 UNIX、NT 系统。在防火墙主机上的执行的除了防火墙软件外，还有其他程序、系统核心，当防火墙上所执行的软件出现安全漏洞时，防火墙本身也将受到威胁。

（3）选择防火墙的原则

① 防火墙自身是否安全

大多数人在选择防火墙时都将注意力放在防火墙如何控制连接以及防火墙支持多少种服务上，但往往忽略一点，防火墙也是网络上的主机设备或软件系统，也可能存在安全问题。防火墙如果不能确保自身安全，则防火墙的控制功能再强，也终究不能完全保护内部网络。防火墙自身是否安全主要考虑以下两点。

- 防火墙是否基于安全（甚至是专用）的操作系统。
- 防火墙是否采用专用的硬件平台。只有基于安全（甚至是专用）的操作系统并采用专用硬件平台的防火墙才能提供最大限度的安全。

② 系统是否稳定

就一个成熟的产品来说，系统的稳定性是最基本的要求。但是目前由于种种原因，有些防火墙尚未最后定型或经过严格的大量测试就被推向了市场。

防火墙的稳定性情况可以从以下几个渠道获得。

- 国家权威的测评认证机构，如公安部计算机安全产品检测中心和中国国家信息安全测评认证中心。
- 实际调查，考察这种防火墙是否已经有了使用单位，用户们对于该防火墙的评价。如有可能，最好咨询一下那些对稳定性要求较高的重要单位的用户，如政府机关、国家部委、证券或银行系统、军队用户等。
- 自己试用，先在自己的网络上进行一段时间的试用。

③ 是否高效

高性能是防火墙的一个重要指标，它直接体现了防火墙的可用性，也体现了用户使用防火墙所需付出的安全代价。如果由于使用防火墙而带来了网络性能较大幅度地下降的话，就意味着安全代价过高，用户是无法接受的。一般来说，防火墙加载上百条规则，其性能下降不应超过 5%（指包过滤防火墙）。

④ 抗攻击能力

在当前的网络攻击中，拒绝服务攻击是使用频率最高的方法。目前，有很多防火墙号称可以抵御拒绝服务攻击，实际上严格地说，它应该是可以降低拒绝服务攻击的危害而不是抵御这种攻击。因此，在采购防火墙时，网管人员应该详细考察这一功能的真实性和有效性。

5.2 入侵检测技术

随着网络技术的发展，网络环境变得越来越复杂。对于网络安全来说，单纯的防火墙技术暴露出明显的不足，如无法解决安全后门问题，则不能阻止网络内部攻击，而调查发现，50%以上的攻击都来自内部；不能提供实时入侵检测能力；对于病毒等束手无策等。因此，很多组织致力于提出更多更强大的主动策略和方案来增强网络的安全性，其中一个有效的解决途径就是入侵检测。入侵检测系统（IDS）能弥补防火墙的不足，为网络安全提供实时的入侵检测及采取相应的防护手段。

1. 入侵检测的含义

通常，计算机安全的 3 个基本目标是机密性、完整性和可用性。安全的计算机系统应该实现上述 3 个目标，即保护自身的信息和资源不被非授权访问、修改和拒绝服务攻击。任何潜在的破坏上述目标的事件和情况都被称为"威胁"，而在入侵检测中，术语"入侵"（Intrusion）的定义是：入侵是对信息系统的非授权访问以及（或者）未经许可在信息系统中进行的操作。

那么，什么是入侵检测？美国国家安全通信委员会下属的入侵检测小组在 1997 年给出的关于"入侵检测"的定义如下：入侵检测（Intrusion Detection System，IDS）是对企图入侵、正在进行的入侵或者已经发生的入侵进行识别的过程。即入侵检测对系统的运行状态进行监视，发现各种攻击企图、攻击行为或者攻击结果，以保证系统资源的机密性、完整性和可用性。进行入侵检测的软件与硬件的组合是入侵检测系统。

通用入侵检测系统模型如图 5.8 所示，主要由以下几大部分组成。

① 数据收集器（又可称为探测器）：主要负责收集数据。

② 检测器（又可称为分析器或检测引擎）：负责分析和检测入侵的任务，并发出警报信号。

③ 知识库：提供必要的数据信息支持。

④ 控制器：根据警报信号，人工或自动做出反应动作。

另外，绝大多数的入侵检测系统都会包含一个用户接口组件，用于观察系统的运行状态和输出信号，并对系统行为进行控制。

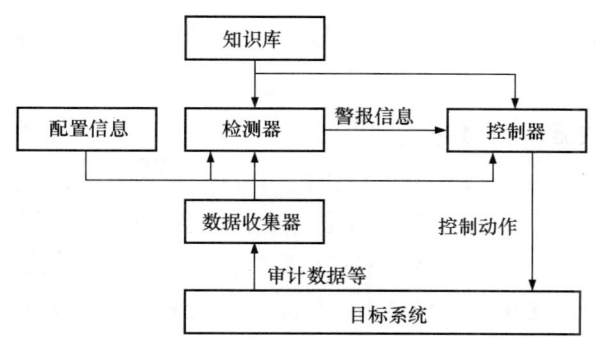

图 5.8 通用入侵检测系统模型

2. 入侵检测的信息源

对于入侵检测系统而言,输入数据的选择是首先需要解决的问题。因为入侵检测的输出结果,首先取决于所能获得的输入数据的数量和质量。具体采用的入侵检测技术类型,也常常因为所选择的输入数据的类型不同而各不相同。入侵检测的信息源主要来自以下几方面。

（1）操作系统的审计记录

在入侵检测技术的发展历史中,最早采用的用于入侵检测任务的输入数据源就是操作系统的审计记录并被认为是基于主机入侵检测技术的首选数据源。操作系统的审计记录是由操作系统软件内部的专门审计子系统所产生的,其目的是记录当前系统的活动信息,并将这些信息按照时间顺序组织成为一个或多个审计文件。操作系统审计记录提供了在系统内核级的事件发生情况,反映了系统底层的活动情况并提供了相关的详尽信息,为发现潜在的异常行为特征奠定了良好的基础,并且其安全性得到了较好的保护。

（2）系统日志

系统使用日志机制记录下主机上发生的事情,无论是对日常管理维护,还是对追踪入侵者的痕迹都非常关键。日志可分为操作系统日志和应用程序日志两部分。操作系统日志从不同的方面记录了系统中发生的事情,对于入侵检测而言具备重要的价值。虽然系统日志的安全性与操作系统的审计记录比较而言,要差一些,但仍然以其简单易读、容易处理等优势成为入侵检测的一个重要输入数据源。

（3）应用程序的日志信息

日益复杂化的系统设计,使得单纯从内核底层级别的数据来源来分析判断当前整个系统活动的情况,变得越来越困难；同时,底层级别安全数据的规模也迅速膨胀,增加了分析的难度。此时,需要采用反映系统活动的较高层次信息,如应用程序日志,作为分析检测的数据源。应用程序日志因为是用户级别的系统活动抽象信息,所以更加容易理解和处理。其次,网络化计算环境的普及,导致入侵攻击行为的目标越来越集中于提供网络服务的各种特定应用程序。

采用应用程序日志作为入侵检测的输入数据源也存在着问题和风险。首要的问题是应用程序的日志信息通常更易遭到恶意的攻击,包括篡改和删除等操作；其次,尽管很多操作系统提供应用程序级别的审计功能,但是很多特定的应用程序中并不包括这些审计特性，或者是审计功能并没有提供足够详细的信息；最后，特定应用程序同样存在是否值得信赖的问题。

（4）基于网络数据的信息源

近年来流行的商用入侵检测系统大多采用了网络数据作为其主要的输入数据源。首先是因为通过网络被动监听的方式来获取网络数据包，作为入侵检测系统输入信息源的工作过程，对目标监控系统的运行性能几乎没有任何影响，并且通常无须改变原有网络的结构和工作方式；其次，嗅探器（Sniffer）模块在工作时，可以采用对网络用户透明的模式，因而降低了其本身遭到入侵者攻击的概率；再次，基于网络数据的输入信息源，可以发现许多基于主机数据源所无法发现的攻击手段；最后，网络数据包的标准化程度，相对主机数据源而言要高许多。因此，采用网络数据作为输入信息源，有助于入侵检测系统在不同目标系统平台环境下的移植工作。

目前，大部分的网络环境都采用了标准的 TCP/IP 作为通信协议，因此，大部分的入侵检测系统的数据分析的重点也放在了对 TCP/IP 数据包的截获和分析工作上。

（5）其他的数据来源

① 来自其他安全产品的数据源

入侵检测只是整体安全防护模型中的一部分。在目标系统内部还可能存在许多其他独立运行的安全产品。来自安全产品的数据信息是进行更加有效的准确的入侵检测所必须考虑的输入数据源。

② 来自网络设备的数据源

除了直接从网络截获数据包作为输入数据外，入侵检测系统还能够利用其他网络设备所提供的关于网络数据流量的各种信息数据。

通过采用网络管理系统提供的信息，入侵检测系统可以更好地确定输出的检测结果是与系统安全方面相关的问题，还是与其他方面相关的问题，从而有助于降低检测的误报概率。

路由器或者交换机提供的数据信息大多是反映了当前网络活动情况的统计数据，利用这些输入数据源，入侵检测同样可以提高自身检测结果的准确性和精确性。

③ 带外（Out Of Band）数据源

所谓"带外"数据源通常是指由人工方式提供的数据信息，包括系统管理员对入侵检测系统所进行的各种管理控制操作。然而，目前的入侵检测技术对如何合理有效地利用这些"带外"数据源方面的研究还很不充分。

除了上面所述的全部数据源之外，还有一种特殊的数据源类型，即来自文件系统的信息源。

总之，入侵检测信息源选择的基本的原则是入侵检测系统设计的检测目标。如果设计要求检测主机用户的异常活动，或者是特定应用程序的运行情况等，采用主机数据源是比较合适的；如果需要发现通过网络协议发动的入侵攻击就要采用来自网络数据的输入信息。如果系统设计要求监控整个目标系统内的总体安全状况等，此时就需要同时采用来自主机和网络的数据源；在分布式的环境下，或许还要考虑到包括带外数据在内的其他类型数据源。另外需要考虑的一个问题是，在不影响目标系统运行性能和实现安全检测目标的前提下，最少需要多少信息，或者是采用最少数目的输入数据源。

3. 入侵检测分类

（1）按照信息源的分类

从数据来源看，入侵检测通常可以分为两类：基于主机的入侵检测和基于网络的入侵检测。

- 基于主机的入侵检测

基于主机的入侵检测系统获取数据的依据是系统运行所在的主机，保护的目标也是系统运行所在的主机。该系统通常从主机的审计记录和日志文件中获得所需的主要数据源，并辅之以主机上的其他信息，在此基础上完成检测攻击行为的任务。从主机入侵检测技术中还可以单独分离出基于应用的入侵检测类型，这是特别针对于某个特定任务的应用程序而设计的入侵检测技术，采用的输入数据源是应用程序的日志信息。

基于主机的入侵检测能够较为准确地监测到发生在主机系统高层的复杂攻击行为。其中，许多发生在应用进程级别的攻击行为是无法依靠基于网络的入侵检测来完成的。同时，基于主机的入侵检测系统也有若干显而易见的缺点：首先，它严重依赖于特定的操作系统平台；其次，它在所保护主机上运行，这影响宿主主机的运行性能；最后，它通常无法对网络环境下发生的大量攻击行为做出及时的反应。

- 基于网络的入侵检测

基于网络的入侵检测系统获取的数据是网络传输的数据包，保护的是网络的运行。该类系统通过监听网络中的数据包来获得必要的数据来源，并通过协议分析、特征匹配、统计分析等手段发现当前发生的攻击行为。网络入侵检测技术也有一种特殊的情况，即所谓基于网络结点的入侵检测，其输入数据来源仅为检测模块所在主机的网络进出流量信息。结点入侵检测技术的目的在于减轻数据处理的负担，将计算量分散在各个网络结点主机之上。

基于网络的入侵检测能够实时监控网络中的数据流量，并发现潜在的攻击行为和做出迅速的响应。另外，它的分析对象是网络协议，一般没有移植性的问题。同时，它的运行丝毫不影响主机或服务器的自身运行，因为基于网络的入侵检测系统通常采取独立主机和被动监听的工作模式。

目前，已经出现了把基于主机和基于网络的入侵检测结合起来的入侵检测。

（2）按照检测方法的分类

从数据分析手段看，入侵检测通常可以分为误用（Misuse）入侵检测和异常（Anomaly）入侵检测。

- 误用入侵检测

误用入侵检测（Misuse Detection）的技术基础是：收集非正常操作的行为特征，建立相关的特征库，当监测的用户或系统行为与库中的记录相匹配时，系统就认为这种行为是入侵异常入侵检测。

误用检测特点如下。

① 采用特征匹配，滥用模式能明显降低错报率，但漏报率随之增加。

② 攻击特征的细微变化，会使得滥用检测无能为力。

- 异常入侵检测

异常入侵检测（Anomaly Detection）的技术基础是：首先总结正常操作应该具有的特征（用户轮廓），当用户活动与正常行为有重大偏离时即被认为是入侵。

异常检测特点如下。

① 异常检测系统的效率取决于用户轮廓的完备性和监控的频率。

② 因为不需要对每种入侵行为进行定义，因此能有效检测未知的入侵。

③ 系统能针对用户行为的改变进行自我调整和优化，但随着检测模型的逐步精确，异常检测会消耗更多的系统资源。

比较而言，误用入侵检测比异常入侵检测具备更好地确定解释能力，即明确指示当前发生的攻击手段类型，因而在诸多商用系统中得到广泛应用。另一方面，误用入侵检测具备较高的检测率和较低的虚警率，开发规则库和特征集合相对于建立系统正常模型而言，也要更方便、更容易。误用检测的主要缺点在于一般只能检测到已知的攻击模式。而异常检测的优点是可以检测到未知的入侵行为。

从现有的实际商用系统来看，大多数都是基于误用入侵检测技术。不过，在若干种优秀的入侵检测系统中，也采用了不同形式的异常入侵检测技术和对应的检测模块。在未来的发展中，联合使用这两种检测技术势在必行。

（3）另外的分类标准

入侵检测的分类标准还可以列举其他，例如实时和非实时处理系统。

- 非实时的检测系统

非实时的检测系统通常在事后收集的审计日志文件基础上，进行离线分析处理，并找出可能的攻击行为踪迹，目的是进行系统配置的修补工作，防范以后的攻击。

- 实时的检测系统

实时处理系统实时监控、并在出现异常活动时及时做出反应。实时的概念是一个根据用户需求而定的变量，当系统分析和处理的速度处于用户需求范围内时，就可以称为实时入侵检测系统。

4．入侵检测系统实例

（1）NFR 公司的 NID 系统

NFR 公司的 NID 系统基本上是一种基于规则检测的网络入侵检测系统，同时具备一些异常入侵检测功能。

NFR 公司的入侵检测产品，其最大特点体现在独一无二的设计架构上，它设计了一套用于网络管理和安全检测的脚本语言 N-Code，可以用来创建入侵检测的检测特征库。

（2）ISS 公司的 RealSecure

RealSecure 入侵检测系统采用了分布式体系结构，系统包含工作组管理器和传感器。其中，工作组管理器是入侵检测系统的中央控制点，负责配置、管理 Sensor 以及 Sensor 所产生的事件数据的处理等工作，对 Sensor 的管理是通过安全加密通道进行的。传感器是具体负责执行入侵检测任务的部件。

(3) NAI 公司的 CyberCop Monitor

CyberCop Monitor 是混合型的入侵检测系统,通过单一控制台提供基于网络和主机的入侵检测功能。它由两个主要组件组成:控制台和代理。其中,代理在目标结点主机上执行基于网络或主机的检测任务。检测引擎的网络检测部分基于网络结点的检测技术,即仅仅分析该结点发送和接收的网络分组,而不关心其他不发往所在结点的网络分组。控制台采取远程的安全集中管理的模式,支持对多主机代理的安装和配置,并负责产生用户报告。CyberCop Monitor 的检测代理中还包含了异常检测组件,用来识别当前用户行为与历史活动的偏差情况。同时,CyberCop Monitor 的网络检测代理还声称具备检测长时间跨度端口扫描过程的能力。除此之外,CyberCop Monitor 的控制台部分支持对警报事件加以过滤分析,以减少告警数量和简化报告的特性。

(4) Cisco 公司的 Cisco Secure IDS

Cisco 公司的 Secure IDS 是传统的网络入侵检测系统,通常与硬件平台捆绑销售。Secure IDS 系统分为 3 个基本组件:传感器、控制台和入侵检测系统模块。其中,最后的 IDSM 组件主要是指嵌入各种 Cisco 网络硬件中的检测模块。一般的 IDS 组件是控制台和传感器,其中传感器又可分为主机和网络两种类型。控制台负责汇集各个传感器的报告,并对各个传感器进行配置和管理工作等。Cisco 的产品能方便有效地嵌入现有的路由器或者交换机平台中。另外,Cisco 的 IDS 产品还能够很好地与 HP 公司的 OpenView 安全管理产品很好地结合,从而提供与 SNMP 协议兼容的管理特性和规范接口。

5.3 计算机病毒

1. 计算机病毒的含义

计算机病毒(Computer Virus)是能够通过某种途径潜伏在计算机存储介质(或程序)里,当达到某种条件时即被激活的具有对计算机资源进行破坏作用的一组程序或指令集合。

计算机病毒的定义借用了生物学病毒的概念,计算机病毒同生物病毒所相似之处是能够侵入计算机系统和网络,危害正常工作的"病原体"。它能够对计算机系统进行各种破坏,同时能够自我复制,具有传染性。

与生物病毒不同的是几乎所有的计算机病毒都是人为地故意制造出来的,有时一旦扩散出来后连编者自己也无法控制。它已经不是一个简单的纯计算机学术问题,而是一个严重的社会问题了。

2. 计算机病毒的特征

(1) 传染性

传染性是病毒的基本特征。计算机病毒会通过各种渠道从已被感染的计算机扩散到未被感染的计算机,使被感染的计算机工作失常甚至瘫痪。

病毒程序一般通过修改磁盘扇区信息或文件内容并把自身嵌入其中，利用这种方法达到病毒的传染和扩散（被嵌入的程序叫做宿主程序）。

（2）破坏性

对系统来讲，所有的计算机病毒都存在一个共同的危害，即占用系统资源，降低计算机系统的工作效率。

计算机病毒可能会彻底破坏系统的正常运行。它可以毁掉系统的部分数据，也可以破坏全部数据并使之无法恢复。并非所有的病毒都有恶劣的破坏作用，有些病毒除了占用磁盘和内存外，没有别的危害。但有时几种本没有多大破坏作用的病毒交叉感染，也会导致系统崩溃。

（3）潜伏性

计算机病毒程序进入系统之后一般不会马上发作，可以在几周或者几个月内隐藏在合法文件中，对其他系统进行传染，而不被人发现。潜伏性越好，它的危害就越大。

潜伏性的第一种表现是指，病毒程序不用专用检测程序是检查不出来的；第二种表现是指，计算机病毒的内部往往有一种触发机制，不满足触发条件时，计算机病毒除了传染外不做什么破坏。

（4）可执行性

计算机病毒与其他合法程序一样，是一段可执行的程序，但它不是一个完整的程序，而是寄生在其他可执行程序中。只有在执行时，才具有传染性、破坏性。

未经授权而执行，病毒通过悄悄地篡夺合法程序的系统控制权而得到运行的机会。一般正常的程序是由用户启动，完成用户交给的任务，其目的对用户是可见的。而病毒隐藏在合法程序中，当用户启动合法程序时窃取到系统的控制权，先于正常程序执行。病毒的动作、目的对用户是未知的，是未经用户允许的。

（5）可触发性

病毒因某个事件或数值的出现，诱使病毒实施感染或进行攻击的特性称为可触发性。病毒的触发机制用来控制感染和破坏动作的频率。病毒具有预定的触发条件，这些条件可能是时间、日期、文件类型或某些特定数据等。如CIH病毒的触发条件：26日。

（6）隐蔽性

隐蔽性包括两方面：一是传染的隐蔽性，大多数病毒在传染时速度是极快的，不易被人发现；二是病毒程序存在的隐蔽性，一般的病毒程序都附在正常程序中或磁盘较隐蔽的地方，也有个别的以隐含文件形式出现，目的是不让用户发现它的存在。一般在没有防护措施的情况下，计算机病毒程序取得系统控制权后，可以在很短的时间里传染大量程序。

（7）衍生性

计算机病毒的传染和破坏部分反映了设计者的设计思想和设计目的。但是，这可以被其他掌握原理的人进行任意改动，从而又衍生出一种不同于原版本的新的计算机病毒（又称为变种），这就是计算机病毒的衍生性。这种变种病毒造成的后果可能比原版病毒严重得多。

（8）寄生性

病毒程序嵌入宿主程序中，依赖于宿主程序的执行而生存，这就是计算机病毒的寄生性。病毒程序在侵入到宿主程序中后，一般对宿主程序进行一定的修改，宿主程序一旦执行，病毒程序就被激活，从而可以进行自我复制和繁衍。

3．计算机病毒的分类

（1）按攻击的对象分类

计算机病毒按攻击对象分类可以分为攻击计算机型、攻击小型机、攻击大型机、攻击工作站、攻击便携式电子设备、攻击计算机网络 6 种。

（2）按攻击的操作系统分类

计算机病毒按攻击的操作系统分类可以分为攻击 DOS 系统、攻击 Windows 系统、攻击 UNIX 系统、攻击 OS/2 系统、攻击嵌入式操作系统 5 种。

（3）按表现性质分类

计算机病毒按表现性质分类可以分为良性病毒、恶性病毒、中性病毒 3 种。

（4）按传染方式分类

计算机病毒按传染方式分类可以分为文件型、引导型、混合型、宏病毒和网络病毒。

4．病毒的传播及危害

（1）病毒的传播途径

理论上，与外界交换数据的所有场合都有可能是计算机病毒的传播途径，主要有以下 4 种。

① 通过计算机网络进行传播

在 Internet 上，通过电子邮件传播、通过浏览网页和下载软件传播、通过即时通信软件传播、通过网络游戏传播。

在局域网范围内，数据在从一台计算机发送到其他计算机上时，传播了被感染文件。

② 通过不可移动的计算机硬件设备传播

计算机的专用集成电路芯片（ASIC）和硬盘为病毒的重要传播媒介。这种传播方式极为少见，但破坏性强。

③ 通过移动存储设备传播

移动存储设备包括我们常见的软盘、磁带、光盘、移动硬盘、U 盘（含数码相机、MP3 等）。随着 U 盘病毒逐步的增加，U 盘已成为第二大病毒传播途径。

④ 通过点对点通信系统和无线通道传播

随着手机功能性的开放和增值服务的拓展，手机病毒已成为新一轮计算机病毒危害的"源头"。特别是智能手机和 3G 网络的发展，让手机病毒的传播速度和危害程度与日俱增。

（2）计算机病毒的危害

近年来病毒功能越来越强大，带来的危害也是渐增强，危害的表现主要有以下几种。

① 病毒激发对计算机数据信息的直接破坏作用。如格式化磁盘、改写文件分配表和目录区、删除或者改写替换文件等。

② 占用磁盘空间和对信息的破坏。如引导型病毒侵占引导扇区，导致文件丢失。文件型病毒大量侵占磁盘空间。

③ 抢占系统资源。如病毒抢占内存，导致内存减少，一部分软件不能运行。抢占中断，破坏计算机的正常运行。

④ 影响计算机运行速度。常驻内存的病毒或多或少地要消耗系统处理时间。

⑤ 计算机病毒的兼容性对系统运行的影响。病毒的兼容性较差，常常导致死机。

⑥ 计算机病毒给用户造成严重的心理压力。由于经常遭到病毒攻击，导致用户对病毒产生恐惧心理，从而产生误判，带来损失。

5．计算机病毒的症状

计算机病毒的发作时，通常会表现为以下症状。

① 电脑运行比平常迟钝。
② 程序载入时间比平常久。
③ 对一个简单的工作，磁盘似乎花了比预期长的时间。
④ 不寻常的错误信息出现。
⑤ 硬盘的指示灯无缘无故的亮了。
⑥ 系统内存容量忽然大量减少。
⑦ 磁盘可利用的空间突然减少。
⑧ 可执行程序的大小改变了。
⑨ 坏轨增加。
⑩ 程序同时存取多部磁盘。
⑪ 内存内增加来路不明的常驻程序。
⑫ 文件奇怪的消失。
⑬ 文件的内容被加上一些奇怪的资料。
⑭ 文件名称、扩展名、日期、属性被更改过。

6．防病毒措施

（1）服务器的防病毒措施

- 安装正版的杀毒软件
- 拦截受感染的附件
- 合理设置权限
- 取消不必要的共享
- 重要数据定期存档

（2）终端用户防病毒措施
- 安装杀毒软件和个人防火墙
- 禁用预览窗口功能
- 删除可疑的电子邮件
- 不要随便下载文件
- 定期更改密码

（3）网络病毒的防治
- 尽量多用无盘工作站
- 尽量少用有盘工作站
- 尽量少用超级用户登录
- 严格控制用户的网络使用权限
- 对某些频繁使用或非常重要的文件属性加以控制，以免被病毒传染
- 对远程工作站的登录权限严格限制

7. 常用防杀毒软件

① 国际著名防杀毒软件：卡巴斯基 Kaspersky、McAfee 公司产品、诺顿 Norton。
② 国内防杀毒软件：江民、金山毒霸、瑞星、360 安全卫士。
国内外防杀毒软件总体上的差别有以下两点。
① 国外的防杀毒软件厂商主要集中在高端的信息安全领域，而较底端的单机版才是国内厂商聚集的场所。
② 国外的防杀毒软件具有强大的病毒前摄防御功能，而国内的防杀毒软件能够查杀到的病毒数量相对来讲更多，查杀的速度相对也更快。

第二部分 技 能 训 练

技能训练 1　配置防火墙

1. Windows 自带防火墙设置

（1）在"控制面板"窗口，双击"网络连接"图标，如图 5.9 所示。
（2）在"网络连接"窗口中右击"本地连接"图标，在弹出的快捷菜单中选择"属性"命令，如图 5.10 所示。
（3）在弹出的"本地连接 属性"对话框中选择"高级"选项卡，切换至"高级"选项卡，单击"设置"按钮，如图 5.11 所示。

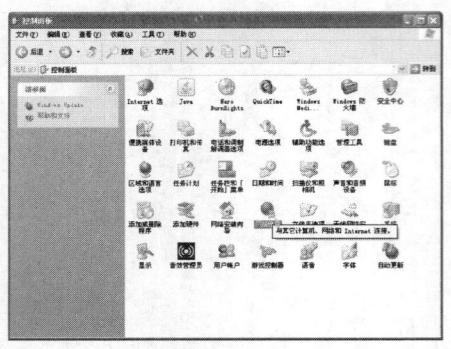

图 5.9　控制面板中的网络连接

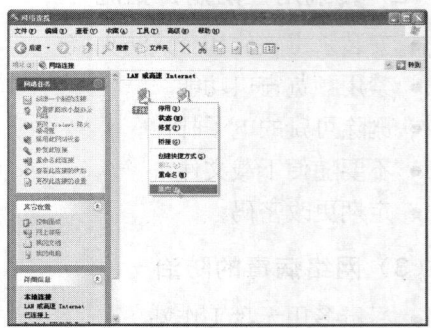

图 5.10　本地连接属性

（4）在弹出的"Windows 防火墙"对话框，选择"启用"，如图 5.12 所示。

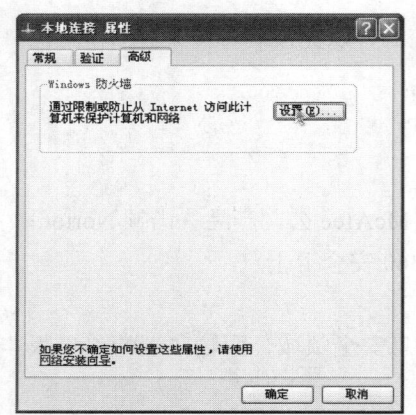

图 5.11　本地连接属性中的高级标签选项卡

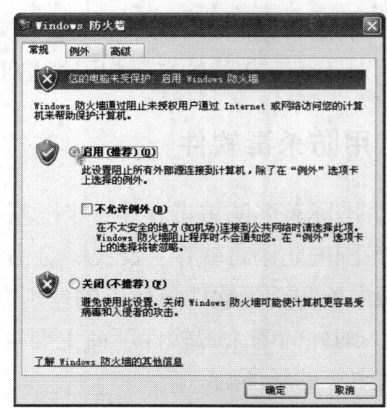

图 5.12　启动防火墙

（5）换至图 5.12 中所示的"例外"选项卡，在"程序和服务"列表框中勾选允许通过防火墙的程序，可单击"编辑"按钮或"删除"按钮对程序进行设置，如图 5.13 所示。

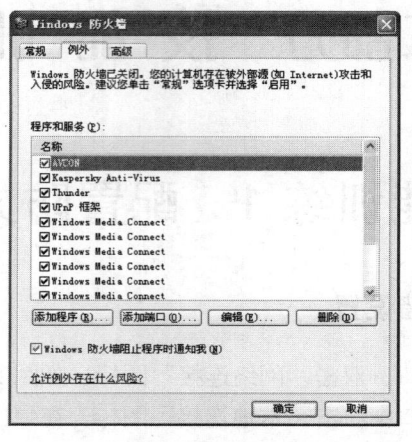

图 5.13　防火墙程序列表

当有程序需要往外访问，系统会提示是否允许它通过防火墙。如果确定这个程序是安全的程序，就可以允许它通过防火墙，系统会把该程序记录在允许列表中。

通过以上设置，计算机就可以在网络中处在相对安全的区域了。

2．安装个人版防火墙——天网防火墙

个人版防火墙是安装在用户的 PC 机系统里的一段"代码墙"，能把用户的计算机和 Internet 分隔开。防火墙检查到达它两端的所有数据包，无论是进入还是发出，从而决定该拦截这个包还是将其放行。也就是说，在不妨碍用户正常上网浏览的同时，阻止 Internet 上的其他用户对用户的计算机进行的非法访问。

（1）首先安装并打开天网防火墙。图 5.14 所示为系统设置界面，可以参照此来设置。

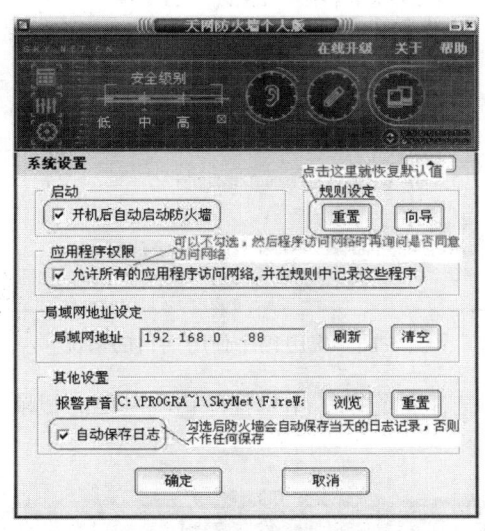

图 5.14　系统设置界面

（2）定义 IP 规则，一般默认就可以了，其实在未经过修改的自定义 IP 规则是与默认中级的规则一样的。也可以自定义，这里是采用默认情况，如图 5.15 所示。

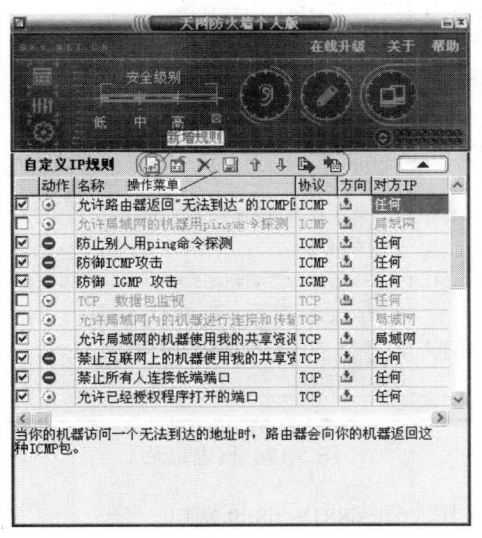

图 5.15　定义 IP 规则

(3)各个应用程序使用端口的情况如图 5.16 所示。

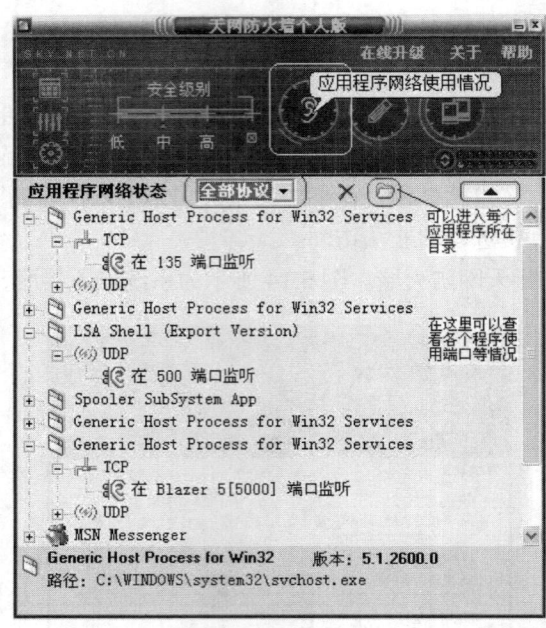

图 5.16　应用程序使用端口的情况

(4)图 5.17 所示的日志上面记录了用户程序访问网络的记录，局域网和互联网上被 IP 扫描用户端口的情况。

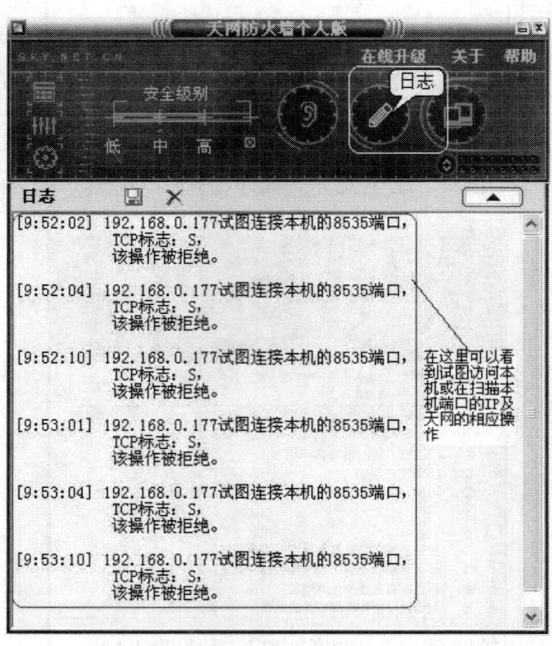

图 5.17　日志记录

(5)防火墙开放端口应用,打开 6881～6889 端口。

① 建立新的 IP 规则，在自定义 IP 规则里双击进行新规则设置，如图 5.18 所示。

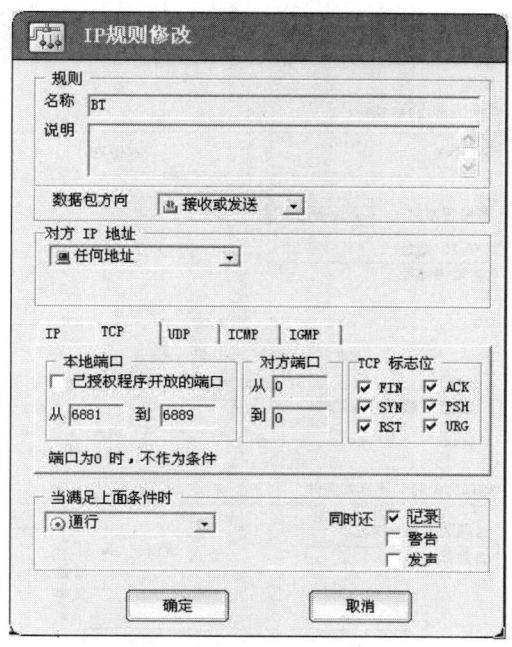

图 5.18 新规则设置

② 设置新规则后，把规则上移到该协议组的置顶，并保存，如图 5.19 所示。然后可以进行在线端口测试，测试这些端口是否已经开放。

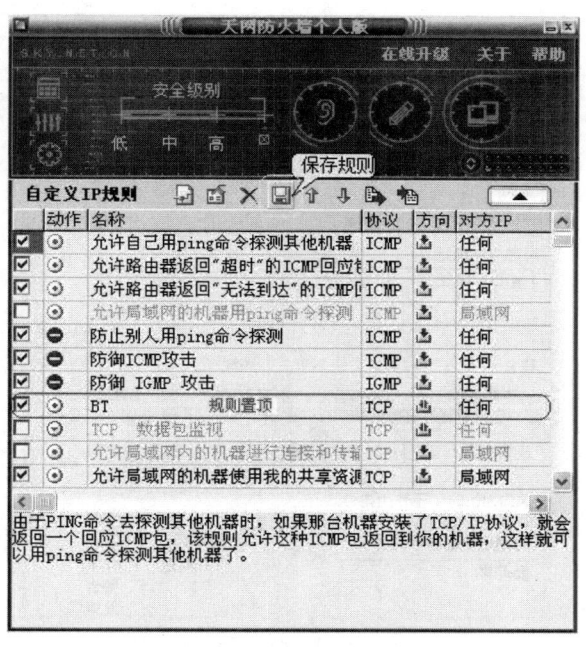

图 5.19 新规则置顶并保存

（6）应用自定义规则防止常见病毒。下面是防范冲击波病毒的实例应用，冲击波就是利用 Windows 系统的 RPC 服务漏洞以及开放的 69、135、139、445、4444 端口入侵。

① 禁止 4444 端口，如图 5.20 所示。

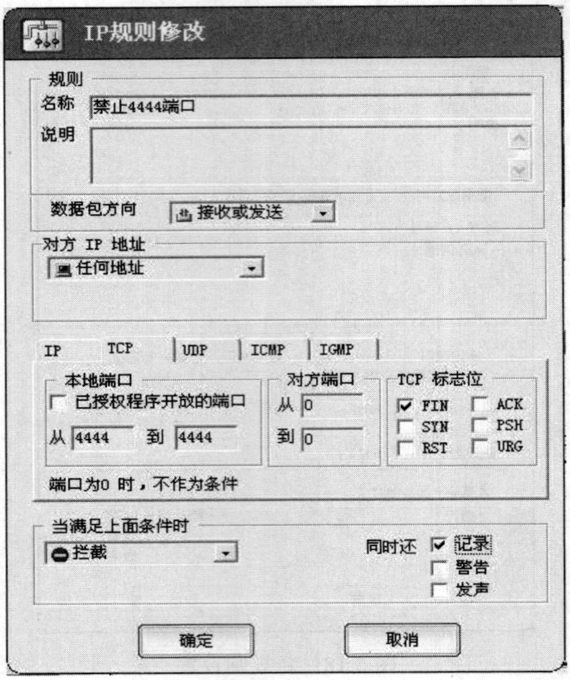

图 5.20　禁止 4444 端口

② 封锁 69 端口，如图 5.21 所示。

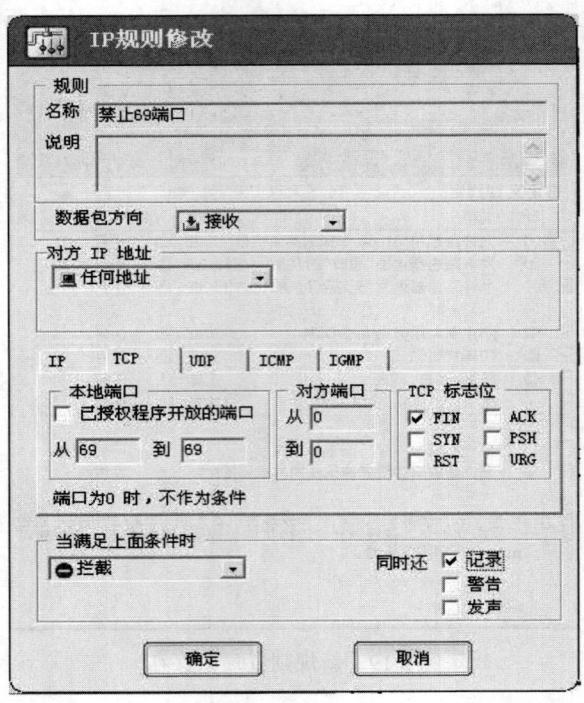

图 5.21　封锁 69 端口

③ 封锁 445 端口，如图 5.22 所示。

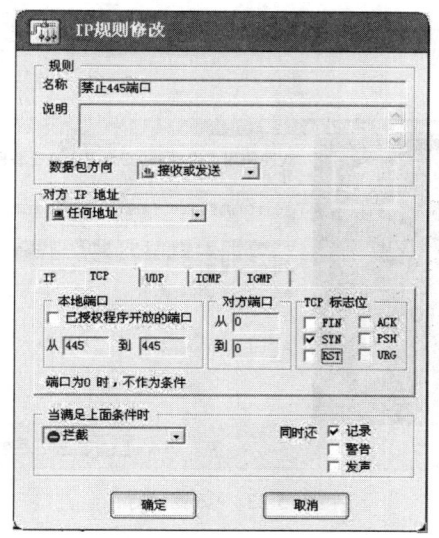

图 5.22 封锁 445 端口

④ 建立完后保存，保存完后就可以防范冲击波病毒了。

技能训练 2　杀毒软件——360 安全卫士的安装与使用

360 安全卫士拥有木马查杀、恶意软件清理、漏洞补丁修复、电脑全面体检等多种功能。特别在运用云安全技术，在线杀木马、防盗号、保护网银和游戏的账号密码安全、防止电脑变肉鸡等方面表现出色，被誉为"防范木马的第一选择"。

360 安全卫士主要包括以下内容。
- 常用：电脑体检、木马云查杀、清理恶评插件、修复系统漏洞、清理系统垃圾、清理使用痕迹、软件管家。
- 杀毒：杀毒、在线杀毒、病毒专杀工具、恶评插件专杀工具。
- 高级：修复 IE 启动项状态、系统服务状态、系统进程状态、系统全面诊断、网络连接状态、高级工具集。
- 实时保护：实时保护、高级设置、查看历史。
- 装机必备：装机必备、软件宝库、软件升级、软件卸载、开机加速、高级工具、手机必备、热门游戏。
- 求助中心：求助中心。

1．360 安全卫士下载与安装

360 安全卫士下载地址：http://cnc.skycn.com/search.php　天空软件站。

（1）下载完成后，找到下载的"setup"文件双击运行它，出来一个安装向导，如图 5.23 所示。

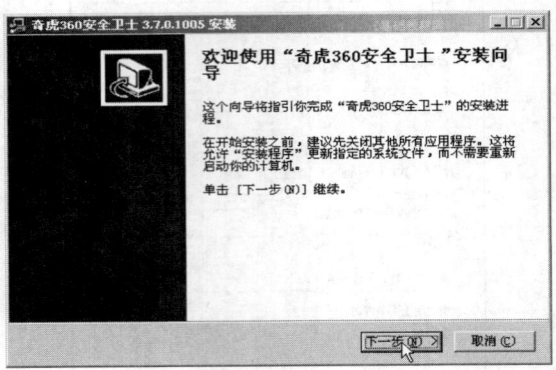

图 5.23　安装向导

（2）单击"下一步"按钮继续，在出来的许可协议面板单击"我接受"按钮，继续安装，如图 5.24 所示。

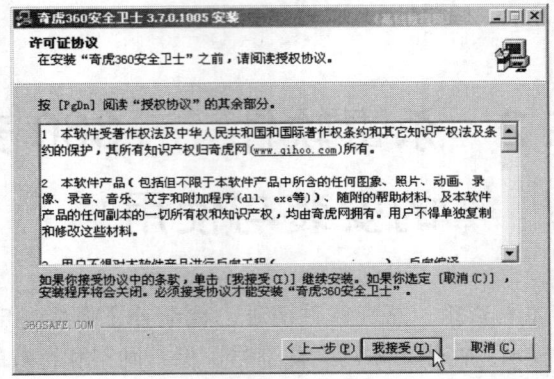

图 5.24　许可协议面板

（3）在接下来的安装位置里，默认是 C:\盘，也可以单击"浏览"按钮，选择安装到其他分区中，单击"安装"按钮继续，如图 5.25 所示。

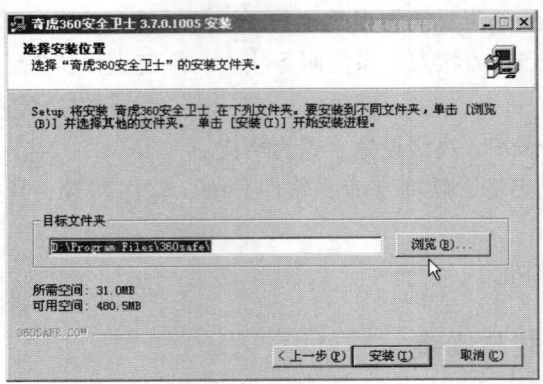

图 5.25　安装位置

（4）然后进行文件的提取和复制，完成后进入设置页面。

（5）在接下来的开启保护设置中，默认开启了防止恶评软件、网页防漏、系统关键、U盘病毒的保护，这些以后还可以修改，这里选默认，单击"下一步"按钮继续，如图 5.26 所示。

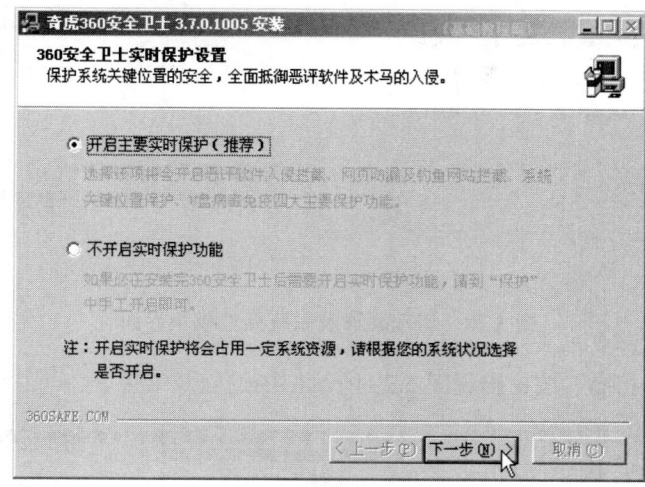

图 5.26 保护设置

（6）出来"完成"页面，可以去掉第二个勾，单击"完成"按钮，立即开始运行安全卫士，如图 5.27 所示。

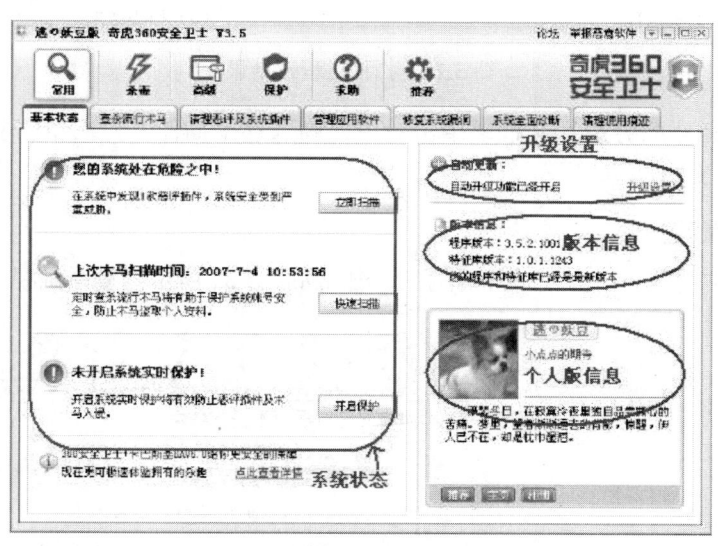

图 5.27 "完成"页面

2．360 安全卫士的使用

（1）清理插件

① 单击"常用"→"清理恶评及系统插件"，出现清理恶评及系统插件模块界面，单击"开始扫描"按钮，如图 5.28 所示。

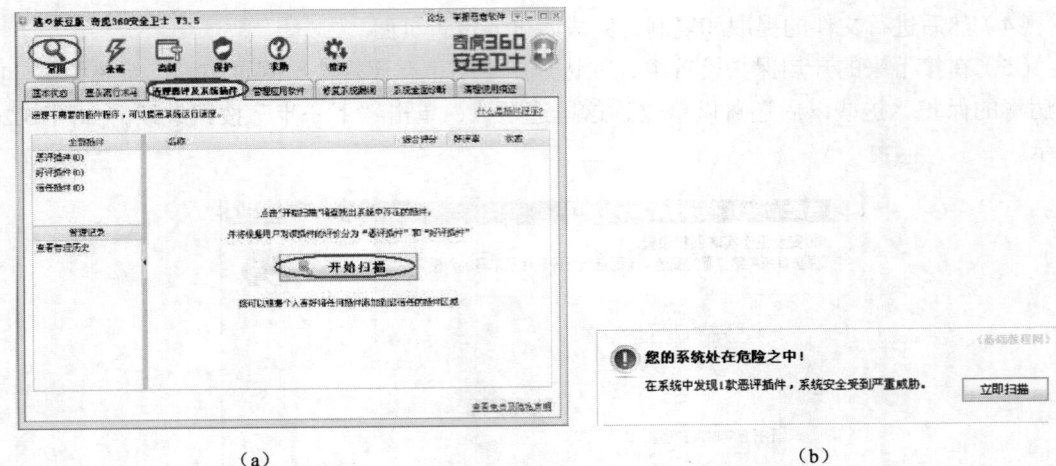

图 5.28 清理恶评及系统插件模块界面

② 单击"立即扫描"按钮出现图 5.29 所示扫描过程及结果。

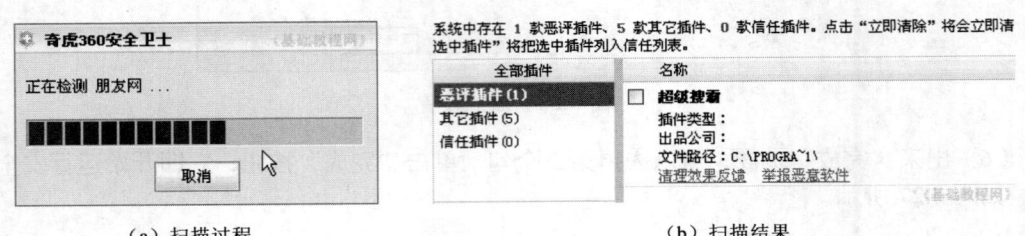

(a) 扫描过程　　　　　　　　　　　　(b) 扫描结果

图 5.29 扫描过程及结果

③ 在这个插件的旁边小方框里单击一下，勾选这个插件，然后单击下面的"立即清理"按钮，如图 5.30 所示。

(2) 修复漏洞

① 选择"常用"→"修复系统漏洞"，出现如图 5.31 所示修复系统漏洞模块界面。

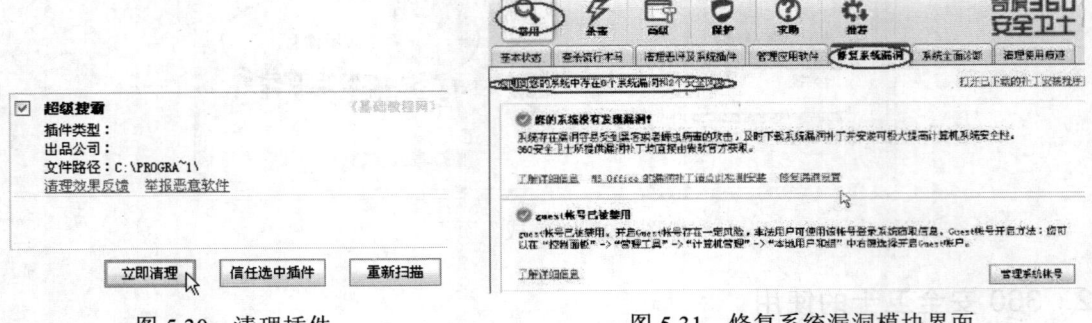

图 5.30 清理插件　　　　　　　　图 5.31 修复系统漏洞模块界面

② 系统检查结束后，如果发现漏洞，就会出现红色提示"在系统中发现多少个系统漏洞"，如图 5.32 所示。

③ 下载补丁，如图 5.33 所示。

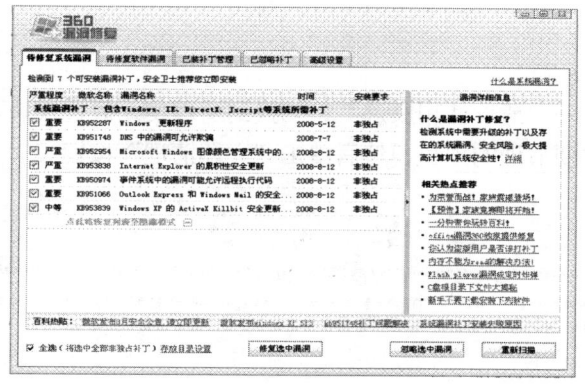

图 5.32 漏洞扫描结果

④ 安装完成后，会出来一个结果显示面板，里面应该都是"成功"，单击"确定"按钮后会提示是否立即重启动，保存关闭其他窗口后，就可以重启动了，如图 5.34 所示。

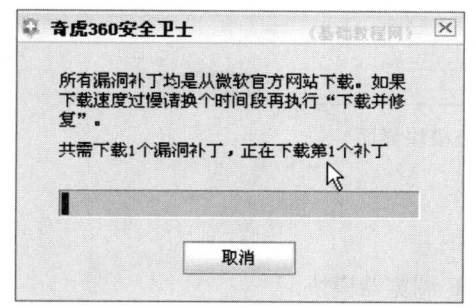

图 5.33 下载补丁

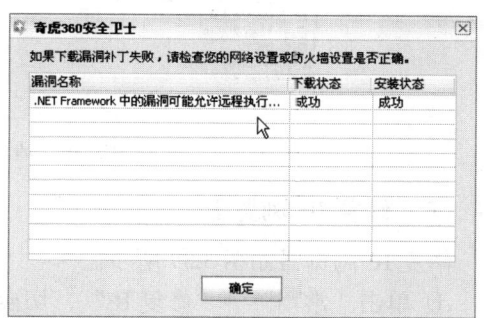

图 5.34 补丁安装完成

（3）查杀木马

定期查杀木马将能及时检测并查杀系统中存在木马，全面有效的保护的账号及密码。

单击"常用"→"查杀流行木马"，切换到查杀木马操作界面，然后鼡击立即查杀，如图 5.35 所示。

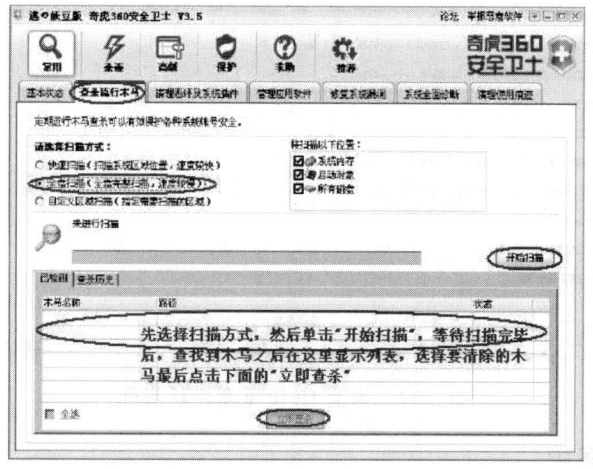

图 5.35 查杀流行木马模块界面

（4）清理痕迹

清理痕迹如图 5.36 所示。

① 单击"常用"→"清理使用痕迹"，切换到清理使用痕迹模块。

② 在列表中选中要清理的项目，然后单击"立即清理"按钮。

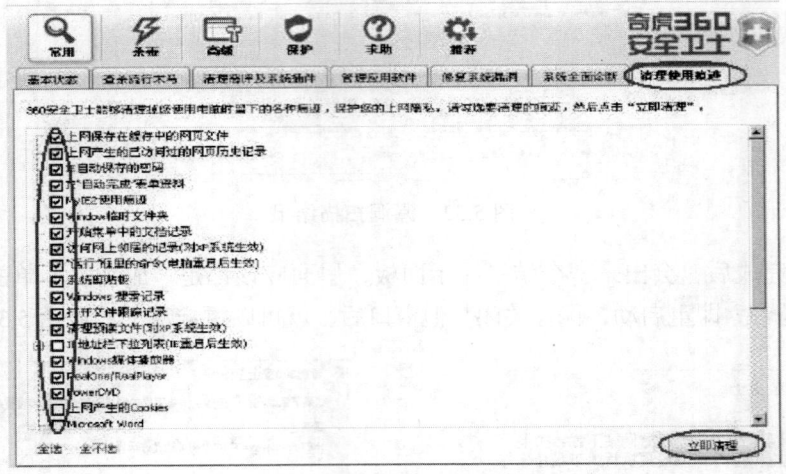

图 5.36　清理使用痕迹模块界面

（5）修复 IE 浏览器

修复 IE 浏览器如图 5.37 所示。

① 单击"常用"→"修复 IE"，切换到修复 IE 浏览器模块。

② 在列表中选中要修复的项目，然后单击"立即修复"按钮。

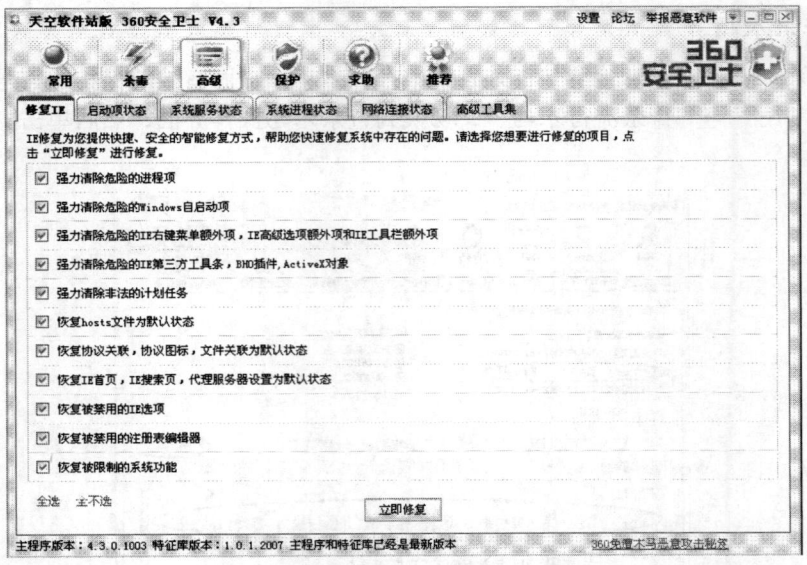

图 5.37　修复 IE 浏览器模块界面

（6）开启实时保护

开启实时保护如图 5.38 所示。

① 单击"保护"→"开启实时保护",切换到开启实时保护模块。
② 将要保护的项目开启。

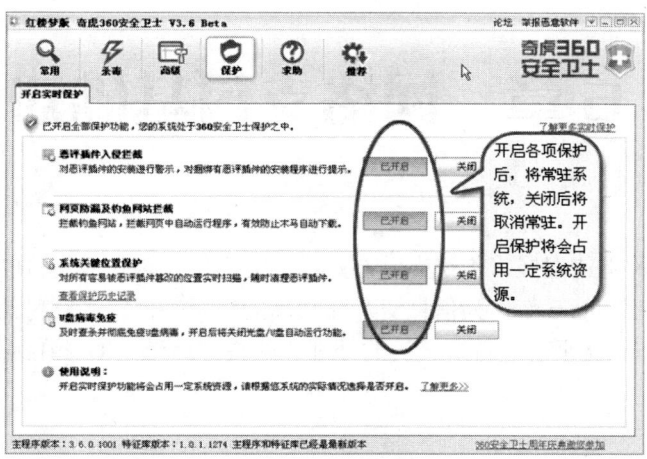

图 5.38　开启实时保护模块界面

第6章 网络支付基础知识

随着电子商务的迅速发展,传统支付方式已不能满足即时在线支付的要求,从而限制了网上交易的发展。而 Internet 作为信息交互和共享的良好平台,为支付信息的流通奠定了基础。因此,基于 Internet 平台进行资金流的处理,能较好地满足即时在线支付的要求。

第一部分 任务学习引导

6.1 网络支付与结算

1. 网络支付概念

网络支付又被称为网上支付,可以理解为电子支付(Electronic Payment)的高级方式,它是以电子商务为商业基础,以商业银行为主体,参与电子商务活动的一方向另一方使用安全的、主要基于 Internet 运作平台,通过网络进行的,为交易的客户间提供货币支付或资金流转等的现代化支付结算手段。

网络支付比现在流行的信用卡 ATM 存取款、POS 机支付结算等电子支付方式更新更先进一些,将是 21 世纪网络时代里的主要电子支付方式。

2. 网络支付的特征

相比较传统支付普遍使用的"一现三票一卡"(即现金、发票、本票、汇票和信用卡)方式,网络支付方式表现出更多的优点和特征。

(1)网络支付具有更快的速度。网络支付是通过看不见但先进准确的数字流来完成传输,加快了资金周转速度。

(2)网络支付具有轻便性和低成本性。在美国,每年搬运有形货币的费用高达 60 亿美元,英国则需要 2 亿英镑, 世界银行体系之间的货币结算和搬运费用占到其全部管理费的 5%。

(3)网络支付具有较高的安全性和一致性。安全性可以保护买卖双方不会被非法支付和抵赖,一致性可以保护买卖双方不会被冒名顶替。

(4)使用网络支付对于保障人身安全也大有益处。

（5）网络支付可以提高企业的资金管理水平。

（6）银行提供网络支付结算的支持会使客户的满意度与忠诚度上升。

3．网络支付的支撑网络平台

随着信息技术的发展，早期的电子支付网络平台（如电话交换网 PSTN、X.25 和 X.400 公用/专用数据网络以及后来的 X.435、X.500 等网络）已明显跟不上电子商务业务发展的需要，不能支撑电子商务下网络支付结算的需要。由于网络支付是一种通信频次大、数据量可大可小、实时性要求高、分布面很广的通信行为，因此，网络支付的支撑网络平台应是交换型、通信时间短、安全保密、可靠的通信平台，必须面向全社会，对所有公众开放。

目前，网络支付的支撑网络平台主要有以下两类。

（1）传统成熟的 EDI 支付平台

EDI（Electronic Data Change），中文为电子数据交换，实现了商业用户间标准格式文件（如订单、发票等）的通信和交换。EDI 将交易信息根据国际标准协议格式化，并通过网络对这些数据进行交换和自动处理，从而有机地将商业贸易过程的各个环节（包括海关、运输、银行、商检、税务等部门）连接起来，实现了包括电子支付在内的全部业务。

EDI 包含如下 3 个方面的内容，这 3 个方面相互衔接、相互依存，构成了 EDI 的基础框架：

- 计算机应用——EDI 的条件。
- 通信网络——EDI 应用的基础。
- 数据标准化——EDI 的特征。

EDI 系统具有一整套成熟的安全技术体系，能有效防止信息的丢失、泄密、篡改、假冒、接收的抵赖和拒绝服务等。随着 Internet 的进一步发展，目前 EDI 与 Internet 有相互结合的发展趋势，即 Web-EDI 的出现。所谓 Web-EDI，就是把 EDI 系统建立在 Internet 平台上，而不是原来的专用网络，而 EDI 运作规则与标准基本不变。

EDI 支付平台发展多年，基于专用通信网络，其应用的条件比较苛刻，费用也比较昂贵，所以用户面比较窄，只用于企业和企业间的贸易信息交换。但由于其比较成熟，目前主要用于较大企业的国际贸易。根据我国的国情，目前可以在 EDI 平台上开展电子征收业务（电子缴费、电子征税等），有着传统申报方式不可替代的优势。

（2）大众化网络平台 Internet

Internet 网络支付平台包括 3 部分：Internet、支付网关、银行专用业务网络。

上述 3 个部分中支付网关（Payment Gateway）是安全的连接 Internet 和银行专网，完成两者之间的通信、协议转换和进行数据加、解密，将不安全的 Internet 上的交易信息传给安全的银行专网，起到隔离和保护银行内部网络的作用。

支付网关具体工作过程如下。

① 将从 Internet 传来的相关支付数据包进行解密，按照银行系统内部的通信协议将数据重新打包，完成协议转换，发送银行内部业务处理服务器。

② 接收从银行内部业务处理服务器传回的响应或反馈信息，将此数据转换为外面

Internet 网络使用的数据格式，对其进行加密，防止失密。

③ 支付网关将经过加密的 Internet 数据包转发相关的商家或客户，这样一次支付结算的信息处理流程结束。后面继续这个处理流程，直至客户的一次网络支付结算业务处理完毕。

4．网络支付的基本流程和基本模式

（1）网络支付的基本流程

用户通过 Internet 进行网络支付的过程与商店中的销售点系统（POS 机系统）的处理过程非常相似，其主要不同在于客户是通过 PC 和 Web 服务器作为操作和通信工具。网络支付的基本流程如图 6.1 所示。

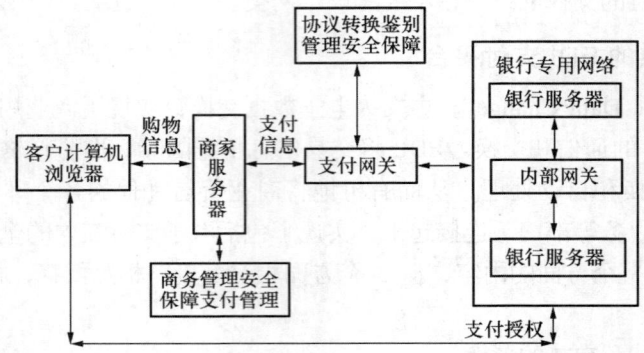

图 6.1　网络支付的基本流程

（2）网络支付的基本模式

根据电子货币的支付流程的不同，可以把网络支付的模式分为类支票电子货币支付系统模式和类现金电子货币支付系统模式。

① 类支票电子货币支付模式

类支票电子货币支付系统模式是典型的基于电子支票或票证汇兑或信用卡的支付系统模型，支持大、小额度的资金支付。类支票电子货币支付模式如图 6.2 所示。

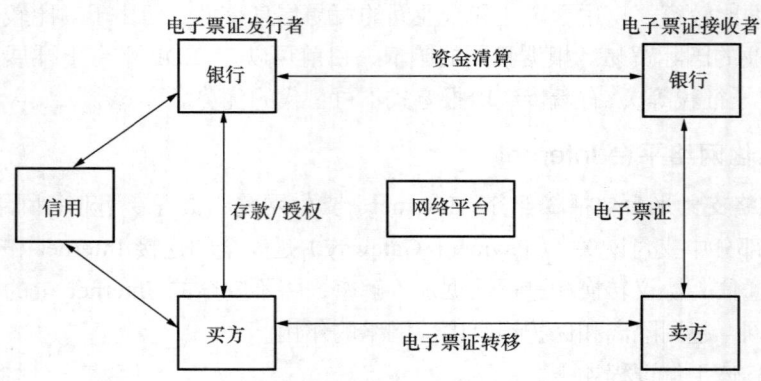

图 6.2　类支票电子货币支付模式

② 类现金电子货币支付模式

现金是目前人们日常生活中最常用的一种支付工具，类现金电子货币可以体现出身份匿

名和不可追踪的优点。类现金电子货币支付系统模式如图 6.3 所示。

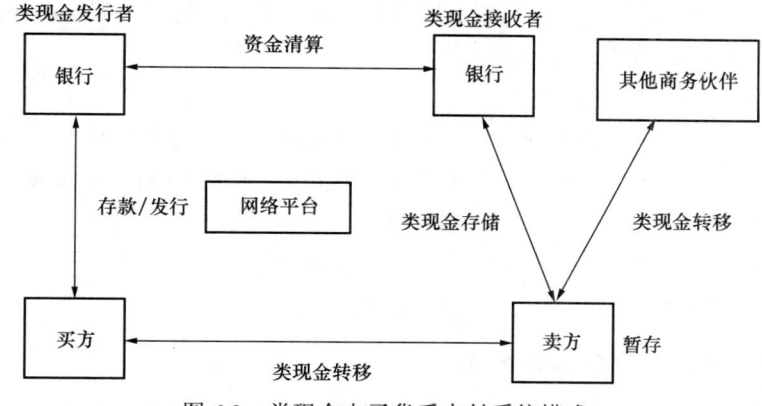

图 6.3　类现金电子货币支付系统模式

5．网络支付方式的分类

基于电子支付分类的基础和电子货币的特征，电子商务环境下网络支付方式可以按如下 3 种方式进行分类。

（1）按开展电子商务的实体性质分类

这是目前较为主流的网络支付结算分类方式。电子商务的主流分类方式就是按照开展电子商务的实体性质分类，即分为 B to B、B to C、C to C、G to B 等类型电子商务，根据不同类型的电子商务实体实力、资金流通量大小和一般作业习惯等来考虑，可以按开展电子商务的实体性质把当前的网络支付方式分为以下两类。

① B to C 型网络支付方式

这是企业与个人、政府部门与个人、个人与个人进行网络交易时采用的网络支付方式，主要包括电子信用卡网络支付、IC 卡网络支付、电子现金支付、电子钱包支付以及个人通过网络银行的支付等。这些方式都适用于小金额的网络交易支付结算，使用方便灵活，实施较为简单，风险也较小。

② B to B 型网络支付方式

这是企业与企业、企业与政府部门进行网络交易时采用的网络支付方式，主要包括电子支票网络支付、电子汇兑系统、国际电子支付系统 SWIFT 和 CHIPS、中国国家现代化支付系统 CNAPS、金融 EDI 和企业网络银行服务等。这些支付方式的特点就是适用于较大金额的网络交易支付结算。

上述 B to C 型网络支付方式和 B to B 型网络支付方式之间的界限是模糊的，并不绝对，如信用卡虽多用于个人网络支付，但用于企业间的小额支付结算也是可以的。

（2）按支付数据流的内容性质分类

根据电子商务中网络支付数据流传递的是指令还是电子货币，可以将网络支付分为如下两类。

① 指令传递型网络支付方式

支付指令是指启动支付的口头或书面命令。支付指令的用户并非真正拥有货币，而是指示银行等金融中介机构替他转拨货币，完成转账业务。

指令传递型网络支付方式主要有银行网络转拨指令方式（电子支票、网络银行、电子金融数据交换 FEDI 等），信用卡支付方式等。

② 电子货币传递型网络支付方式

客户把银行发行的电子货币保存在一张卡（如智能卡）或是硬件中某部分（如一台 PC 或一部手机）的支付机制。一旦客户拥有电子"货币"，他就能够在 Internet 上把支付款项转拨给另外一方。

常见的有智能卡支付、数字现金支付以及一些微支付等。

这种分类的界限也不是绝对的，如电子钱包。

（3）按网络支付金额的规模分类

根据电子商务中网络支付的金额大小等级来划分，可以将网络支付分为如下 3 类。

① 微支付

微支付是指那些金额特别小的电子商务交易。

按美国标准，微支付发生的金额一般在 5 美元以下，中国相应为 5 元人民币以下。例如，Web 站点为用户提供有偿的搜索服务、下载一段资料、发送一个短消息等。

② 消费者级网络支付

消费者级网络支付也被称为小额零售支付系统，是指个体消费者和商业（包括企业或政府）部门在经济往来中的一般性支付需要的网络支付服务系统。

这种网络支付方式，按美国标准发生的支付金额一般在 5 美元至 1 000 美元之间的网络支付，中国相应为 5 元至 1 000 元人民币。如信用卡、小额电子支票等网络支付方式。小额支付处理的支付交易金额虽小，但支付业务量很大（占总支付业务的 80%～90%）。

③ 商业级网络支付

商业级网络支付亦称为中大额资金转账系统，是指一般商业（包括企业）部门之间的中大额资金转账系统，这是一个国家网络支付系统的主动脉。

这种网络支付方式，按美国标准发生的支付金额一般在 1 000 美元以上，中国相应为 1 000 元人民币以上的网络支付。如金融 EDI、电子支票、中国国家现代化支付系统等。一般说来，跨银行间市场、证券市场或批发市场所发生的支付，其金额之大、时间要求之急，都表明这些支付属于大额支付系统处理的业务。

6．我国网络支付发展情况

我国网络支付虽然起步较晚，但发展非常迅速，市场需求非常旺盛，应用创新空间十分广阔。目前，我国基本上已经建成 8 类支付系统：同城清算所、全国手工联行系统、电子联行系统、电子资金汇兑系统、银行卡支付系统、网络银行系统、邮政储蓄和汇兑系统及中国国家现代化支付系统。这些系统的相互配合使用构成了我国网络支付结算体系的基础，大力促进了我国电子商务的发展和金融电子化、信息化。

（1）银行卡支付系统

全国性的和地区性的银行卡信息交换中心的建立和推广应用，推动了我国自助银行系统的发展。我国的商业银行，均先后建立了各自的地区性和全国性的银行卡授权和支付系统。为促进银行卡的跨行信息交换网络的建立，推动跨行和跨地区的 ATM 机交易和 POS 机交易，从 1993 年起，全国"金卡工程"12 个试点城市开始了跨行的银行卡信息交换中心建设，并于 1997 年 9 月全部开通运行。全国银行卡信息交换中心也早于 1998 年年底就投入试运行。

中国银行是全球第 15 大银行，发行了我国第一张信用卡——长城卡。此后，各商业银行相继发行了牡丹卡（中国工商银行 1989 年发行）、龙卡（中国建设银行 1990 年发行）、金穗卡（中国农业银行 1991 年发行）、一卡通（招商银行 1995 年发行）和太平洋卡（中国交通银行 1993 年发行），标志着我国银行卡的发展已初具规模。银行卡的功能也趋向功能化，可以进行 POS 机支付、网络支付、存取款、代发工资和缴费以及理财服务等。

现在，以中国银行、招商银行、工商银行、建设银行、农业银行为代表银行发行的信息卡系列均已开通支持电子商务的网络支付功能。这也是我国目前所有的基于个人或小额支付的网络支付手段里应用最普及的。

但与发达国家相比，我国的信用卡总量还较少，人均更少，乐于用于信息卡网络支付的就更少了，这是较大的差距，有技术上也有观念上的，有银行的原因，也有客户使用习惯的原因。由于信用卡在线购物尚未普及，支付体系上的缺陷有可能成为中国电子商务发展的主要阻力，因为现在物流快了、信息流快了，支付结算方式（资金流）却进步较慢。

（2）中央银行的全国电子联行系统

中国人民银行的全国电子联行系统是中国现代化支付系统的一个组成部分。为解决手工联行存在的效率低、在途资金多和安全性差等严重问题，中国人民银行于 1989 年开始建设全国电子联行系统 EIS（Electronic Interbank System）。该系统对加快我国的资金周转、提高社会资金的运用效率，促进国民经济的发展，发挥了重要的作用，是我国银行业异地资金划汇的主渠道。

（3）各商业银行的电子汇兑系统

各商业银行电子汇兑系统的建立为实现我国商业级的网络支付提供了基础。到 1996 年年底，工行、农行、中行和建行 4 大国有商业银行，都先后建成了自己的全国电子汇兑系统。这些系统的各级处理中心在日终或次日营业前，就可为各成员分支机构计算出净额结算余额，大大加快了支付指令的处理速度。对于跨行交易，当然还需要通过中央银行电子联行系统才能完成资金的最终清算。除了 4 大国有商业银行外，其他商业银行也纷纷建立了各自的全国性或地区性的电子汇兑系统。

（4）中国国家现代化支付系统

中国现代化支付系统（CNAPS）是在国家级金融通信网（CNFN）上运行的我国国家级的现代化的支付系统，是集金融支付服务、支付资金清算、金融经营管理和货币政策职能为一体的综合性金融服务系统。CNAPS 建成后，将使我国的电子与网络支付体系建设跨入世界先进行列，为我国跨区域的电子商务网络支付提供了强有力的支撑。

（5）各商业银行的网络银行系统

20 世纪 90 年代中后期，随着 Internet 的快速发展和电子商务的兴起，我国的银行开始建立网络银行系统，为客户提供网络支付和网上银行服务。例如，招商银行、中国银行、中国建设银行和中国工商银行等银行，都先后建立了自己的网络银行系统，并为客户提供网络支付服务和网络银行服务。利用网络银行进行支付是到目前为止最新的也可能最有发展潜力的网络支付方式，在国内外受到了欢迎，国内也正在快速发展中。

6.2 网上支付工具——电子货币

网上支付是在虚拟环境下一种不谋面的支付方式，必须要开发与此相适应的各种新的电子支付工具。电子货币是以金融电子化网络为基础，以商业电子化工具和各类交易卡为媒介，以电子计算机技术和通信技术为手段，以电子数据（二进制数据）形式存储在银行的计算机系统中，并通过计算机网络系统以电子信息传递形式实现流通和支付功能的货币，是网上支付的重要工具。

电子货币具有以下特点。
- 以电子计算机技术为依托，进行存储支付和流通。
- 应用广泛，可广泛应用于生产、交换、分配和消费领域。
- 融储蓄、信贷和非现金结算等多种功能为一体。
- 现在阶段电子货币的使用通常以银行卡为媒体，因此，又称无面额的货币。

电子货币具有以下功能。
- 储蓄功能：使用电子货币存款和取款。
- 转账结算功能：直接消费结算，代替现金转账。
- 兑现功能：异地使用货币时，进行货币汇兑。
- 消费贷款功能：在一定条件下先向银行贷款，提前使用货币。

1．银行卡

（1）银行卡的定义

银行卡是按照一定的技术标准制成，载有发卡单位和持卡人信息，由银行或银行卡公司向信用良好的个人和机构签发的一种信用凭证，卡片持有人可在指定的特约商户购物或获得服务，是常用电子货币形式。目前，银行卡可应用在ATM、POS、网上银行系统中。

（2）银行卡的分类

① 按银行卡的性质分类

a．信用卡

信用卡是一种重要的、广泛应用的电子支付工具，是银行等金融机构发给持卡人为其提供自我借款权的一种银行信用方式。持卡人无需在银行存款或办理借款手续，凭卡就可以在银行规定的信用额度内，到指定机构接受服务或购买商品，或者到银行支取现金。如果持卡人在期限内（通常为结账日后一个月左右）结清余额，则无需支付任何费用。信用卡从根本上改变了银行的支付方式、结算方式，改变了人们的消费方式和消费观念。

例如，中国建设银行（以下简称"发卡银行"）发行的龙卡双币种信用卡（以下简称"双币种信用卡"），是发卡银行向社会公开发行的、持卡人可在发卡银行核定的信用额度内先用款后还款、并可在中国境内（不含港澳台地区，下同）和境外（含港澳台地区，下同）使用、以人民币和指定外汇分别结算的信用支付工具。双币种信用卡按加入国际组织不同分为 VISA 卡和万事达卡，按发卡对象不同分为单位卡和个人卡，按持卡人信用状况不同分为白金卡、金卡和普通卡。几种双币种信用卡如图 6.4 所示。

VISA普卡

VISA金卡

万事达普卡

图 6.4 中国建设银行发行的龙卡双币种信用卡

b. 借记卡

借记卡又叫记账卡，是我国目前使用最普遍的银行卡。借记卡不允许持卡人透支，持卡人先存款后消费，是一种具有转账结算、存取现金、购物消费等功能的信用工具，可以在网络或 POS 机消费或者通过 ATM 转账和提款。另外，它还附加了转账、买基金、炒股等众多理财等功能和大量增值服务。

注：借记卡与信用卡的最大区别是持卡人必须在发卡行本人的账户上保留足够的存款余额，一般不允许透支。也有少数记账卡允许短期透支，但必须在当月月底之前还清全部贷用金额。如果要预支现金，还必须支付一定数量的手续费。这种只起支付作用的信用卡，又叫支付卡。

c. 复合卡

复合卡介于信用卡和借记卡之间，又称准贷记卡，是持卡人需按发卡银行要求交存一定金额的备用金，当备用金账户金额不足支付时，可在发卡银行规定的信用额度内透支的信用卡。

② 银行卡的其他分类

按银行卡的使用介质分类：磁卡、IC 卡、激光卡。

银行卡按发卡行对象不同分类：单位卡和个人卡。

按币种不同分类：人民币卡和外币卡。

（3）银行卡参与各方

① 银行卡组织

银行卡联合组织主要作用是协调发卡/收单机构，受理商户及持卡人的行为，这种协调还包含了定价、制定运营管理及规则等。这类机构收入来源主要来自非网络资源的会员费用（收取会员费用、收取品牌费用、调单费用、促销活动临时费用、年费）、网络费用（收取网络费用、商户回扣收入）等。

• 威士（维萨）

VISA 国际组织（VISA International）国际组织本身并不直接发卡，但它是目前最大的信用卡和旅行支票组织，是全球最负盛名的支付品牌之一。VISA 全球电子支付网络——

VisaNet 是世界上覆盖面最广、功能最强和最先进的消费支付处理系统。VISA 卡如图 6.5 所示。

- 万事达国际组织

MasterCard（MasterCard International）是全球第二大信用卡国际组织，是 MasterCard 国际组织于 20 世纪 50 年代末至 20 世纪 60 年代初期创立的一种国际通行的信用卡体系，是一个包罗世界各地财经机构的非牟利协会组织，其会员包括商业银行、储蓄与贷款协会以及信贷合作社。MasterCard 卡如图 6.6 所示。

图 6.5　VISA 卡

图 6.6　MasterCard 卡

- 美国运通公司

美国运通公司（American Express）是第三大信用卡公司，美国运通卡如图 6.7 所示。

- 中国银联（China Unionpay）

中国银联经中国人民银行批准，2002 年 6 月成为 VISA、MASTERCARD 的会员。中国银联卡如图 6.8 所示。

图 6.7　American Express 卡

图 6.8　中国银联卡

② 发卡行

发卡行是维护与卡关联的账户，并与持卡人具有协议关系的机构。其主要职责是与持卡人签订使用账户的合同条款并向持卡人发卡。其收入主要来源于利息收入、交易收入、年费、其他收入。

③ 收单行

收单行是跨行交易中兑付现金或与商户签约进行跨行交易资金结算，并直接或间接地使交易达成转接的银行。其收入主要来源于特约商户回佣、特约商户其他收入、特约商户存款利息收入。

④ 商户

商户是指受理银行卡业务的商户，他们同银行卡代理行签订合同，同意以银行卡作为购买商品和劳务的支付方式并且将单据送至代理行处。

⑤ 持卡人

持卡人是持有银行卡进行消费购物的客户。

（4）银行卡网上支付模式

① 无安全措施的支付模式

● 流程

消费者从商家订货，信用卡信息通过电话、传真或 Internet 传送（无安全措施）商家与银行之间使用各自现有的授权来检查信用卡的合法性。其工作流程如图 6.9 所示。

● 特点

➢ 风险由商家承担。
➢ 信用卡信息可以在线传送，但无安全措施。
➢ 商家完全掌握消费者的信用卡信息。
➢ 存在安全风险。

在这种支付模式中，信用卡信息可以在线传送，由于卖方没有得到买方的签字，如果买方拒付或否认购买行为，卖方将承担一定的风险。同时，买方（即持卡人）将承担信用卡信息在传输过程中被盗取及卖方获得信用卡信息等风险。

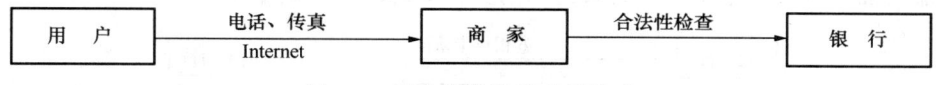

图 6.9 无安全措施的支付模式

② 通过第三方代理人的支付模式

为降低无安全措施的支付模式的风险，在买方和卖方之间启用第三方代理是改善信用卡事务处理安全性的一个途径。目的是使卖方看不到买方信用卡信息，避免信用卡信息在网上多次公开传输而导致的信用卡信息被窃取。

● 流程

消费者在网上经纪人处开设一个账号（经纪人持有消费者的账号和信用卡号）并用该账号从商家订货，商家将消费者账号提供给经纪人，经纪人验证商家身分，给消费者发送 E-mail，要求消费者确认购买和支付后，将信用卡信息传给银行，完成支付过程。其流程如图 6.10 所示。

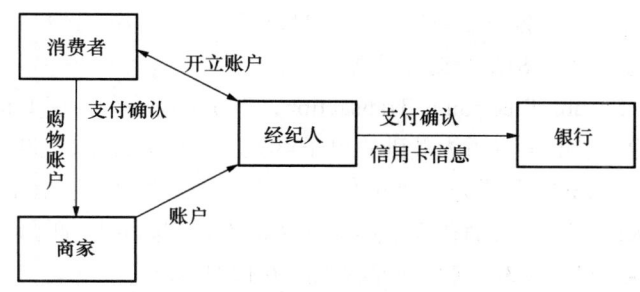

图 6.10 通过第三方代理人的支付模式

- 特点
  - 支付是通过双方都信任的第三方(经纪人)完成的。
  - 消费者账号的开始不经过网络。
  - 信用卡信息不在网络上传送。
  - 使用 E-mail 来确认消费者身份,防止伪造。
  - 商家信任第三方,因此商家风险小。
  - 这种支付方式的交易成本低,对小额交易很适用。

③ 简单加密信用卡支付

使用这种模式付费时,用户只需在银行开立一个普通信用卡账号,消费者的信用卡号码被加密,这种加密的信息只有业务提供商或第三方付费处理系统能够识别。在支付时,用户提供信用卡号码,在传输时使用 SSL 技术进行加密。由于消费者在线购物时只需要给出一个信用卡号,使用方便。但需要一系列加密、授权、认证及相关信息传送,交易成本较高,不适用于小额交易。

- 流程

消费者从商家订货后,通过电子钱包将信用卡信息加密后传给商家服务器;商家服务器验证接收到的信息,再将消费者加密的信用卡信息传给业务服务器;业务服务器验证商家身份后,将消费者加密的信用卡信息转移到安全地方解密,然后通过专用网送到商家银行;商家银行通过银行间电子通道从发卡银行得到证实后,将结果传给业务服务器,业务服务器通知商家服务器完成或拒绝交易,商家通知消费者。具体流程如图 6.11 所示。

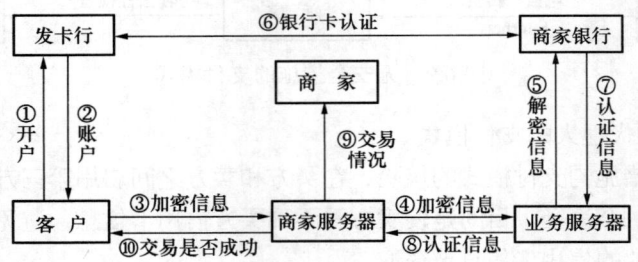

图 6.11 简单加密信用卡支付

- 特点
  - 部分信息或全部信息加密。
  - 使用对称加密和非对称加密技术。
  - 使用身份验证证书。
  - 交易过程的每一步,各方都采用防伪造的数字签名来确认身份。

④ 安全电子交易协议(SET)支付模式

安全电子交易(Secure Electronic Transaction,SET)是一个为在 Internet 上进行在线交易而设立的、开放的、以电子货币为基础的电子付款协议标准,是目前国际上最常用的、安全性最高的协议之一。SET 主要为解决用户、商家和银行之间通过信用卡进行安全的交易而设计,支持多方认证,除了对消费者信用卡的认证外,它同时增加了对商家的身份认证。

注:关于该部分内容可参见 4.3。其交易流程如图 6.12 所示。

- 流程

SET 交易流程详见 4.3。

- 目标
  - 保证信息在 Internet 上安全传输。
  - 保证交易双方的信息相互隔离。
  - 解决多方认证问题（消费者、在线商店、银行）。
  - 保证网上交易的实时性（所有支付过程都在线进行）。
  - 规范协议和消息格式，促使各厂家开发的软件具有兼容性。
- 特点

采用了几乎所有的常规的安全手段及新技术，包括加密、数字签名、数字证书等，能确保交易数据的安全性、完整性和交易的不可抵赖性，特别是确保持卡人的账户信息安全。

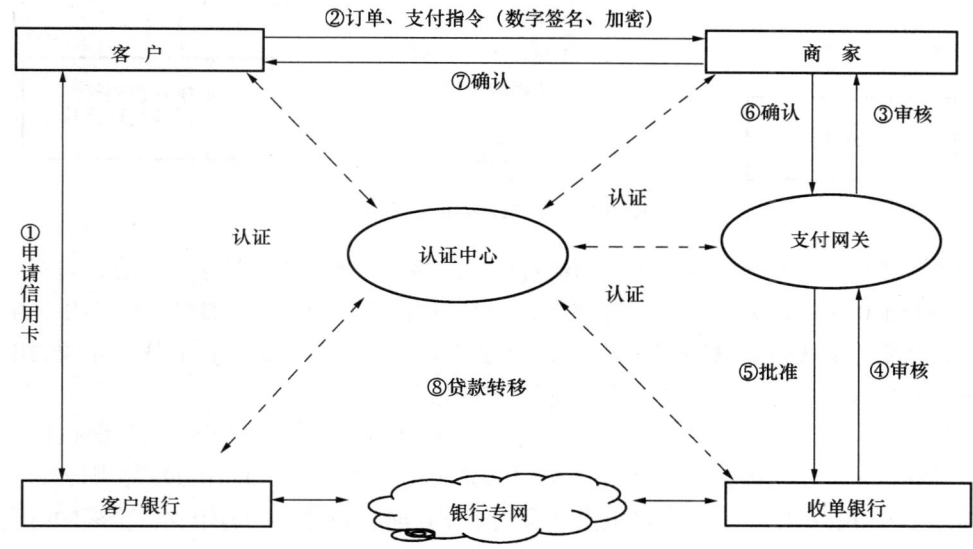

图 6.12　安全电子交易协议支付模式

（5）电子信用卡支付系统实例——CyberCash

CyberCash 公司推出的 CyberCash 主要为商家和金融部门提供信用卡支付，需要下载相应的软件，CyberCash 服务器充当第三方代理。例如，CyberCash 公司通过他自己的 CyberCoin 来提供小额支付服务，消费者可把自己的 CyberCoin 放在 CyberCash 钱包里。商家可用 CyberCoin 来处理 25 美分到 10 美元之间的小额支付。有偿提供信息的商家可用这种小额支付方式来收取低额付款；软件分销商可通过收取大量的 CyberCoin 来销售软件。

CyberCash 业务流程如图 6.13 所示。

2．电子现金

（1）电子现金的定义

电子现金又称为数字现金，是一种以数据形式流通的、能被消费者和商家接受的、通过 Internet 购买商品和服务时使用的货币。电子现金把现金数值转换成为一系列的加密序列数，通过这些序列数来表示现实中各种金额的币值。它通常以硬盘数据文件形式或 IC 卡形式存储。

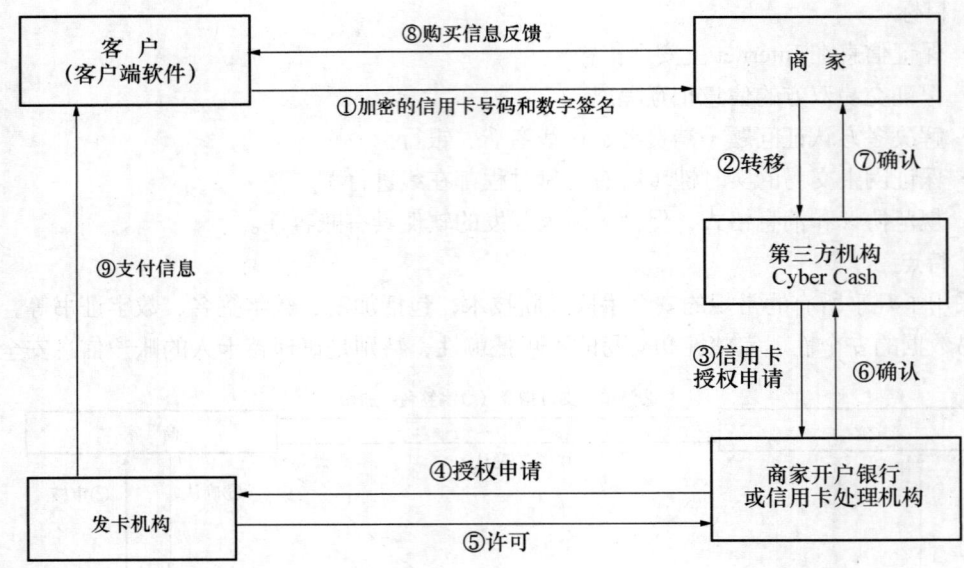

图 6.13　CyberCash 业务流程

电子现金是纸币现金的电子化，消费者用预先存入的现金购买数字现金时，先产生一个或多个 64bit（或更长）的随机二进制数，银行打开消费者的加密信封，检查并记录这些数，并进行数字化签字后发送给消费者，经过签字的每个二进制数表示某一款额的电子现金，消费者可以利用这一电子现金在商业领域中流通。

例如，"99005088"代表 50 元人民币现钞，"99010099"代表 100 元人民币现钞。

如果某台计算机的硬盘中存储了 5 个 "99005088" 和 3 个 "99010099"，则表示该硬盘合计存储了 550 元的电子现金。在电子现金用于支付时，只需将相当于支付金额的若干个信息块综合之后，用电子化方法传递给收款人，即可完成支付。

（2）电子现金的表现形式

① 预付卡

电子现金以 IC 卡形式存储，IC 卡外形类似于电话卡，在许多商家的 POS 机上可受理。这种方式常用于小额现金的支付。

② 纯电子系统

这种形式的电子现金没有明确的物理形式，而是以消费者数字号码的形式存储为硬盘数据文件形式，适用于买、卖双方物理上处于不同地点并通过网络进行电子支付的情况。支付行为表现为把电子现金从买方处扣除并传输给卖方。在传输过程中，通过加密保证只有真正的卖方才可以使用这笔现金。

（3）电子现金的属性

① 货币价值

电子现金必须有一定的现金、银行授权的信用或银行证明的现金支票给予支持。而且在银行之间接受电子现金时不能存在任何不兼容性的问题。

② 可交换性

电子现金可以与纸币、商品或服务、网上信用卡、银行账户存储金额、支票或负债等进行互换。目前，电子现金还面临多家银行的广泛使用问题，电子现金一般倾向于在一家银行使用。

③ 可存储性

允许消费者在银行账户中提取一定数量的电子现金存储在易于传输的、标准或特殊用途的存储设备中。

④ 不可重复性

电子现金不能并且必须防止复制和重复使用。一般电子现金系统会建立事后检测和惩罚机制。

（4）电子现金支付的特点

① 匿名性

电子现金不提供用于跟踪持有人的信息，确保交易的保密性。

② 灵活性

电子现金使用范围比信用卡更广。信用卡支付仅限于被授权的商店，而电子现金支付却不必有这层限制。

③ 多功能性

电子现金与纸币现金一样具有存、取、转让等功能。

④ 协议性

电子现金的发行银行与商家之间应有协议和授权。

⑤ 对 E-Cash 软件的依赖性

消费者、商家和发行银行都可以使用电子现金。

⑥ 鉴真性

数字银行在发放电子现金时要使用数字签名以证实其真实性。

⑦ 经济性

使用电子现金交易可以节省资金传输、流通、储存和交易等费用。

⑧ 缺点

需要有一个大型的数据库来存储交易和电子现金序列号，以防止重复消费，并且这种支付方式适用于小额交易。

（5）电子现金的工作原理

电子现金系统最简单的形式包括 3 个主体（即商家、客户、银行）。电子现金在其生命周期中要经过提取、支付和存款 3 个过程，涉及客户、商家和银行这 3 方。应用电子现金进行网络支付，需要在客户端安装专门的电子现金客户端软件，在商家服务器上安装电子现金服务器端软件，发行者需要安装对应的电子现金管理软件等。为了保证电子现金的安全性及可兑换性，发行银行还应该从认证中心申请数字证书以证实自己的身份，并利用非对称加密进行数字签名。电子现金具体应用流程如图 6.14 所示。

① 预备工作。付款人、收款人（商家）、发行者都要在认证中心申请数字证书，并安装

专用软件。付款人从发行者处开设电子现金账号,并用其他电子支付方式存入一定数量的资金(如使用银行转账或信用卡支付方式),利用客户端软件从电子现金银行取出一定数量的电子现金,然后存储在自己的硬盘上。接受电子现金付款的商家也在发行者处注册,并签约收单行用于兑换电子现金。

② 付款人与收款人达成购销协议,付款人验证收款人身份并确定对方能够接受相应的电子现金支付。

③ 付款人将订单与电子现金一起发给收款人。这些信息使用收款人的公开密钥加密,收款人使用自己的私钥解密。

④ 收款人收到电子现金后,可以要求发行者兑换成实体现金。

⑤ 发行者通过银行转账的方式将实体资金转到付款行,付款行与收单行联系,收款人与收单行清算。

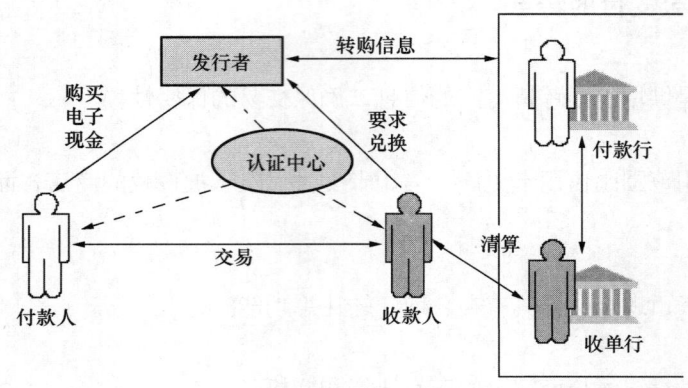

图 6.14 电子现金支付流程

(6)电子现金系统实例

目前,国际上比较有影响的电子现金系统有以下几种。

① DigiCash(http://www.digicash.com)

DigiCash 指无条件匿名电子现金支付系统。其主要特点是通过数字记录现金,集中控制和管理现金,是一种足够安全的电子交易系统。

② NetCash(http://www.isi.edu)

NetCash 指可记录的匿名电子现金支付系统。其主要特点是设置分级货币服务器来验证和管理电子现金,其中电子交易的安全性得到保证。

③ Mondex(http://www.mondex.com)

Mondex 指欧洲使用的、以智能卡为电子钱包的电子现金系统。该系统可以应用于多种用途,具有信息存储、电子钱包、安全密码锁等功能,可保证安全可靠。

Mondex 是英国银行界于 1990 年研制开发的一种智能卡型电子现金系统。该系统结合 money(代表货币)、monde(代表世界)、exchange(代表流通)3 个字,定名为(Mondex)。

Mondex 系统中,预先在智能卡芯片中载入币值,然后可以在零售场合花费。利用芯片中的微处理器和存储器,卡本身能执行支付控制程序和芯片间的传输协议,从而实现币值从一张 Mondex 芯片向另一张芯片的转移支付。

Mondex 电子现金支付系统如图 6.15 所示，具体流程如下。

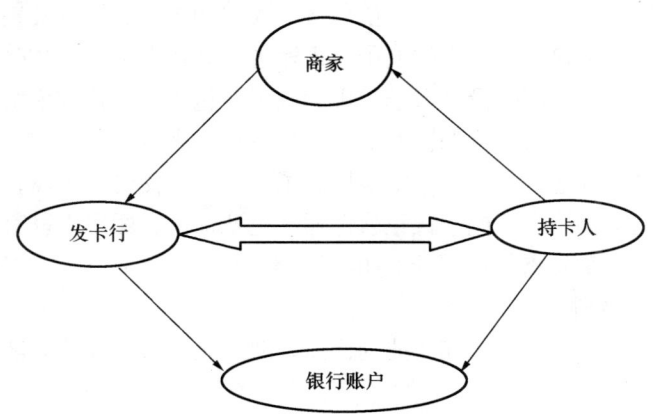

图 6.15 Mondex 电子现金支付系统及流程

① 客户以银行存款申请兑换 Mondex 电子现金，发卡行受理后向客户发放载有等额币值的智能卡或向其智能卡中充等额币值。这一过程可利用 Mondex ATM 或专用的联网设备终端，并用卡片间的协议进行对话。

② 持卡人可持卡向自己开户行中的银行账户进行存款和取款，账户金额与卡内金额是此消彼长的关系。

③ 持卡人可持卡向商家支付货款，商家利用"币值转移终端"设备与持卡人的 Mondex 卡建立通信（在网上或网下皆可），并形成币值的转移。期间完全不用银行的参与，由 Mondex 卡的读写设备自行检测卡的真伪。

④ 持卡人可持卡与另一持卡人进行币值的转移（网上网下皆可）。通过"Mondex 钱包"这一设备来完成转移。若为网下支持，付款人可将卡插入"钱包"中，将卡内一定数额的币值移入电子钱包的存储器芯片中，然后再由收款人插入自己的 Mondex 卡，将电子钱包中保存的币值再移入自己的卡中；若为网上支付，则通过双方专用的卡读写器，直接在双方的卡之间建立通信，将付款人卡中的一定数额的币值转移到收款人的卡中。

⑤ 接收到 Mondex 电子现金的任何一方，包括持卡人的开户行、商家和其他个人以及持卡人自己，都可以向发卡行请求兑换 Mondex 卡内的余额，将电子现金又兑换成传统的实体现金。

Mondex 系统具有良好的匿名性、离线操作性，与实体现金的使用十分近似。随着智能卡技术的完善，其安全性、仿伪性以及多功能性都会不断提高，这对于电子商务中的支付而言是十分有利的。

3．电子钱包

（1）电子钱包的含义

电子钱包（E-Wallet 或 E-Purse），是电子商务活动中消费者购物常用的一种支付工具，是一种客户端的小数据库，是客户用来进行安全网络交易特别是安全网络支付并且储存交易记录的特殊计算机软件或硬件设备。电子钱包中可以存放电子现金和电子信用卡,同时包含诸如信用卡账号、数字签名以及身份验证等信息,适合于个体的、小额网上消费的电子商务活动。

电子钱包用户通常在银行里有账户。使用电子钱包购物,需要先安装相应的软件,然后利用电子钱包服务系统把自己账户里的电子货币输进去。在发生收付款时,用户只需在计算机上单击相应项目即可。系统中设有电子货币和电子钱包的功能管理模块,称为电子钱包管理器。用户可以用它来改变口令或保密方式等,以及用它来查看自己银行账号上电子货币收付往来的账目、清单及其他数据。系统中还提供了一个电子交易记录器,顾客通过查询记录器,可以了解自己的购物记录。电子钱包软件通常免费提供,顾客可以直接使用与自己银行账号相连接的电子商务系统服务器上的电子钱包软件,也可以采用各种保密方式调用Internet上的电子钱包软件。

使用电子钱包具有安全、方便和快捷的优点,缺点是如果硬盘或智能卡信息出现问题则非常麻烦。

(2) 电子钱包的功能

① 电子证书的管理

电子证书的管理包括电子证书的申请、存储、删除等。

② 安全电子交易

电子钱包完全符合 SET 标准,交易时能辨认用户的身份并发送交易信息。由于每次使用电子钱包都要进行身份确认,因此电子钱包持有者对自己的用户名及口令应严格保密,防止被他人窃取。

③ 交易记录的保存

电子钱包可保存每一笔交易记录,以备日后查询。

(3) 电子钱包的分类

电子钱包可分为两类:一类是以智能卡为电子钱包的电子现金支付系统,另一类是电子钱包软件。

① 智能储值卡电子钱包

智能储值卡电子钱包是目前实物形态电子钱包的主要形式。持卡人预先在卡中存入一定的资金,交易时直接从储值账户中扣除交易金额。智能储值卡根据用途的广泛性分为多用途卡和单用途卡。

卡类电子钱包的特点以下。

- 非实名制。
- 脱机交易。
- 小额支付。
- 使用环境相对封闭。

国外主要卡类电子钱包服务系统如下。

- Visa Cash。
- Mondex。
- Proton。

② 软件形态虚拟电子钱包——电子钱包软件

软件形态虚拟电子钱包是客户用来进行安全电子交易和储存交易记录的加密银行账户软件，可存储货币值和重要信息，往往与电子现金卡、银行卡和 IC 卡结合使用。使用这种形式的电子钱包时，服务器端电子钱包不需要安装客户端软件，而客户端电子钱包需要安装电子钱包的客户端软件。客户端电子钱包软件通常免费提供，设计为浏览器插件。虚拟电子钱包具有安全、方便、快速特点。

虚拟电子钱包的主要功能如下。

● 个人信息管理：包括增加、删除、修改个人资料；数字证书管理；银行卡、电子现金管理。

● 安全电子交易（SET）：信息保密性；信息完整性；不可抵赖性；身份真实性；交易记录的保存。

（4）电子钱包网上购物基本流程

① 浏览查询

顾客在网上查找自己想要购买的物品。

② 输入订货单

在计算机上输入订货单（包括：商店和商品名称、数量送货时间和地点）。

③ 通过电子商务服务器查询价格、款项、交货信息

通过电子商务服务器与有关商店联系并立即得到应答，告诉顾客所购货物的单价、应付款数、交货等信息。

④ 使用电子钱包付款

顾客确认后，用电子钱包付款。将电子钱包软件装入系统，打开电子钱包，输入自己的保密口令，确认是自己的钱包，并从钱包中取出其中一张信用卡来付款。

⑤ 电子商务服务器到银行进行验证授权

电子商务服务器对信用卡号码进行加密后发送到相应的银行。同时，销售商店也收到了经过加密的购货账单，将其编码后再传送到商务服务器上（商店看不到顾客信用卡上的号码，也无法处理信用卡中的钱款）。电子商务服务器将经过加密的信用卡号和账单同时发送到信用卡公司和商业银行，由它们进行收付钱款和账务往来的结算处理。商业银行确认并授权后，在线支付即告完成。如果商业银行确认后拒绝且不予授权，说明顾客的信用卡余额不足，支付不成功，顾客可再打开电子钱包，取另一张信用卡，重复上述操作。

⑥ 银行授权并表示可以付款，商家发货

经商业银行确认信用卡有效后，商店就可发货，消费者在家中等待送货上门。

（5）几种常用的电子钱包

● VisaCash
● Commerce POINT Wallet
● Vwallet 软件
● Microsoft 的 Wallet

（6）电子钱包的购物实例

中银电子钱包（E-wallet）是一个可以由中国银行长城电子借记卡和长城国际卡持卡人

用来进行安全网上购物交易并储存交易记录的软件，就像生活中随身携带的钱包一样。使用中国银行电子钱包进行网上购物的基本流程如下。

① 消费者在自己的计算机上安装中国银行电子钱包软件。

② 登录到中国银行网站（www.bank-of-china.com），在线申请并获得持卡人电子安全证书。

③ 登录到中国银行网上特约商户购物网站选购商品、填写送货地址并最后确认订单。

④ 单击采用长城电子借记卡支付，将自动启动电子钱包软件，按提示依次输入卡号、密码等信息，即可完成在线支付。

⑤ 消费者在家中等待商家送货上门。

4．智能卡

（1）智能卡概述

智能卡类似于信用卡，但卡上不是磁条，是计算机芯片和小的存储器。在智能卡上将消费者信息和电子货币储存起来，可以用来购买产品或服务、存储信息。智能卡如图6.16所示。

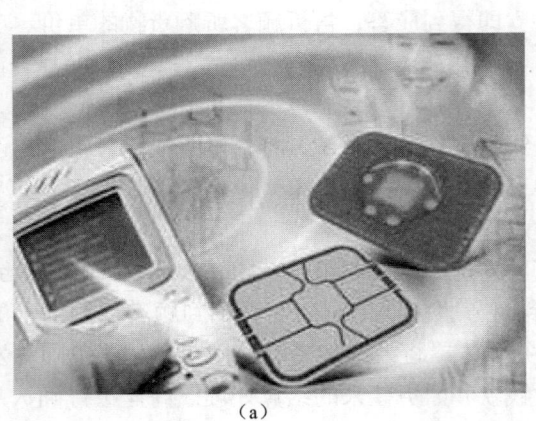

（a） （b）

图 6.16 智能卡

智能卡主要包括以下 3 个部分。
- 建立智能卡的程序编制器。
- 处理智能卡操作系统的代理。
- 作为智能卡应用程序接口的代理。

智能卡可应用于以下几种场所。
- 电子支付：如智能卡用于电话付费，可代替信用卡。
- 电子识别：如能控制对大楼房间或系统的访问，如收银机。
- 数字存储：如存储或查询病历，跟踪信息或处理验证信息。

智能卡使电子商务交易变得简便易行。消除了某种应用系统可能对消费者造成不利影响的各种情况，它能为消费者"记忆"某些信息，并以消费者名义提供这些信息（如不需要使用者记住个人密码）。另外，智能卡具有很好的安全性和保密性，降低了现金处理的支出以及被欺诈的可能性，提供了优良的保密性能。可以实现像信用卡一样的功能，但保密性高于信用卡。

（2）智能卡的工作过程

① 在适当的机器上启动消费者的浏览器。

② 通过安装在机器上的读卡机，用消费者的智能卡登录到相关银行的站点，智能卡自动将账号、密码和其他一切加密信息告知银行。

③ 消费者从智能卡下载现金到商家的账户，或从银行账号下载现金到智能卡。

（3）智能卡的应用实例

智能卡被广泛运用到人们的日常生活中，已逐步成为现代生活不可或缺的工具。人们在学习、购物、交友、健身、就医等各个环节中都能感受到智能卡带来的便利。

- 电信：IC 卡公用电话、移动电话 SIM 卡（用户识别模块）。
- 交通：公交一卡通（出租车、公共汽车、轮渡、地铁），道路泊车自动收费，路桥收费，自动加油管理系统，驾驶员违章处理。
- 智能建筑：IC 卡门锁及门禁系统，停车收费管理，智能小区一卡通。
- 校园一卡通：食堂、考勤、门禁、上机上网、图书馆、学籍管理、校内消费、实验室设备管理、校医院电子医疗卡。
- 公用事业：预收费水、电、气表及收费一卡通。
- 个人身份认证：城市流动人口管理（IC 卡暂住证），IC 卡身份证。
- 社会保险：医疗保险，养老保险等。
- 工商税务：税务自动申报，工商企业监管。
- 金融：信用卡（Credit Card,for example VISA CARD,Master Card），扣款卡（Cash Card）or（ED—Electronic Deskbook），电子钱包（EP—Electronic Purse,for example Mondex Card），POS、ATM。
- 电子标签：车辆识别、防伪、仓储管理、生产管理、集装箱管理、汽车钥匙等。
- 网络安全：密码钥匙 E-key。

5．电子支票

（1）电子支票概述

电子支票（Electronic Check）是一种借鉴纸张支票转移支付的优点，利用数字传递将钱款从一个账户转移到另一个账户的电子付款形式。

电子支票的式样如图 6.17 所示。其中，①——使用者姓名及地址；②——支票号；③——传送路由号（9 位数）；④——账号。

（2）电子支票支付方式的特点和优势

① 电子支票支付方式的特点

- 电子支票与传统支票工作方式相同，易于理解和接受。

- 加密的电子支票使它们比数字现金更易于流通，买卖双方的银行只要用公开密钥认证确认支票即可，数字签名也可以被自动验证。
- 电子支票适于各种市场，可以很容易地与 EDI 应用结合，推动 EDI 基础上的电子订货和支付。
- 电子支票技术将公共网络连入金融支付和银行清算网络。

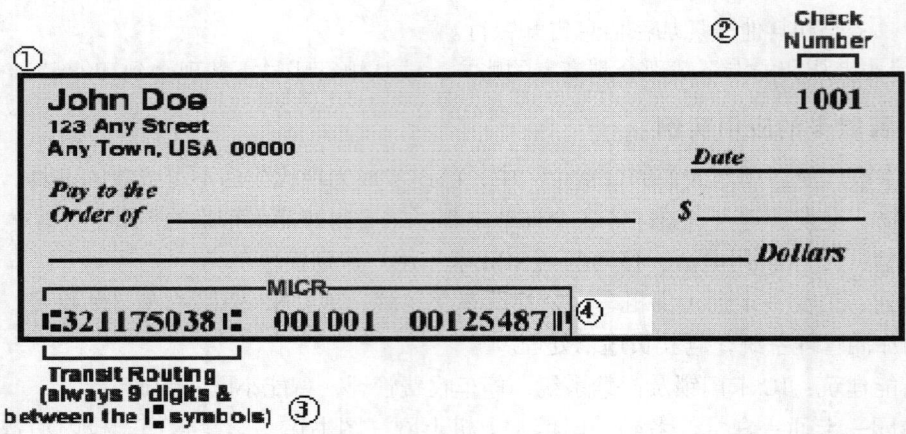

图 6.17　电子支票

② 电子支票支付方式的优势
- 处理速度高。
- 安全性能好。
- 处理成本低。
- 给金融机构带来了效益。

（3）电子支票付款过程

① 用户和商家达成购销协议选择用电子支票支付。

② 用户在计算机上填写电子支票，电子支票上包含支付人姓名、支付人账户名、接收人姓名、支票金额等。用自己的私钥在电子支票上进行数字签名，用卖方的公钥加密电子支票，形成电子支票文档。

③ 用户通过网络向商家发出电子支票，同时向银行发出付款通知单。

④ 商家收到电子支票后进行解密，验证付款方的数字签名，背书电子支票，填写进账单，并对进账单进行数字签名。

⑤ 商家将经过背书的电子支票及签名过的进账单通过网络发给收款方开户银行。

⑥ 收款方开户银行验证付款方和收款方的数字签名后，通过金融网络发给付款方开户银行。

⑦ 付款方开户银行验证收款方开户银行和付款方的数字签名后，从付款方账户划出款项，收款方开户银行在收款方账户存入款项。

电子支票付款过程如图 6.18 所示。

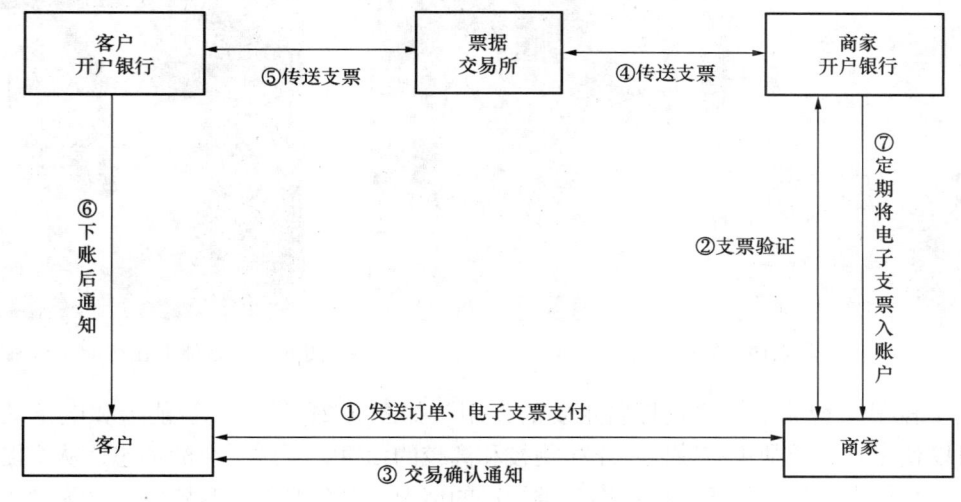

图 6.18 电子支票付款过程

第二部分 技能训练

技能训练 1 阅读材料——智能卡的应用

智能卡被广泛运用到人们的日常生活中，已逐步成为现代生活不可或缺的工具，在学习、购物、交友、健身、就医等各个环节中，人们都能感受到智能卡带来的便利。

零售和交通范畴广泛应用智能卡，为各地旅客大开方便之门。旅客可用同一张智能卡，缴付各种交通工具如铁路、电车、巴士、渡轮的费用，无须预备零钱。智能卡亦可用作购物，如咖啡、报章、杂志以至礼品。智能卡本身，也是很好的礼物。

智能卡在手，街市购物变得更简便。现在到处都有智能卡阅读器，到街市购物，可以不用一手拿着菜一手掏零钱，也不怕收下沾了鱼腥的零钱。每次购物结束，只需拍一下智能卡就完成了一次缴费。轻松购物可以使主妇们有更多的时间享受生活。智能卡在零售业的使用如图 6.19 所示。

在设有 RFID 智能零售系统的时装店内，衣物和配饰的价钱牌上均附有 RFID 晶片，顾客使用能解读晶片的智能镜子，便能从镜子的液晶体显示器看到不同的衣饰配搭，然后做出选择。连锁零售业的各分店使用同一个 RFID 智能零售系统，令存货预算更有效率、存货量计算更准确，如图 6.20 所示。

图 6.19　智能卡在零售业　　　　　图 6.20　智能卡在智能零售系统

在学校里，智能卡同样发挥着重要的作用，如图 6.21 所示。智能卡和电子证书科技，可以使家长和教师更有效监察学生到校和离校的信息，了解学生的动态，从而提高教育质量。智能卡可自动登记学生出席各类活动的情况，节省学校行政资源，并为学校、家长与学生建立更紧密的联系。家长可透过智能身份证或电子证书，在互联网上确认身份后，查阅子女的详细学校记录，更好地了解子女在校的情况。家长亦可透过网上平台签署电子通告和缴付学校有关费用。网上平台可提高学校行政效率，让学校拨出更多时间和资源提升教育能级。

图 6.21　智能卡在校园

各类医院和诊所在获得病人的同意后，可通过智能卡系统查阅病人以往在其他医院就诊的电子病历，使就医过程中的问诊、付费、配药等环节变得更为简单，避免了重复表述病情的状况，大大提高了社会医疗服务的效果，如图 6.22 所示。

在有的地方，宠物犬在背部皮肤下了植入晶片，起到辨识的作用，如图 6.23 所示。晶片只有一颗米大小，内有独一的身份辨识代码，要解读代码，把手提无线射频识别（RFID）扫描器放近晶片即可，无须接触动物。这样，便可以查阅宠物犬的记录，包括主人的资料和狗只的疫苗注射记录，从而更有效照顾宠物，并为迷失的宠物犬寻找主人。

图 6.22　智能卡在医院

图 6.23　智能卡在宠物体内

市民使用智能卡和无线射频识别（RFID）技术，遍及社会生活的不同层面。旅客轻拍智能卡，即可缴付各种交通工具的费用，包括机场和铁路，如图 6.24 所示。在各地机场办理登机手续时，航空公司职员会为旅客行李附上 RFID 标签，减少了长时间轮候，使出入境更便捷。RFID 行李处理系统每天准确有效地处理数以万计的行李，确保旅客得到快捷准确的服务。

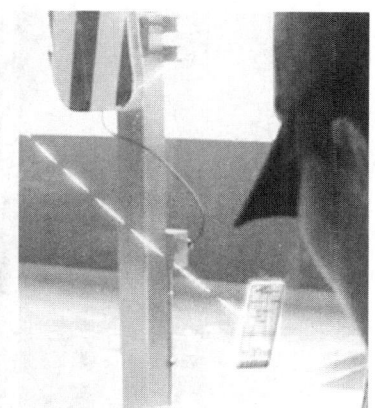
图 6.24　智能卡运输业

在一些大型的国际机场，空运中心采用无线射频识别（RFID）货车管理系统，促进了物流业的快速发展。RFID 货车管理系统可畅捷准确地监控货车的活动，并自动引领安装 RFID 标签的货车到指定的装卸台提取货物，大大提高运作的准确性、速度和效率；系统还记录车辆动态和管制其进出，加强保安，并节省资源。

无线射频识别（RFID）技术还能帮助顾客识别商品真伪，有助提升品牌诚信，如图 6.25 所示。一些出售高档商品的商家，以产品质量有保证为标榜，采用 RFID 技术，将晶片内置于产品包装，方便顾客查阅详尽的产品资讯，包括保质期、原产地、成分、包装等，从而树立良好的企业形象。

一些自助寿司餐厅引入了 RFID 系统。系统能自动追踪在输送带上送出的每碟寿司，及时辨别出那些超出保鲜时限的寿司，并自动把它们移去，确保食物新鲜，让顾客享用到最新鲜的食物，保障人们的饮食安全，提高人们的生活质量。

 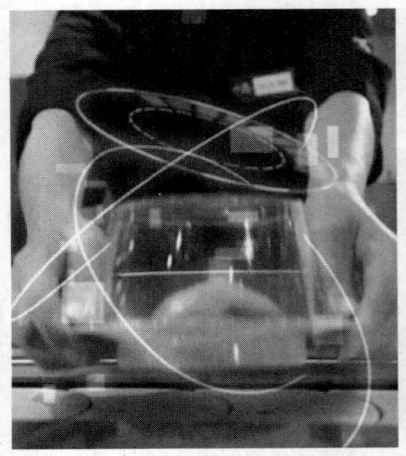

图 6.25　智能卡在商品包装上

　　智能卡技术在大学的广泛应用，使校园生活更轻松。学生可利用无线射频识别（RFID）智能学生证，在图书馆的 RFID 自助借阅器借出图书如图 6.26 所示。学生也可用智能学生证进行校内消费，如自助洗衣、自助购物、支付冷气费等。学生还可以利用智能身份证内的电子证书，在互联网上为智能学生证充值。

图 6.26　智能卡在高校

　　城市的生活节奏不断加速，人们的出行更需要智能系统的支撑。隧道和收费道路都开始采用电子道路收费（ETC）系统。安装了无线射频识别（RFID）自动收费标签的座驾，在收费道口无须停车以现金缴付通行费，只要从安装了标签解读器的专有车道驶过，系统即自动在预缴账户中扣除通行费。

　　停车场和路边泊车位均可设有智能卡和自动收费系统，如图 6.27 所示。这些停车场的出入闸口安装了智能卡读卡器，驾车人士只需在读卡器上轻拍智能卡，即可进出停车场和缴付费用。个别的停车场还安装了自动收费系统。部分地区的路边泊车位咪表，也安装了智能卡收费系统。

图 6.27 智能卡自动收费系统

社区居民可利用智能卡技术使用公共体育设施。在社区文化中心，居民只需插入智能身份证，便可载入个人资料，预约场地。使用者可在系统内建立个人预订选项、预设资料和喜好，缩短预订程序，更可用智能卡缴付费用，整个过程不过数分钟。

公共运输网络采用统一的智能卡收费系统。电子缴费为市民带来方便。市民只需一张非接触式的智能卡，便可缴付各主要交通工具的费用。每张智能卡均内置一枚微型晶片，载有电子钱包和其他应用程式，可以缴费及准确记录持卡人的交易详情。持卡人一拍卡，交易金额即自动扣除，如图 6.28 所示。市民在城中往来，手持一卡，便不用携带辅币。

图 6.28 智能公交 IC 卡

技能训练 2　电子钱包的使用
——中国银行电子钱包

1. 申请一张中国银行长城电子借记卡

如果想成为一个网上消费者，首先就必须拥有一张可以进行网上支付的信用卡，如中国银行的长城电子借记卡，它是基于中国银行活期存折账户基础上的一种银行卡。长城电子借记卡具有存款、取款、转账、消费等多种功能，采用电脑联网实时扣账的方式，持卡人凭密码进行交易确认，是中国银行向客户提供的一种安全、方便、快捷的现代化金融支付工具。用户只需带上身份证，到中国银行的营业网点，填写一张表格，一般情况下，只需要等一周的时间就能拿到卡。

2．获得中银电子钱包

拥有了一张长城电子借记卡之后，还必须在用户的计算机上安装一个叫做"中银电子钱包"的软件，用于管理卡的账户、进行网上支付等。可以通过以下两种途径获得"中银电子钱包"。

● 直接从网站下载。在中国银行的网站 http://www.bank-of-china.com/product/ebankinG/download/e_wallet.exe 以及其他如知名软件网站上均可以提供下载该软件服务，但该软件达4兆以上，需要较长的下载时间。

● 中国银行制作了一批中银电子钱包光盘在营业网点发放，供用户领取。

其具体功能和使用方法参见中国银行网站中银电子钱包使用功能，如图6.29所示。

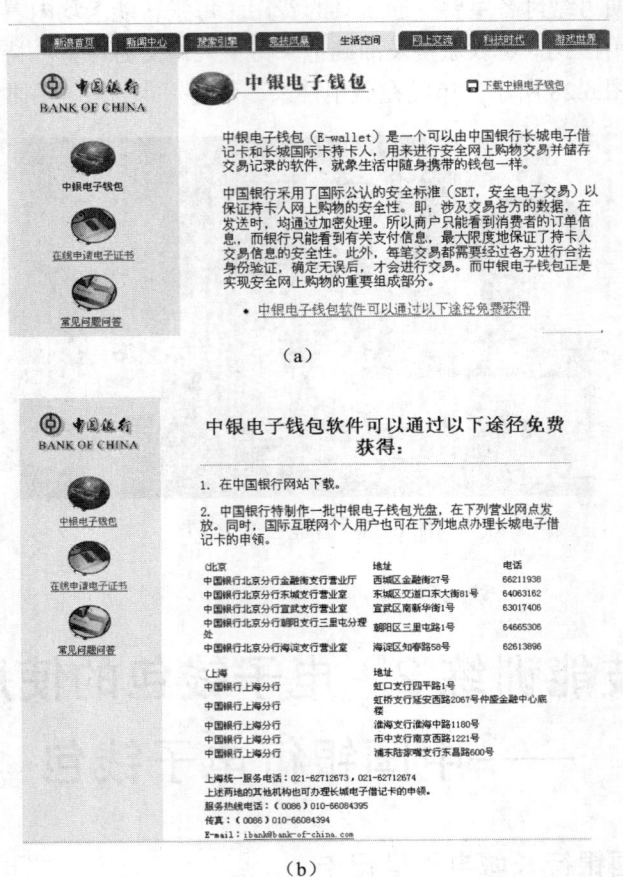

图6.29 中国银行网站中银电子钱包界面

3. 安装中银电子钱包

下载电子钱包软件后，执行此文件，即可自动解压缩到一个目录下。然后运行该目录下的 SETUP.EXE 安装文件，以默认值安装即可在用户的计算机上安装上"电子钱包"。安装过程如图 6.30 所示。

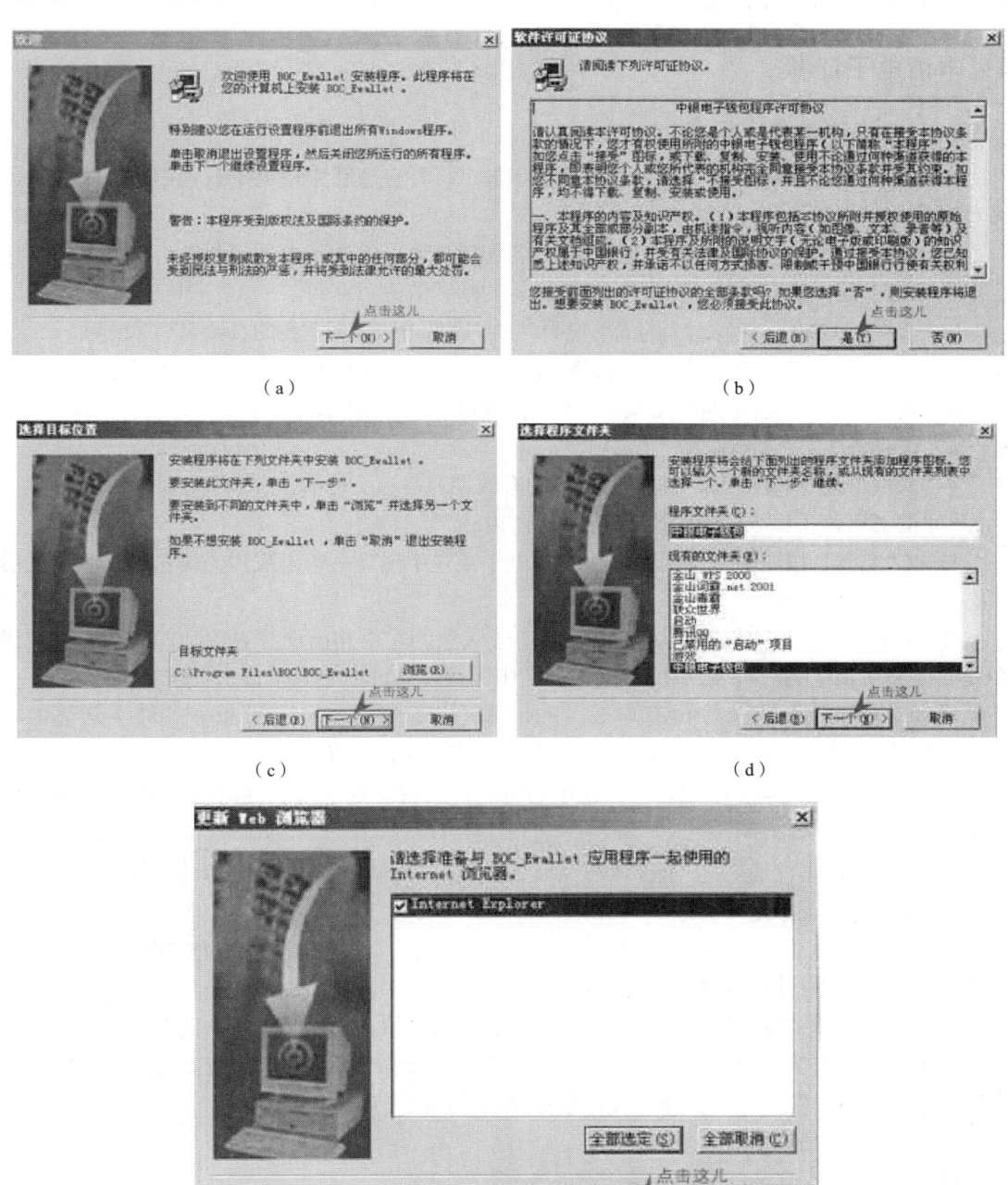

图 6.30　中银电子钱包安装过程

注意：安装过程中会提示输入用户名和密码。

- 这里的用户名和密码是针对中银电子钱包的，不是你付款时输入的借记卡的密码。
- 你的用户名和密码不要让别人知道，并且不要忘记用户名和密码。
- 当屏幕显示"安装完毕！"时，证明你已成功安装了"电子钱包"。这时你会在计算机桌面上看到"BOC_Ewallet"的图标。

4．申请电子证书

（1）为卡申请数字证书

为在网上支付保证安全，需为卡申请数字证书，并存放在中银电子钱包中。一张数字证书对应于一张卡。

① 打开用户的"电子钱包"，输入用户名和口令后，进入"电子钱包"。首先电子钱包会提示添加卡账户信息，接下来的操作按提示的默认值进行即可。

- "卡说明（D）"：填写对卡的简单说明，如"我的金卡"或"我的长城卡"等说明。
- "卡品牌（R）"：单击下拉箭头选择"BOCA"，这表明时中国银行发放的电子证。
- "账号（A）"：这是您的长城电子借记卡的卡号（19位）。
- "卡种类（T）"：请选择"借记卡"。
- "到期日期（E）"：输入这张借记卡的有效期。
- "证书语言（L）"：单击下拉箭头选择"中文"。

单击"完成"按钮后会发现，在用户的电子钱包中出现一条卡账户的信息，其中"证书状态"为"没有申请"。

② 单击"获取证书"按钮，可以看到电子钱包的左下角出现"等待初始化响应"，"正在处理证书初始化响应"，最后屏幕上出现"中国银行认证中心电子证书管理规定"。

或者单击证书状态为"没有申请"的卡账户，选择"操作"菜单→"转至认证中心WEB站点"或选择"操作"菜单→"转至钱包服务WEB站点"。

注意：要仔细阅读"中国银行认证中心电子证书管理规定"，了解用户所拥有的权益和法律责任。

③ 填写"证书注册表"。全部填写完成后，单击"确定"按钮，等待计算机响应。

④ 查看电子证书是否有效。

再次运行"电子钱包"后，会发现"证书状态"由"没有申请"变为"有效"。这时就可以用这张卡来进行网上购物了。

如果没有显示"账户"窗口，单击窗口顶部的账户按钮，显示"账户"窗口。

单击证书状态为"没有申请"的卡账户，选择"操作"菜单→"转至认证中心Web站点"或选择"操作"菜单→"转至钱包服务Web站点"。

详细步骤请参看"申请电子证书"。

说明如下。

a. 用户在申请电子证书之前，必须添加卡信息账户，否则，无法申请电子证书。

b. 当用户电子钱包中的"证书状态"由"没有申请"变为"有效"时，表明用户电子证书申请成功，这张卡可以进行网上支付了。

c. 用于网上支付的卡的电子证书最多可申请 10 张。

d. 用于网上支付的卡的电子证书有效期为 1 年。1 年以后，需重新为这张卡申请电子证书。

（2）查看电子证书

方法如下。

单击窗口顶部的账户按钮，显示"账户"窗口。

单击某个卡账户，选择"操作"菜单→"查看证书细节"或选择"操作"菜单→"查看证书政策"。

说明如下。

① 单击要查看的信息的相应标签，电子钱包将显示此信息。

② 如果电子钱包中的"证书状态"为"没有申请"时，表明您的这张卡还没有申请电子证书。选择"查看证书细节"后，将不会看到任何信息。

（3）删除电子证书

同"删除卡账户信息"。

说明如下。

如果在获取了电子证书后，修改了卡账户信息，那么这张卡的证书状态会由"有效"变为"没有申请"，即表明这张卡的电子证书已被删除。如果在获取了电子证书后，删除了这张卡的账户，那么这张卡的证书同时也被删除。

5．使用电子钱包

（1）管理账户信息

① 创建卡账户信息

单击账户按钮，显示"账户"窗口。选择"操作"菜单→"添加账户"。

在卡账户信息创建的过程中，持卡人要输入以下信息。

- 卡说明（D）：对用于网上支付的卡的简单描述，如"我的长城卡"或"我的金卡"等。
- 卡品牌（R）：请选择"BOCA"。
- 账号（A）：用于网上支付的卡的卡号，如长城电子借记卡 19 位卡号"2563510100018001788"。
- 卡种类（T）：用于网上支付的卡的种类，可以根据自己的实际情况选择信用卡或借记卡。
- 到期日期（E）：由用户自己指定的用于网上支付的卡的使用期限，如："11/2000"。当超过此使用期限后，这张卡将不能继续进行网上支付。
- 证书语言（L）：由用户自己指定的用于网上支付的卡的电子证书以何种语言显示，请选择"中文"。

② 编辑卡账户信息

单击账户按钮，显示"账户"窗口。单击选中将编辑的卡账户，选择"操作"菜单→"编辑账户"或单击"编辑"按钮。

注：卡账户信息的编辑是持卡人对创建卡账户时输入的信息的修改，包括卡说明、卡品

牌、账号、卡种类、到期日期、证书语言。

可以改变电子钱包中的卡账户信息。然而，由这张卡付款的先前交易仍将列在购买记录窗口中先前的卡说明之下。

可以改变那些状态为"有效"的卡的过期日期。这样将会把证书的状态改为"没有申请"。在这张卡可用于购物之前，刚需要为该卡申请一张新的证书。

③ 删除卡账户信息

单击帐户按钮，显示"账户"窗口。单击想要删除的付款卡，选择"操作"菜单→"删除"或单击"删除"按钮。

注：电子钱包程序要验证用户确实要删除的卡账户。如果要继续并删除卡账户，单击"是"按钮；如果不想删除卡帐户，请单击"否"按钮。

从电子钱包中删除了卡账户，同时也删除了和此卡账户相关的电子证书。

（2）管理电子证书

① 申请电子证书

详细步骤请参看"申请电子证书"。

② 查看电子证书

单击窗口顶部的账户按钮，显示"账户"窗口。单击某个卡账户，选择"操作"菜单→"查看证书细节"或选择"操作"菜单→"查看证书政策"。

说明如下。

a. 单击要查看的信息的相应标签，电子钱包将显示此信息。

b. 如果电子钱包中的"证书状态"为"没有申请"时，表明这张卡还没有申请电子证书。选择"查看证书细节"后，将不会看到任何信息。

③ 删除电子证书

方法同"删除卡账户信息"。

说明如下。

如果用户在获取了电子证书后，修改了卡账户信息，那么这张卡的证书状态会由"有效"变为"没有申请"，即表明这张卡的电子证书已被删除。

如果在获取了电子证书后，用户删除了这张卡的账户，那么这张卡的证书同时也被删除。

（3）处理交易记录

中银电子钱包会保存每一笔交易记录以备日后进行处理。

① 查询交易记录

选择"窗口"菜单→"购买"。

说明如下。

根据返回的交易状态的不同，交易分为两种类型：已完成交易和未完成交易。

● 当交易状态为"成功"时，交易为已完成交易。

● 当交易状态为"订单接收"或"订单拒绝"或"未完成"时，交易为未完成交易。这时，用户可以通过选择"操作"菜单→"检查状态"或点按"检查状态"按钮，来更新交易状态。

② 打印交易记录

选择"窗口"菜单→"购买"。单击希望打印的记录，或按住 **Ctrl** 键并单击多个要打印的记录，再单击"打印"按钮。

还可单击"文件"菜单→"打印预览"，预览一下打印输出效果。

③ 分类排序交易记录

选择"分类排序"菜单中相应选项或单击"购买记录"窗口上的列标题。

说明如下。

按照分类的升序或降序，在"购买记录"窗口中显示用户的购买记录。

④ 归档交易记录

单击窗口顶部的购买情况按钮，显示"购买情况"窗口。

选择要归档的购买记录，选择"文件"菜单→"归档"，单击"确定"按钮。

为归档文件选择一个目录并输入一个文件名，然后单击"保存"按钮。

说明如下。

a. 归档交易记录是指把选定的交易记录转成文件的形式存储，以便用户对交易记录进行备份。

b. 所选购买记录的细节显示在面板的较低的位置。如果选择了一个以上的记录，显示的细节是列表中最后所选的记录。

c. 归档交易记录后，用户可以选择把此交易记录从交易列表中删除。如果以后要查看该交易记录，可执行恢复交易记录操作。

⑤ 恢复交易记录

单击窗口顶部的购买情况按钮，显示"购买情况"窗口。

选择"文件"菜单→"恢复"，选择归档文件的目录和文件名，然后单击"打开"按钮。

选择要恢复的购买记录并单击"确定"按钮。

说明如下。

a. 恢复交易记录是指把归档的交易记录添加到交易列表中。

b. 如果在电子钱包数据库中存在相同的购买记录，则会出现一条消息询问是否要替换现有的记录。如果希望用归档文件中的记录来替换电子钱包数据库中的记录，则单击"是"按钮。如果希望用全部选定的记录来替换电子钱包数据库中的记录，则单击"全部都是"按钮。如果不希望用归档文件中的记录来替换电子钱包数据库中的记录，则单击"否"按钮。

⑥ 删除交易记录

单击购买情况按钮，显示"购买情况"窗口。

单击想要删除的购买记录或按住 Ctrl 键并单击多个要删除的记录选择多个要删除的记录，单击"删除"按钮。

电子钱包程序要确认是否确实要删除交易记录，如果想继续删除，单击"是"按钮；否则单击"否"按钮。

说明如下。

一旦删除了购买记录，将无法恢复、查看或打印它们。

（4）导入导出信息

① 导出信息是指将证书和账户信息导出至外部媒体（如软盘）上。所有的用户数据都将复制到用户所选择的外部媒体上，以便用于另一个电子钱包。证书和账户信息都将自动导

出。另外，用户可以指定是否希望导出您的交易数据。

选择"文件"菜单→"导出"。

单击"是"按钮将导出用户的交易信息，在"导出位置"框中为用户的导出数据指定一个合适的目录。

如果不希望导出交易数据，则单击"否"按钮。

说明如下。

使用此功能并不删除任何电子钱包数据。

② 导入信息

导入信息是指将先前已导出至一个外部媒体上的证书和账户信息，再装回电子钱包。

选择"文件"菜单→"导入"。

选择要导入的信息。单击"确定"按钮将这些数据从软盘复制到电子钱包程序中，或者单击"取消"按钮关闭该窗口，不复制这些数据。

说明如下。

a. 使用"导入"功能之前，必须插入包含导出数据的软盘。将自动复制证书和账户信息。

b. "导入"功能可以为多人提供服务，即电子钱包具有多用户功能。利用"导入"功能用户可以把导出至一个外部媒体上的用户的信息，导入至他人的电子钱包中。

c. 导入完成后，关闭其电子钱包，然后重新运行其电子钱包。在用户名和口令处输入用户在自己电子钱包中的用户名和口令，就可以像使用自己的电子钱包一样来使用它了。

（5）设置相关选项

① 设置"证书警告"选项

选择"选项"菜单→"证书警告"。

选择或清除证书警告优先选项的选取标志。如果您希望程序显示警告消息，则选择"证书警告"。如果您不希望程序显示警告消息，则取消选择"证书警告"。

说明如下。

使用此过程来指定所选的卡账户的证书状态不是有效时是否需要一个警告消息。此优先选项只适用于选择卡来付款的情况。如果此优先选项未被激活而且用户没有一个有效的证书，电子钱包程序将处理用户的购买记录而不使用证书提供的额外保护。

② 设置"导入警告"选项

选择"选项"菜单→"导入警告"。

选择或清除导入警告优先选项的选取标志。如果用户希望程序显示警告消息，则选择导入警告。如果用户不希望程序显示警告消息，则清除导入警告选取标志。

说明如下。

使用此过程来指定钱包在将数据导出至外部媒体后，第一次启动时是否显示一条警告消息。

③ 设置"商店验证"选项

选择"选项"菜单→"商店验证"。

选择或清除商店验证优先选项的选取标志。如果用户希望显示有关商店的信息，则选择商店验证优先选项。如果用户不希望程序显示商店的信息，则清除选取标志。

说明如下。

使用此过程来指定是否在每次购买时显示有关商店的信息。显示商店的有关信息能够让用户验证其正在打交道的商店是否是正确的商店。

④ 设置"显示收款方细节"选项

方法如下。

选择"选项"菜单→"显示收款方细节"。

选择或"清除"收款方细节优先选项的选取标志。如果用户希望程序显示收款方的消息，则选择收款方细节。如果不希望程序显示收款方的消息，则清除收款方细节的选取标志。说明如下。

使用此过程来指定是否在购买记录细节中显示收款方的消息。

⑤ 设置"显示交易 ID"选项

选择"选项"菜单→"显示交易 ID"。

选择或清除交易 ID 优先选项的选取标志。如果用户希望程序显示交易 ID，则选择交易 ID。如果用户不希望程序显示交易 ID，则清除交易 ID 的选取标志。

说明如下。

使用此过程来指定是否在购买记录细节中显示交易 ID。

⑥ 设置"代理设置选项"选项

选择"选项"菜单→"代理设置选项"。

说明如下。

a. 使用此窗口指出您是否想要在用户的局域网（LAN）中使用代理服务器连 Internet。代理服务器是内部网络和 Internet 间的安全屏障，阻止 Internet 上的其他人存取内部网上的信息。代理服务器可以是 HTTP 服务器，也可以是 socks 服务器。

b. 必须为代理服务器指定一个地址和一个端口号码。端口号码中只能包含数字数据。

⑦ 设置"数据位置"选项

选择"选项"菜单→"数据位置"。

如果用户希望数据驻留在计算机的硬盘上，则单击硬盘。如果希望用户数据驻留在软盘上，则单击软盘。

说明如下。

a. 使用此窗口查看和改变电子钱包程序所用的数据的位置。位置包括：用户和交易数据的位置、用来检索和存储数据的目录。

b. 用户对数据位置所做的改变在重新启动电子钱包程序后生效。

（6）更改口令

选择"操作"菜单→"更改口令"。

在口令框中输入用户的新口令。程序将显示星号（*）而不是用户输入的字符。

在确认口令框中重新输入新口令，单击"确定"。

说明如下。

a. 更改口令后，电子钱包程序将用新的口令替换旧的口令。下一次启动电子钱包时，请使用新的口令。

b. 特别注意：这里更改的是中银电子钱包的口令，而非长城电子借记卡的密码。

第 7 章 网上银行

无论是对于传统的交易，还是新兴的电子商务，资金的支付都是完成交易的重要环节。所不同的是，电子商务强调支付过程和支付手段的电子化。因此，网上银行在电子商务整体框架中是必不可少的重要组成部分，是电子商务开展的必要条件。由于 Internet 的发展，客户只要通过个人计算机、掌上计算机、手机或者其他数字终端设备，采用拨号连接、专线连接、无线连接等方式，就能登录银行网站，方便地享受银行服务。从这个意义上讲，随着电子商务的发展，网上银行的发展亦是必然趋势。

第一部分 任务学习引导

7.1 网上银行概述

1. 网上银行的含义

1995 年 10 月，全球第一家电子（网上）银行（Internet Bank）——安全第一网络银行（SFNB）在美国亚特兰大成立。国际银行界很快对此做出了积极的反应，花旗、汇丰等老牌银行纷纷推出了自己的网上服务。随着微软公司、第一数据公司、ADP 公司和 AT&T 公司进军金融业，信用卡公司、银行、软件商和其他信息企业开始结盟进军网络银行。一时间，能够提供网上服务成为银行国际化和先进性的一项标志。

网上银行（Internet Banking）又称网络银行、在线银行，是指通过互联网络，为客户提供综合、统一、安全、实时的银行服务，包括提供对私、对公的全方位银行业务，包括跨国支付与清算等其他的贸易、非贸易的银行业务服务。

简单地说，网上银行就是银行在互联网上设立虚拟银行柜台，是银行业务在网络上的延伸，它利用数字通信技术，以互联网作为基础的交易平台和服务渠道，在线为客户办理结算、查询、对账、行内转账、跨行转账、信贷、投资理财等传统服务项目，使传统的银行服务不再通过物理的银行分支机构来实现，而是借助于网络与信息技术手段在互联网上实现，使客户可以足不出户就能够安全便捷地管理活期和定期存款、支票、信用卡及个人投资等。因此，网上银行又被称为"3A 银行"，意思是在任何时间（Anytime）、任何地点

（Anywhere）、以任何方式（Anyhow）享受银行提供的金融服务。

网上银行包括以下 3 个要素。
- 网络平台。
- 网上金融服务的提供者。
- 网上金融服务的消费者。

2．网上银行的分类

网上银行发展的模式有两种，一种是完全依赖于互联网的纯网络银行，另一种是网上分支银行。

（1）纯网络银行

纯网络银行是一种没有实际的物理柜台作为支撑，完全依赖于 Internet 发展起来的全新电子银行。这类银行一般只有一个办公地址，既无分支机构，也没有营业网点，几乎所有的银行业务都依靠互联网进行。对于现金收付、货款监督与调查、客户投诉与纠纷处置等人工处理的业务，纯网络银行的解决方案是：一是委托代理机构；二是通过 ATM、数据仓库与数据挖掘、合同风险明示等技术手段来解决。例如，美国安全第一网上银行（www.sfnb.com）是在美国成立的第一家无营业网点的虚拟网上银行，它的营业厅就是网页画面，当时银行的员工只有 19 人，主要的工作就是对网络的维护和管理。

（2）网上分支银行

网上分支银行是传统银行与网络信息技术相结合的结果，是在现有的传统银行的基础上，利用互联网开展传统的银行业务交易服务。即传统银行利用互联网作为新的服务手段为客户提供在线服务，实际上是传统银行服务在互联网上的延伸，这是目前网上银行存在的主要形式。

我国目前还没有出现真正意义上的虚拟银行，国内现在的网上银行基本都属于第二种模式。

3．网上银行的特点

（1）打破了传统银行的组织机构和运行模式

信息技术是任何规模的银行都可采用的经营工具，可以使任何规模的银行运用较少的投资购置最好的计算机系统，使用最先进的银行应用软件连接到用户，不设任何分支机构将业务开展到世界的每一个角落，并以此向传统的大型商业银行挑战。

（2）全天候的服务

网上银行是一种在任何时间、任何地点，以任何方式提供金融服务的全天候银行。网上银行突破了传统银行的业务操作模式，利用 Internet 技术把自己和客户紧密连接起来，把银行的业务直接在互联网上推出，突破了时间、空间的限制。在各种安全机制的保护下，客户可以随时随地在不同的计算机终端上登录互联网，办理各项银行业务。

（3）银行业务运营的电子化

传统银行使用的票证被全面电子化，如电子支票、电子汇票和电子收据等。同时，全面使用电子货币,即电子钱包、数字现金等。银行的业务文件和办公文件也完全改为电子化文件、电子化票据,签名也采用数字签名。票据和文件的传送,改由利用计算机和数据通信网完成,往来结算由电子资料交换进行。

(4)银行标准化的服务

网上银行标准化的服务接口,使得提供的服务速度快、效率高、内容广、方式多、成本低。传统经营模式下的因人力资源造成的响应时间慢、服务水平参差不齐的问题迎刃而解,同时,通过互联网进行金融交易的网上银行具有费用开支少的特点,大大降低了经营费用。据统计,网上银行的单位交易成本是普通银行的10%以下,经济效益明显。

另外,网上银行服务采用了多种先进技术来保证交易的安全,不仅用户、商户和银行三者的利益能够得到保障,而且随着银行业务的网络化,商业犯罪嫌疑人将更难以找到可乘之机。

4. 网上银行的发展阶段

网上银行的发展历经4个阶段。

(1)银行上网

在这一阶段,银行只是简单的设立站点,宣传经营理念,介绍银行的背景知识以及所开办的业务项目,旨在通过互联网做宣传,树立形象,拓展社会影响力,更广泛的吸引市场资源。

(2)上网银行

在这一阶段,商业银行将已经有的传统业务移植到网络上,将互联网作为分销渠道。同时提高传统业务效率,降低经营成本。

(3)网上银行

银行根据互联网的特点,建立新型的金融服务体系,创新业务品种,摆脱传统业务模式的束缚,建立以客户为中心的经营管理模式,以智能化的财务管理手段,建立面向客户的个性化服务。

(4)网银集团

建立以银行为中心,业务范围涉及保险、股票、期货等金融行业以及商贸工业等其他相关产业的企业集团,树立以网络银行为中枢的虚拟网络集团企业。

7.2 网上银行的功能与业务

1. 网上银行的功能

(1)公共信息的发布

公共信息一般包括银行的历史背景、经营范围、机构设置、网点分布、业务品种、利率和外汇牌价、金融法规、经营状况以及国内外金融新闻等。该功能可以向客户提供有价值的金融信息，同时起到广告宣传作用。使客户认识银行，了解银行。

（2）客户的咨询投诉

以 E-mail、BBS 为手段，建立网上银行的市场动态分析反馈系统，以了解客户关注的焦点以及市场的需求走向，为银行的决策提供依据。

（3）账户的查询

可以通过网上银行查询账户状态、账户余额、账户一段时间内的交易明细，查询企业集团的跨地区的多账户的账务，但不涉及客户的资金交易或账务变动。

（4）申请和挂失

进行存款账户、信用卡的开户、账户挂失；电子现金、空白支票申领；预约服务的申请和撤销；企业财务报表、国际收支申报的报送；贷款、信用证开证的申请、在线填写。

（5）网上支付功能

可以向客户提供互联网上的资金实时结算，包括内部转账（客户将自己名下的各账户之间的资金划转）和支付中。该功能是基础功能，也是标志性功能。

（6）金融服务创新功能

可以针对不同客户的需求开辟更多便捷的智能化、个性化的服务。

2．网上银行的业务

网上银行的业务主要包括网上公司银行业务、公共信息业务和个人客户（私人）银行业务

（1）网上公司银行业务

公司银行即网上"客户终端"。该"客户终端"是企业客户使用网上银行的工具。网上"客户终端"系统在用户进入网上"客户终端"时设置了登录密码及附加密码，每次进入时系统会自动产生一个附加密码，供下次登录时使用。用户每次进入网上"客户终端"的附加密码是不一样的。数据经过加密在网上传输。网上公司银行服务内容如下。

- 账务查询
- 内部转账
- 对外支付
- 活期定期存款互转
- 工资发放
- 信用管理
- 子公司账务查询及信用管理
- 集团公司/总公司对子公司收付两条线的管理
- 网上信用证
- 金融信息查询

- 银行信息通知
- 客户查询服务
- 集团查询服务
- 余额查询服务
- 历史交易查询服务
- 汇款信息查询服务
- 客户账户实时查询服务
- 国际结算业务网上查询服务

（2）**公共信息业务**

银行网上公共信息服务是指银行的广告、宣传材料、业务种类和特点、操作规程、最新通知、年报等综合信息。其具体业务如下。

- 公用用信息发布
- 银行业务介绍
- 存款利率发布
- 贷款利率发布
- 外汇牌价发布
- 外汇利率发布
- 外汇买卖牌价
- 分行或营业所分布情况
- ATM 机分布情况
- 银行特约商户
- 国债情况
- 最新经济快递
- 客户信箱服务

（3）**个人客户银行业务**

在这类业务中，客户群体是个人，客户身份认证是数字证书。其具体业务如下。

- 对私业务查询
- 储蓄理财转账业务
- 金融卡理财业务代收代缴业务
- 私人储蓄业务
- 公积金贷款业务
- 金融卡消费业务
- 客户金融咨询服务
- 客户意见反馈服务

3．**网上银行系统**

依据网上银行的业务，网上银行系统从功能上一般划分为 3 大部分，即企业网上银行子系统、个人网上业务子系统及内部管理子系统，每个子系统都按需要设置不同的系统功能。

（1）企业网上银行子系统

企业网上银行子系统目前能够支持所有的对公企业客户，能够为客户提供网上账务信息服务、资金划拨、网上 B to B 支付和批量支付等服务，使集团公司总部能对其分支机构的财务活动进行实时监控，随时获得其账户的动态情况，同时还能为客户提供 B to B 网上支付。

同时，在客户办理了网上银行开户之后，为客户发放以 IC 卡为存储介质的客户安全证书。客户在安装了网上银行客户端安全代理后，可以通过互联网直接登录到网上银行。网上银行的安全认证系统在对客户证书进行认证之后，便可以进行网上交易。另外，客户在提交支付（支付指令、B to B 支付和批量支付）时，系统还会提示客户进行电子签名，以保证交易的唯一性和不可否认性，保证客户交易的安全。

企业网上银行子系统的业务功能主要有以下几个方面。

① 账户信息查询

企业网上银行子系统能够为企业客户提供账户信息的网上在线查询、网上下载和电子邮件发送账务信息等服务，包括账户的昨日余额、当前余额、当日明细和历史明细等。

② 支付指令

支付指令业务能够为客户提供集团、企业内部各分支机构之间的账务往来，同时也能提供集团、企业之间的账务往来，并且支持集团、企业向他行账户进行付款。

③ B to B 网上支付

B to B 网上支付能够为客户提供网上 B to B 支付平台。

④ 批量支付

批量支付业务为企业客户提供批量付款（包括同城、异地及跨行转账业务）、代发工资、一付多收等批量支付功能。企业客户负责按银行要求的格式生成数据文件，通过安全通道传送给银行，银行负责系统安全及业务处理，并将处理结果反馈给客户。

（2）个人网上业务子系统

个人网上业务子系统主要提供信用卡、各种银行卡、本外币活期一本通客户账务管理、信息管理、网上支付等功能，是网上银行对个人客户服务的窗口。其具体业务功能包括如下。

① 账户信息查询

系统为客户提供信息查询功能，能够查询信用卡和银行卡的人民币余额和活期一本通的不同币种的钞、汇余额；提供信用卡和银行卡在一定时间段内的历史明细数据查询；下载包含信用卡和银行卡、活期一本通一定时间段内的历史明细数据的文本文件；查询使用信用卡进行网上支付后的支付记录。

客户通过登录网上银行服务站点，通过选择查询余额、查询历史明细等功能选项，选取相应的账户和有关查询条件（如起始日期），进行相关账户的查询。

系统的 Web 服务器接收到客户的查询请求，根据不同的查询请求和客户所在的地区将请求组成相应的交易请求包，经证书签名后送至该地区的网上银行，判断签名是否合法，确定是否为真实可信的交易请求，然后将该交易请求送至分行主机，并经分行主机处理后，将结果送回给网上银行 Web 服务器显示给客户。

② 人民币转账业务

系统能够提供个人客户本人的或与他人的信用卡和银行卡之间的卡卡转账服务。系统在转账功能上严格控制了单笔转账最大限额和当日转账最大限额，使客户的资金安全有了一定的保障。

在对他人转账时，系统要求客户输入转出账户，并输入转账所需的网上银行支付密码。在转账成功后，客户可以马上查询本人账户余额，确认转账后的账户余额变动。

③ 银证转账业务

系统提供信用卡和银行卡客户在网上进行银证转账的功能，可以实现银转证、证转银、查询证券资金余额等功能。

- 银转证指的是客户可以将其在银行账户的资金转到其在证券公司的资金账户上。
- 证转银指的是客户可以将其在证券公司的资金账户上的资金转到其在银行开立的资金账户。
- 客户可以通过查询证券资金余额的功能，实时查询其所在证券资金的账户余额。客户在转账之后，可以通过查询证券资金余额功能实时查询转账是否成功。要进行银证转账业务，客户必须首先在其所在城市的银行及券商处开立能够互转的银行账号和证券公司资金账号，然后再到银行网点开通网上银证业务。

④ 外汇买卖业务

系统提供客户通过网上银行系统进行外汇买卖的功能。它主要可以实现外汇即时买卖、外汇委托买卖、查询委托明细、查询外汇买卖历史明细、撤销委托等功能。

⑤ 账户管理业务

系统提供客户对本人网上银行各种权限功能、客户信息的管理以及账户的挂失。客户可以冻结或解冻本人的某个账户的网上支付权限，更换本人登录用的卡号，冻结某一个账户已有的网上银行权限，如是否能够转账、是否能够外汇买卖、是否能够银证转账等。

⑥ B to C 网上支付

个人客户在申请开通网上支付功能后，能够使用本人的信用卡进行网上购物后的电子支付。通过账户管理功能，客户还能够随时选择使用哪一张信用卡来进行网上支付。

客户在商户购物后，进入商户的收银台界面，在该界面上选择某信用卡链接，系统将该客户在商户处的购物信息包括订单号、订单金额等传送至网上支付交易服务器（支付网关），根据客户与商户所在地，采用信用卡的本地授权交易或是异地授权交易将请求送到相应的分行网上银行前置机，经处理后将结果实时反馈给商户。

如果交易成功，系统还实时地将成功的信息加密签名后向商户发送，并由商户端的程序接收。商户将接收到的成功交易信息生成对应的对账单文件，在登录银行网站后，将对账单文件送至银行，并通过对账功能实时核对该日的订单信息是否与银行一致。银行在商户对账后立即进行清算，货款在 24 小时内即可到账。

（3）内部管理子系统

内部管理子系统是整个网上银行系统用来进行全行范围内的信息维护的管理界面，通过银行内部网进行本地或异地的实时管理。系统内置总行、省行、市行三类七级柜员，实现纵向逐级管理、横向互相审核监督的管理机制。

① 柜员管理

系统在每一类主管柜员处设置柜员管理功能，提供柜员的增加、删除、修改、冻结等功能。每个操作都必须由一个柜员实施，由另一个柜员进行审核后方可成功。柜员的操作将记入柜员操作日志之中，以供日后监督之用。

② 客户管理

系统的客户管理功能提供对网上银行系统的个人客户、企业客户以及 B to C 和 B to B 的商户进行开户、信息维护、冻结/解冻等功能，重要操作必须由经办柜员操作，然后由主办柜员审核方才生效。每一个相关的操作都将写入操作日志中，供日后监督之用。

③ 事后监督

系统提供了详细的柜员操作日志、客户交易日志的查询功能，以供柜员管理监督。可以通过客户、柜员信息、交易和操作时间、交易和操作类型等各种条件进行组合查询。

④ 系统设置

系统提供了从总行到市行的多级系统参数设置。总行设置的系统参数（如转账限额等）会影响全国网上银行系统，各地区自己设置的参数（如外汇买卖最小限额等）会影响该地区的设置。通过系统设置功能，使网上银行系统对客户的服务做到各地区灵活的配置。

7.3 网上银行的业务申请

1．客户开户流程

网上银行客户开户，除持有证书外，还要到柜台签约。使用网上交易的用户申请证书的流程如下。

（1）客户使用浏览器通过 Internet 登录到网银中心的"申请服务器"（数据库）上，填写开户申请表，提交申请。

（2）网银中心将开户申请信息通过内部网以邮件形式发送到签约柜台。

（3）客户持有效身份证件和账户凭证到签约柜台办理签约手续，签约柜台核实客户有效证件及账户凭证的真实性，同时参照网银中心传来的客户开户申请，核实客户的签约账户申请信息。之后，将核实的客户信息通过电子邮件/传真等方式返回给网银中心。

（4）网银中心根据签约柜台核实后的邮件（传真件），进行申请的初审和复审。并录入复审后的申请客户信息，为其生成证书申请，通过内部网以邮件方式发送到 CA 中心。

（5）CA 中心为客户申请签发证书，并将证书放置到客户从 Internet 网上可以访问的目录服务器上。然后通知网银中心，网银中心通过邮件通知客户从指定地址下载 CA 证书。

（6）客户下载并安装证书后，即可进入网上银行系统，进行网上交易。

2．网上银行的交易流程

网上银行的具体交易流程如下。

（1）网上银行客户使用浏览器通过 Internet 网连接到网银中心，并发出网上交易请求。

（2）网银中心接收、审核客户的交易请求，经过通信格式转换，然后将交易请求转发给相应成员行的业务主机。

（3）成员行业务主机完成交易处理，并返回处理结果给网银中心。

（4）网银中心对交易结果进行再处理后，返回相应信息给客户。

3．网上银行的安全

互联网的应用日趋广泛，为我们带来更多便利的同时，也带来了可能的一些风险。如何保证网上银行交易系统的安全，是网上银行建设中最至关重要的问题。

（1）网上银行身份识别工具

U 盾（个人网上银行客户证书）是一个带智能芯片的硬件设备，是中国工商银行率先推出并获得国家专利、专门用于保护网上银行客户安全的"智能卫士"。U 盾应用了智能芯片信息加密技术，外形酷似 U 盘，像一面盾牌，所以称为 U 盾，如图 7.1 所示。它内置微型智能卡处理器，采用 1024 位非对称密钥算法对网上数据进行加密、解密和数字签名，确保网上交易的保密性、真实性、完整性和不可否认性。一旦把客户的银行账户纳入此证书管理，在网上银行办理转账汇款、B2C 支付等业务都必须启用 U 盾进行验证。U 盾是唯一的、不可复制的，在没有插入 U 盾的情况下，任何人都无法利用该客户的身份信息和账户信息通过互联网盗取资金。U 盾是目前网上银行客户端安全级别最高的一种安全工具，是网上银行信息、资金安全的卫士。

图 7.1　U 盾

U 盾由客户随身携带，一旦丢失必须立即挂失。图 7.2 所示为工商银行使用 U 盾操作流程。图 7.3 所示为使用 U 盾支付页面。

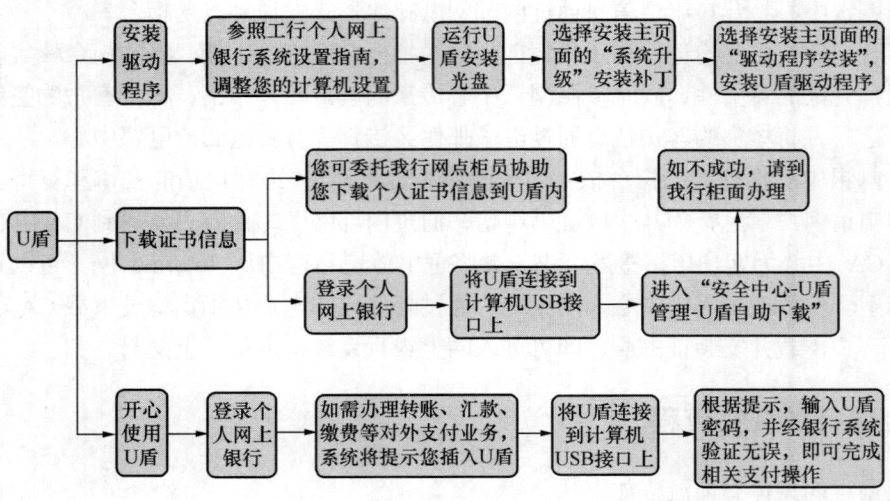

图 7.2　中国工商银行使用 U 盾操作流程

(a)

(b)

图 7.3　使用 U 盾支付页面

（2）银行口令卡

银行口令卡又叫动态口令卡，是指以矩阵形式印有若干字符串的卡片，每个字符串对应一个唯一的坐标，如图 7.4 所示。系统每次以随机方式指定若干坐标，使客户每次使用的密码都具有动态变化性和不可预知性。

① 银行口令卡的特点

银行口令卡具有以下特点。

● 一次一密、安全可靠

动态口令卡重点针对大众客户，具有一次一密、成本低廉、易用性强等多种优势，具有较大的市场推广空间。动态口令一次一密的方法，克服了静态密码简单、有规律的缺点，无需客户设置、记忆，每次都使用新的密码，安全可靠。

● 操作简单、方便快捷

客户无需记忆复杂的静态密码，只需要使用银行提供的动态口令卡，并按照提示进行操作即可，过程简单，使用方便。

● 技术成熟、应用广泛

动态口令技术经过多年的发展，非常成熟，在国内外的网上银行业务应用中已十分普及。

● 量身定做、便于携带

动态口令卡，是专门针对客户的需要设计开发的，外表和银行卡一样大小，便于客户携带。每张动态口令卡上印有 100 个密码，按照客户平均每月办理 3～5 次网上银行资金交易计算，一张卡最长可以满足客户将近 3 年的使用需求。

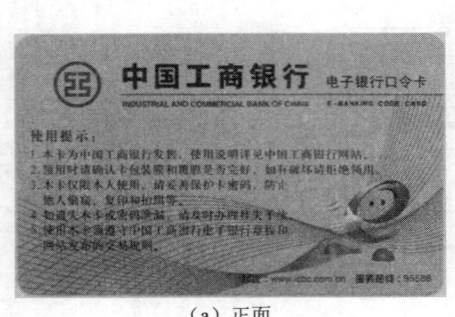
（a）正面

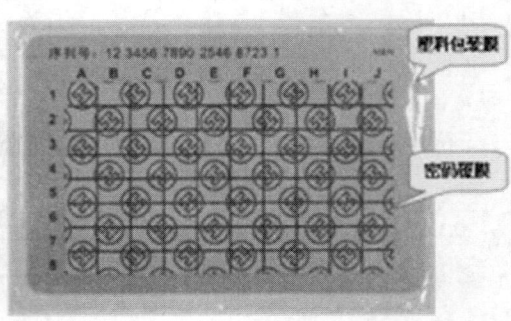
（b）背面

图 7.4　银行口令卡

② 银行口令卡的使用

用户申领了动态口令卡后，在使用网上银行进行对外转账、B2C 购物、缴费等支付交易时，网上银行系统会随机给出一组口令卡坐标，如"A3 B4"，客户根据坐标从卡片中划开覆膜，找到对应的口令组合（6 位的数字串）并输入网上银行系统，系统校验密码字符的正确性，只有口令组合输入正确的客户才能完成相关交易，该口令组合一次有效，交易结束后即失效。图 7.5 所示为使用口令卡进行网上支付时的页面显示。

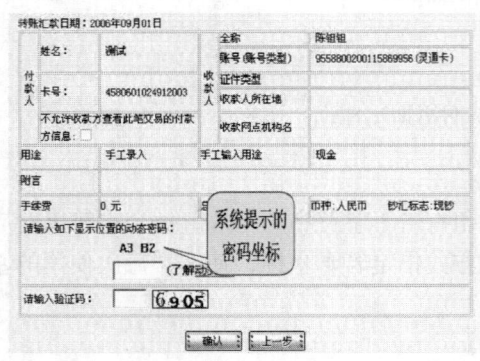
（a）

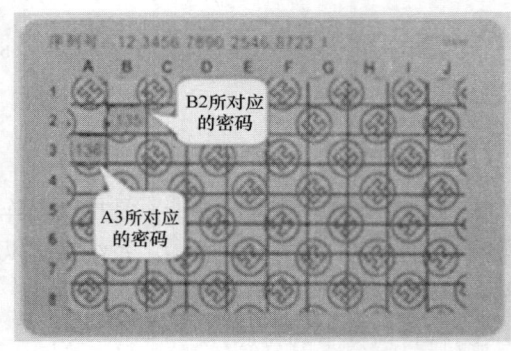
（b）

（c）

图 7.5　使用口令卡进行网上支付

（3）网上银行安全工具的比较

U 盾、电子银行动态口令卡及静态密码均可以为网上银行提供安全保证，3 种安全工具的比较如表 7.1 所示。

4. 使用网银的注意事项

① 使用网银完毕后应立即退出网银。
② 不要在网上银行卡账户中存入太多钱，存入的钱够用就行。
③ 勿在网吧等公共场所使用网银。
④ 不要用键盘输入密码，要用软键盘，这样就能防止键盘记录。
⑤ 去银行申请一个密码口令卡或者 U 盾，使用完网银后应立即退出 UKey。

表 7.1　　　　　　　　　　3 种安全工具的比较

类　　型	适用客户	特　　点	安全机制	价　　格
U 盾	所有网银客户	● 安全级别最高 ● 资金交易没有额度限制 ● 可以获得全部网上银行服务	● 基于硬件的数字签名 ● 1024 位非对称密钥加密 ● 证书密码保护 ● 网银登录密码保护	58～60 元
电子银行口令卡	没有申请 U 盾的网银客户	● 安全级别较高 ● 对外汇款、网上缴费、网上购物有额度限制 ● 不能获得个人理财服务	● 动态密码，随机产生 ● 网银登录密码保护	2 元/张（现免费）
静态密码	网上自动注册或没有申请 U 盾、口令卡的客户	● 安全级别一般 ● 服务功能和交易额度都有限制 ● 客户需要有较高安全意识，能确保密码等敏感信息不被窃取	● 登录密码、支付密码双重密码保护	免费

7.4　中国网络银行的发展状况

1. 中国网络银行的现状

1997 年，招商银行率先推出网上银行"一网通"，成为中国网上银行业务的市场导引者。
1998 年 3 月，中国银行在国内率先开通了网上银行服务。
1999 年 4 月，建设银行启动了网上银行，并在我国的北京、广州、四川、深圳、重庆、宁波和青岛进行试点，这标志着我国网上银行建设迈出了实质性的一步。
2007 年以来中国网上银行市场发展迅速，中行、建行、工行等陆续推出网上银行，开通了网上支付、网上自助转账和网上缴费等业务，初步实现了真正的在线金融服务。交易额规模实现爆发式增长。

（1）招商银行（http：//www.cmbchina.com）

1997 年 4 月，招商银行正式建立了自己的网站，成为国内第一家上网的银行。1998 年 2 月推出网上银行"一网通"。1999 年 9 月 6 日，招行与中国邮电电信总局、中国南方航空公司和新浪网在北京签订了电子商务全面合作协议。2001 年 3 月，招行推出了具有世界较先进水平的网上银行之个人银行专业版 v 2.0，至此，招行已率先在全国启动网上银行业务。招行网上银行服务中，拥有网上储蓄、会计、信贷、国际业务、信用卡、柜员机、SWIFT、办公自动化、IC 卡变码印鉴、IC 卡 POS、电话银行、客户终端、触摸屏自助银行、Internet 网上银行系统等。

作为中国网络银行先行者的招商银行，截至 2001 年 5 月，国内 95％的电子商务网站都采用了招商银行的"一网通"作为支付工具，招行在 B2C 业务方面约有 20 万个客户，在 B2B 方面企业安装数为 1.6 万户，交易笔数 48 万多笔，交易金额 6798 亿元，并且招行各项业务中，45％的个人业务，15％的对公业务已经变为非柜台业务。招商银行网上银行首页面如图 7.6 所示。

图 7.6　招商银行网上银行首页面

（2）中国银行（http：//www.bank—of—china.com）

1999 年 6 月，中国银行正式推出网上银行系列产品。2000 年 5 月 15 日中行又率先开通通过有线电视提供网上银行服务的业务——"家居银行"，在有线电视视讯宽带网的基础上，以电视机与机顶盒为客户终端实现联网、办理银行业务。目前，中行已经逐步建立由企业银行、个人银行、网上证券、网上商城、网上支付组成的较为完善和成熟的网上银行体系。中国银行网上银行首页面如图 7.7 所示。

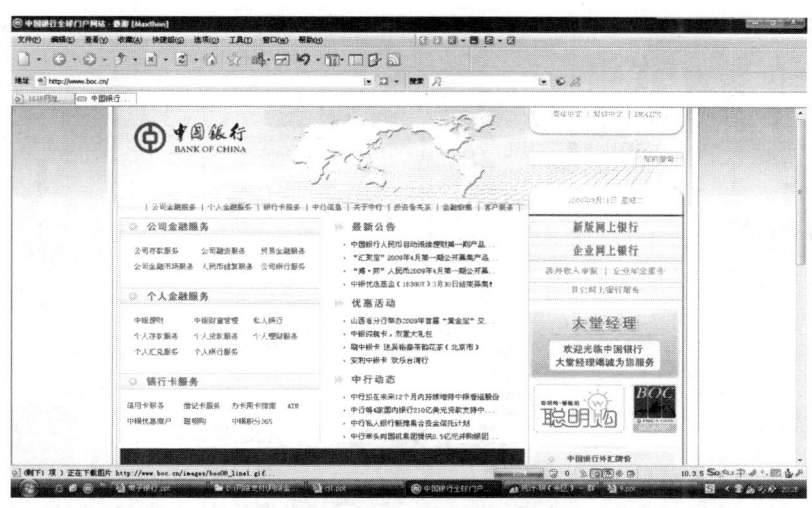

图 7.7 中国银行网上银行首页面

（3）中国建设银行（http：//www.ccb—on—line.com）

1999 年 8 月 4 日中国建设银行正式推出网上银行服务。建设银行的网上银行服务采用了国际标准的身份认证系统和最先进的安全加密技术，保证了网上交易的安全。建行首批开通网上银行服务的城市为北京和广州。中国建设银行网上银行首页面如图 7.8 所示。

图 7.8 中国建设银行网上银行首页面

（4）中国工商银行（http://www.95588.com）

拥有 810 万个工商业企业账户、与 4 万多户企业保持着长期良好的合作关系、结算业务量占全国金融系统的 50%以上的中国工商银行为适应电子商务的蓬勃发展，于 2000 年 2 月 1 日开通了北京、上海、天津、广州等部分地区网上银行的对公业务。2000 年 6 月 10 日，工行又宣布在深圳、厦门等 27 个城市开通网上银行业务。至此，工行已在全国 31 个城市推出网上银行业务。中国工商银行网上银行首页面如图 7.9 所示。

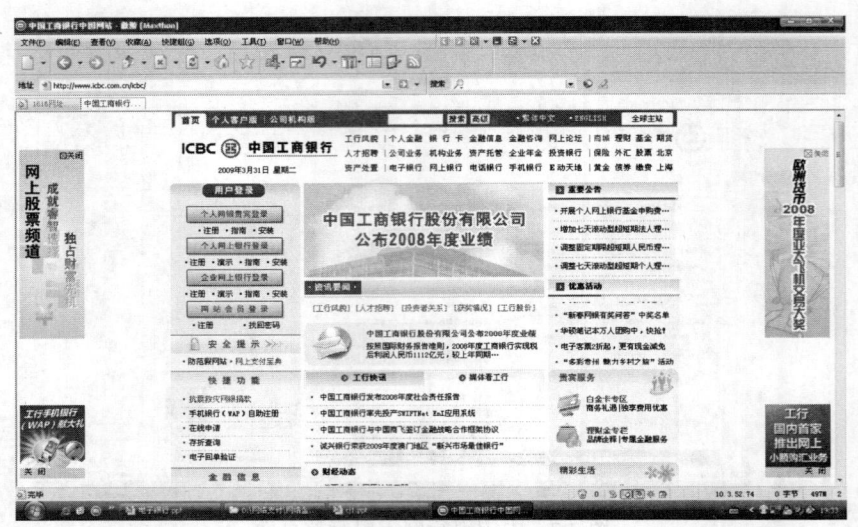

图 7.9　中国工商银行网上银行首页面

（5）中国农业银行（http://www.abocn.com）

中国农业银行在网上银行建设方面起步较晚，但也已实现了零的突破。2000 年 5 月，农行广东省分行与以家庭上网、企业上网和政府上网为切入点，创出"网上自由人"这一新业务品牌。同时，广东农行首创了一种新的金融服务——"用银行账户直接上网"，实行上网费实时扣交，为使用网上金融服务的客户带来极大的便利。2000 年１２月１８日，上海农行推出 95599 在线银行，其服务功能目前有 3 部分，一是业务服务功能；二是增值服务功能；三是信息服务功能。业务功能包括自动语音服务、人工坐席服务、网上银行服务和传真服务。目前，查询类服务、挂失类服务、转帐类服务、信息咨询类服务、通知服务、投诉、建议及银证转账等已经实现，代缴费、外汇买卖业务安排在第二阶段开发。中国农业银行网上银行首页面如图 7.10 所示。

图 7.10　中国农业银行网上银行首页面

2. 中国网络银行发展的制约因素

（1）安全性问题

网络银行的安全要求是访问控制；数据安全；入侵检测和安全隐患的甄别。在网络银行业务中，必须保证信息的保密性；交易者身份的确定性；不可否认性；不可修改性。

安全问题分为网络系统安全问题和数据安全两类。

- 网络银行系统安全问题是指网络系统遭到未经授权的非法攻击和破坏。
- 网络银行数据安全是指机要、敏感数据被窃取并被非法复制和使用等。

（2）技术问题

- 基础设施落后。
- 银行业和高新技术产业结合不紧密。
- 与电子支付相关行业的网络化水平与银行网络化应该配套发展。
- 国内各银行网络化水平参差不齐，技术标准不统一。

（3）经济效益问题

- 国际网络银行，目前大部分处于亏损状态。
- 网上金融交易额的支撑对赢利至关重要。
- 中国的电子商务交易量不高。
- 基础设施落后，总体收入偏低、上网费用较高，观念落后。
- 规模偏小使得银行没有足够能力来承担发展网上银行的风险。

（4）监管问题

- 经济先行、制度滞后。
- 银行通常采用协议方式与客户在声明权利义务的基础上签订合同。
- 出现问题，责任认定、承担、仲裁结果执行等问题难以解决。
- 跨行支付有难度。
- 数字签名未得到《合同法》的认可。
- 国际合作监管有待进一步发展。

第二部分 技 能 训 练

技能训练1 阅读材料——安全使用网银的方法

1. 安全使用网银

没有接触过黑客的网民，都视其为洪水猛兽，认为他们无孔不入。其实不然，用户可以通过以下安全方法，防止黑客盗用个人信息。

（1）设置安全锁。网银用户可以设置一个问题一个答案，最多可以设置5个问题，用户可以指定某一个时间段，或指定某一台计算机做中信银行的网银。比如用户指定这一台计算机上网银，那么在另外一台计算机上网银时，就要回答私密问题设置，这就相当于用户在不信任的环境上操作的话，又要增加一道锁。

（2）绑定手机。每次登录网银的时候，使用了什么功能，比如说代缴费用，这些信息很快会发送到用户的手机上，用户可以很清楚地看到用户账户的情况。

（3）用户先开一个网银，防止其他人冒充去开网银。如果别人用该用户的资料去开了网银，他就可以真正的盗取。这个是没法防范的，因为他开的这个网银是真的。

（4）定期通过网银查询账户明细，网银很重要的功能是账户管理功能，名下的账户，名下的资产，都要自己随时去看，去查询。平常大家如果生活上仔细一点的话，都有记账的习惯，支出开支收入都要留心，看看收支平衡，像中信银行的网银还有资产报告，把你的资产负债一下全能看出来，各类的存款，包括定期存款、活期存款。

（5）一定要使用网银的各项防护措施，银行尽可能从各个角度、各个手段提供安全措施，用来防范我们已知的各类威胁。如果使用了，至少可以保证防御当前所了解的黑客犯罪手段。

（6）尽量使用复杂的网银登录密码，这样不容易被破解。银行的网银有支持数字、字母、字符的，如果设置复杂一点的，包含字母、数字、大写、小写、标点符号加上点，即便破解也是非常困难的。

（7）建议用户登录正确的网址，包括购物网站还有网银，客户资料泄露的主要原因就是在不应该输入账户和密码的地方输入了账户和密码。

（8）很重要的一条就是USBKey，这个东西就相当于一个印章，使用者插上以后，银行才会认为这是这个人的交易，用完了以后，使用者马上收起来。还有一种攻击的手段，就是远程控制，大家如果用QQ或者用MSN，里面有远程协助的功能，就类似于用户开通了远程协助，让黑客完全控制了用户的计算机，这个时候用户插入了USBKey，就相当于被黑客控制了。所以一定要保管好，因为它就相当于一把钥匙。

（9）尽量使用正版的杀毒软件，价格其实不贵，一年就几十块钱，在这上面做投资我认为是非常重要的，有随时更新的杀毒软件，可以在很大程度上来减少被攻击的可能性。

2. 全球最受欢迎网上银行座次排定

Consumer Reports 对网上银行进行排名，在考查账户设立和网站导航是否简便易行、用户隐私和安全规定以及在线支付成本之后，该杂志列出了5家最受欢迎的网上银行。

（1）1E-Trade（ET）

该公司只提供网上银行业务，但拥有1万台自动柜员机。该公司要求开立账户的最低额度为1 000美元，对账户余额低于这个标准的，每月将收取10美元的费用。

（2）花旗银行（Citibank）

该公司每月收取7.50美元的手续费，最低账户余额为1 500美元。该银行也通过邮局寄送单据。

（3）NetBank（NTBK）

该公司没有最低账户余额要求，也不收取月费。

（4）摩根大通（JPMorganChase）

该公司月费 9.50 美元，最低账户余额 3 000 美元。

（5）BankOne（ONE）

该公司允许用户通过邮局寄送单据。但收取月费 6.45 美元，最低账户余额为 500 美元。

技能训练 2　网上银行业务的应用 ——中国建设银行

1．开通流程

（1）在线申请成为普通客户——普通简版

普通客户是仅将自己的账户在建设银行网站申请开通网上银行，未到柜台进行银行账户签约。开通简版后，即成为个人网银普通客户，只能通过网上银行办理账户查询、为本人信用卡还款、信用卡支付等几项业务。其业务流程如图 7.11 所示。

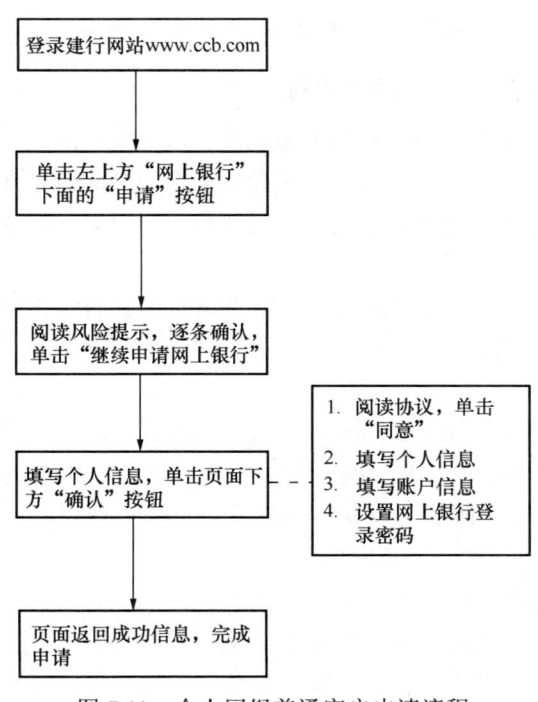

图 7.11　个人网银普通客户申请流程

（2）高级签约版

到柜台办理账户签约网上银行手续（包括先开普通简版再到柜台办理签约或直接到柜台办理签约），即至少拥有一个签约账户（签约账户是指在柜台签约网上银行服务的银行账户）。开通高级版后，即成为个人网银高级客户，可以办理网上银行提供的全部业务。图 7.12 所示为个人网银高级客户申请流程。

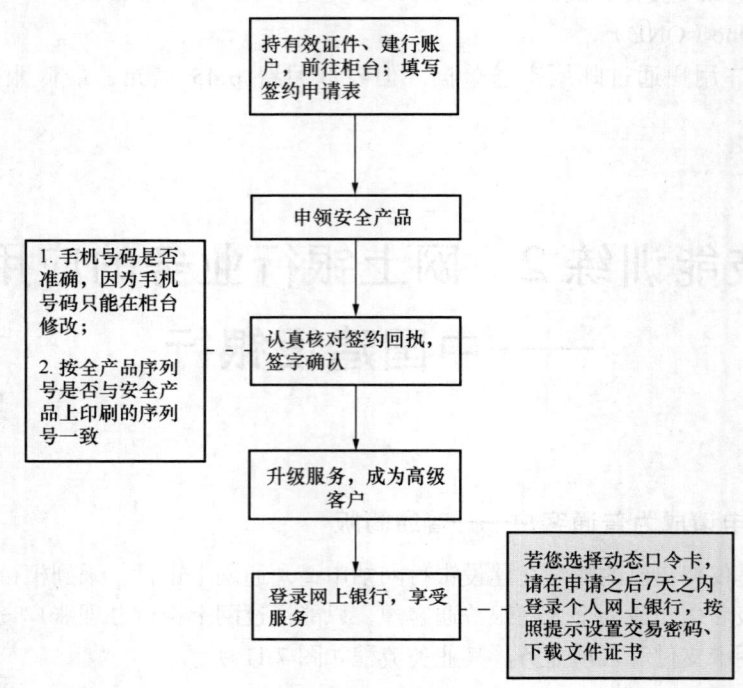

图 7.12　个人网银高级客户申请流程

（3）便捷支付客户开通个人网上银行

可以通过网站在线申请个人网上银行服务功能，成为个人网上银行便捷支付客户，除享有现有网上银行普通客户的服务功能外，无需使用安全工具即可办理小额的转账汇款、缴费支付、网上支付交易，小额转账汇款、缴费支付的单笔、日累计限额为 500 元，月累计交易限额为 5 000 元。

办理条件：持有建行活期或定期储蓄账户；尚未成为建行个人网上银行客户；在柜台开户时，已预留正确的手机号码。

办理流程如下。

① 登录建设银行网站 www.ccb.com，在"网上银行"按钮下方单击"申请"。
② 选择服务选项"便捷支付客户网上自主开通"中的"现在开通"。
③ 阅读并同意个人客户服务协议及风险提示。
④ 填写账户号码、账户密码和附加码。
⑤ 账户号码和密码验证通过后，反显身份证件类型、号码等信息。
⑥ 系统反显开立账户时预留的手机号码，客户输入获取到的手机验证码。
⑦ 验证码通过后，要求客户自行设置一个私密问题，并填写答案，以备日后更改手机

号码使用。

⑧ 设置网上银行登录密码。

⑨ 开通成功，进入网上银行。

2．网上银行注销

如果不再使用网上银行服务、遗忘网上银行交易密码或其他原因需要注销网上银行，可注销网上银行服务。注销方式分为两种。

- 通过建设银行网站进行注销
- 到建设银行网点申请注销

（1）通过网站办理注销

通过网站办理注销流程如图 7.13 所示。

（2）到建设银行网点注销

须本人携带有效证明（如身份证）到银行柜台办理。

3．网上银行动态口令卡使用

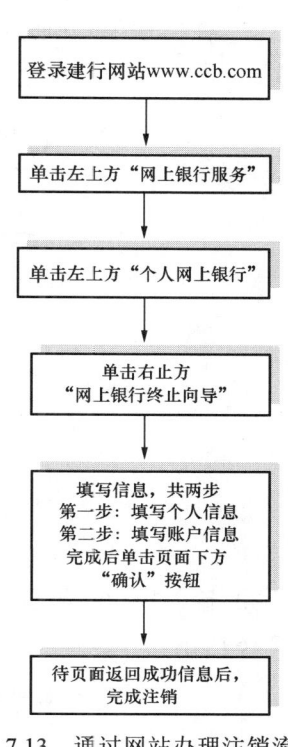

图 7.13　通过网站办理注销流程

动态口令是一种动态密码技术，简单地说，就是客户每次在网上银行进行资金交易时使用不同的密码，进行交易确认。建设银行推出的网上银行动态口令卡是一种大小、形状与银行卡一样的卡片，俗称刮刮卡。每张卡片覆盖有 100 个不同的密码，客户在使用网上银行的过程中，需要输入交易密码时，只需按顺序输入动态口令卡上的密码即可，每个密码只可以成功使用一次。

（1）动态口令卡用户首次登录个人网银

① 如果客户已在银行办理个人网上银行业务签约，预留手机号码，并申领动态口令。登录个人网上银行，单击首次登录的"第一步：设置网上银行登录密码"，如图 7.14 所示。

图 7.14　设置网上银行登录密码

② 输入在柜台开通网银时的"证件号码"和"姓名",单击"登录"按钮,如图 7.15 所示。

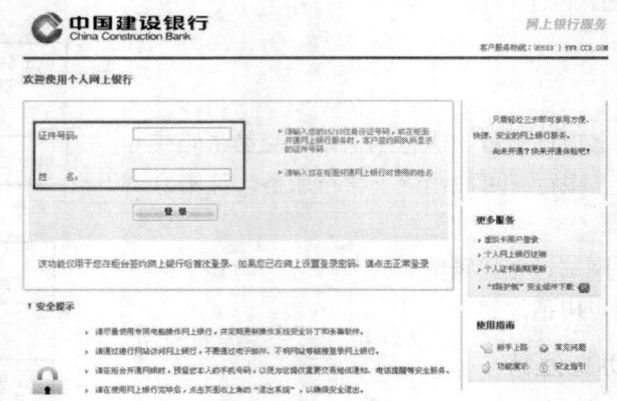

图 7.15　输入"证件号码"和"姓名"

③ 输入用户在柜台开通网银所使用的"账户取款密码",单击"下一步"按钮,如图 7.16 所示。

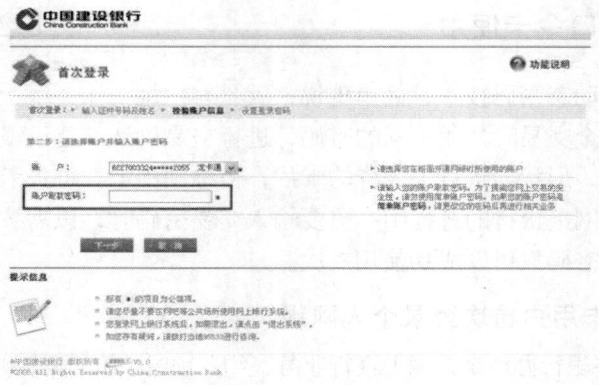

图 7.16　输入账户取款密码

④ 设置网银登录密码并进行确认,如图 7.17 所示。

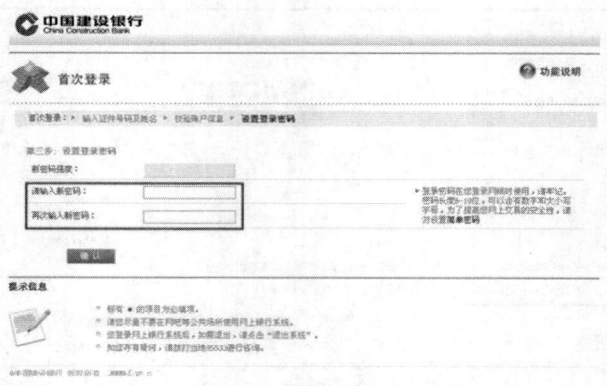

图 7.17　设置网银登录密码

⑤ 登录密码设置成功,单击"下一步"按钮下载证书,如图 7.18 所示。

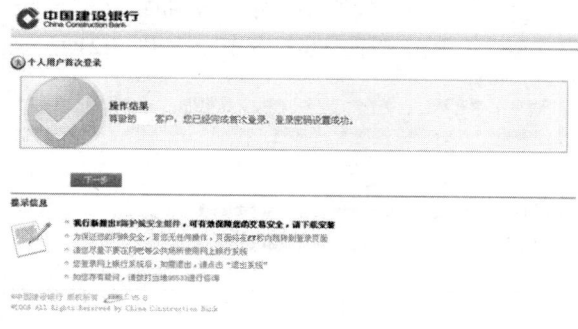

图 7.18　下载证书

⑥ 输入签约手机时接收到的短信验证码,选择证书存储介质和证书设置。系统默认私钥不可导出,也可以选择私钥可导出,单击"下一步"按钮,如图 7.19 所示。

图 7.19　选择证书存储介质和证书设置

⑦ 证书下载完毕,需要记录证书编号用于网银资金交易,证书超过有效期需要更换证书。单击"关闭"按钮可关闭网页,单击"登录网银"可直接链接到网银登录页面,如图 7.20 所示。

图 7.20　证书信息

（2）动态口令卡客户进行网银资金交易（以活期转账为例）

① 登录个人网银，选择"转账汇款"项下的"活期转账汇款"，输入"收款人姓名"、"收款人账号"和"转账金额"，单击"下一步"按钮，如图 7.21 所示。

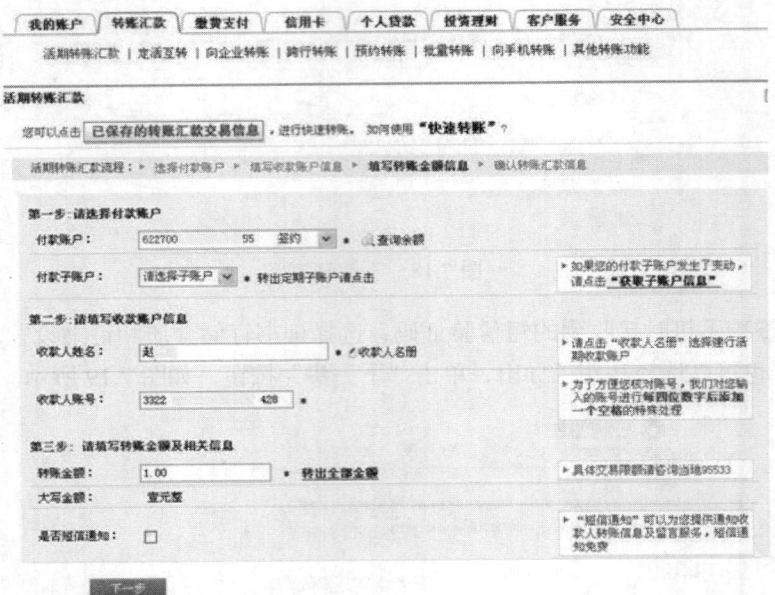

图 7.21 "活期转账汇款"页面

② 输入系统提示的动态口令卡口令，输入 5 位红色数字附加码，单击"确定"按钮，并在弹出的对话框中选择正确的证书，如图 7.22 所示。

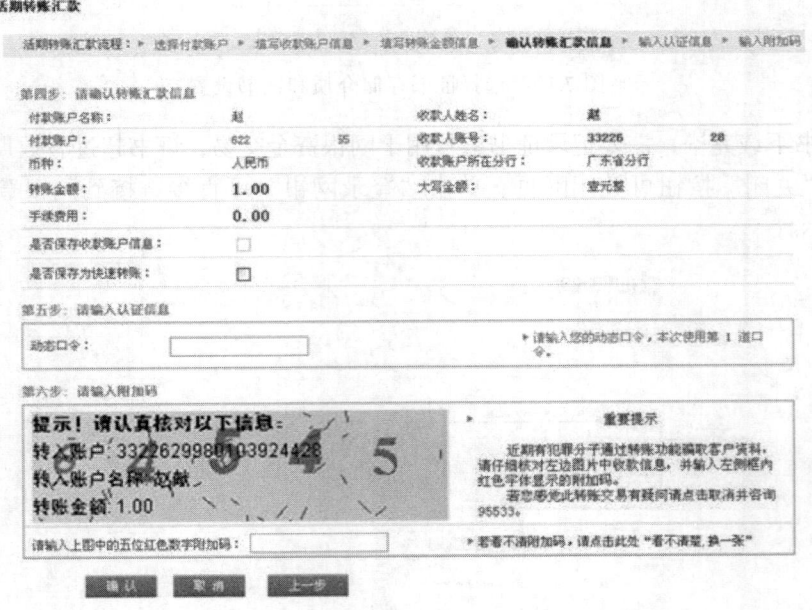

图 7.22 输入动态口令并选择证书

③ 活期转账交易成功，如图 7.23 所示。

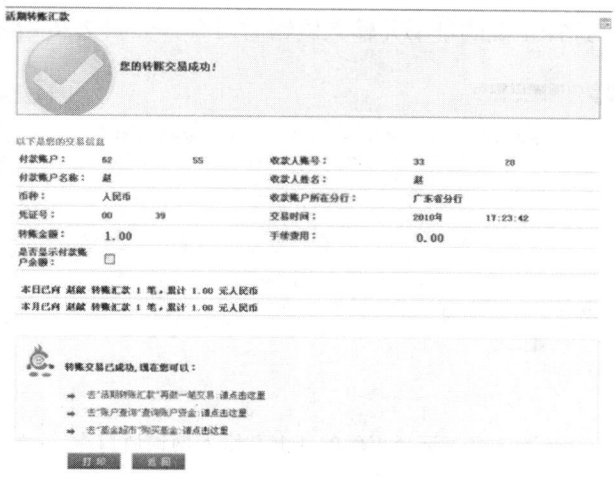

图 7.23　活期转账交易成功

（3）网银盾客户在线开通动态口令卡功能

① 若已经是建行的网银盾客户，可通过个人网上银行提供的动态口令服务在线开通动态口令卡。首先登录到建行个人网银，选择"安全中心"项下的"动态口令"，如图 7.24 所示。

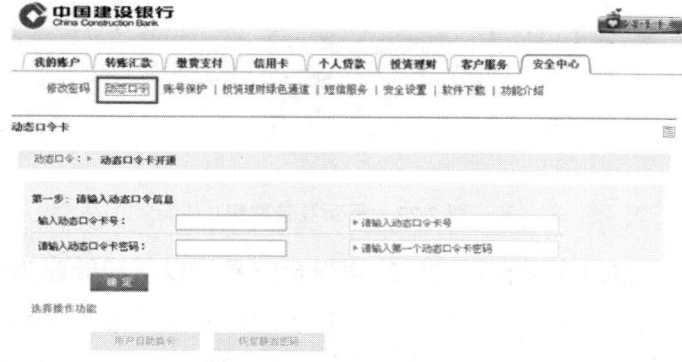

图 7.24　"安全中心"项下的"动态口令"

② 输入动态口令卡卡号以及动态口令卡的第一个密码，单击"确定"按钮，如图 7.25 所示。

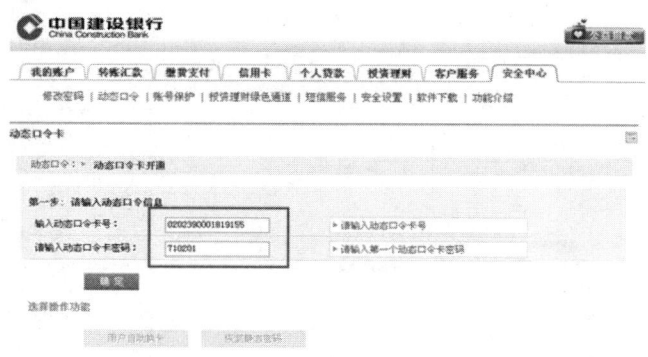

图 7.25　输入卡号密码

③ 插入网银盾，选择正确的证书并输入网银盾口令，如图7.26所示。

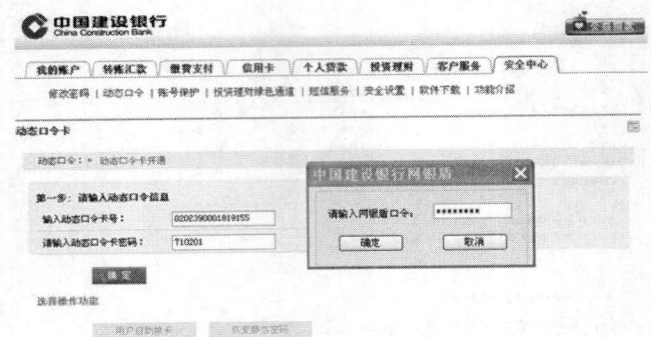

图7.26 选择正确的证书并输入网银盾口令

④ 动态口令卡追加成功，单击"确定"按钮，重新登录网银，如图7.27所示。

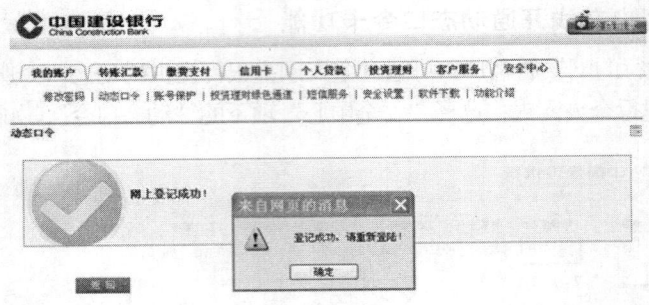

图7.27 重新登录网银

（4）网银盾+动态口令卡客户进行网银资金交易（以活期转账为例）

① 登录个人网银，选择"转账汇款"项下的"活期转账汇款"，输入"收款人姓名"、"收款人账号"和"转账金额"，单击"下一步"按钮，如图7.28所示。

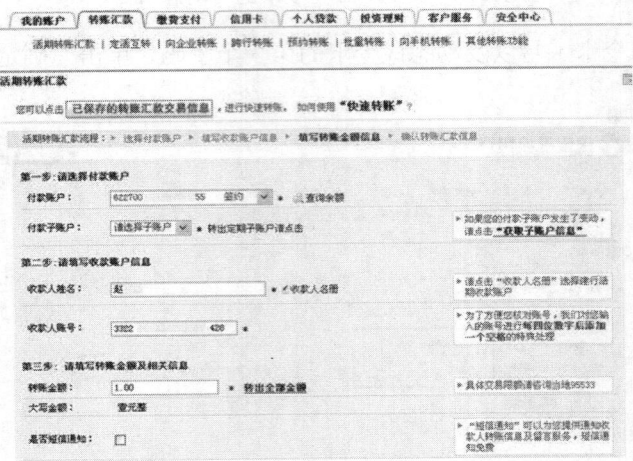

图7.28 "转账汇款"项下的"活期转账汇款"

② 插入网银盾，输入系统提示的动态口令卡口令，单击"确定"按钮，输入网银盾口令，如图 7.29 所示。

图 7.29　输入网银盾口令

③ 活期转账交易成功，如图 7.30 所示。

图 7.30　活期转账交易成功

（5）网银盾+动态口令卡客户取消动态口令卡

客户如果不需要在资金交易时使用动态口令卡，可以使用网易盾+动态口令卡在线取消动态口令卡。

① 登录个人网银，选择"安全中心"项下的"动态口令"，单击"恢复静态密码"按钮，如图 7.31 所示。

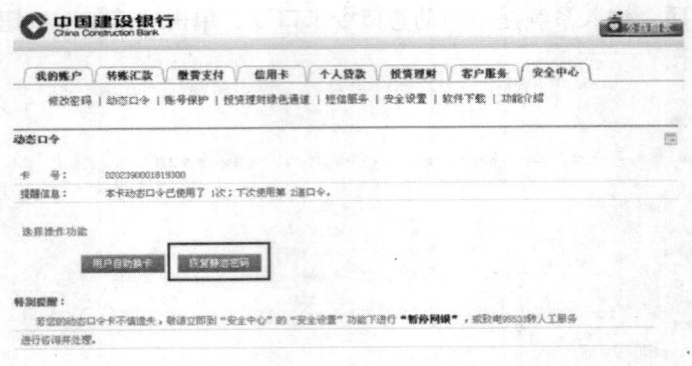

图 7.31 恢复静态密码

② 根据系统提示输入当前动态口令卡口令、输入新的交易密码（此密码用于系统识别客户是否安装了 E 路护航网银安全组件，没有安装网银安全组件的网银盾用户将以此作为交易密码，安装了网银安全组件的网银盾客户仍需完成交易密码的设置，但在未来交易中将无需输入交易密码），单击"确认"按钮，如图 7.32 所示。

图 7.32 输入当前动态口令卡口令及新的交易密码

③ 动态口令卡取消成功，网银盾客户进行资金交易时将不再需要输入动态口令卡口令，如图 7.33 所示。

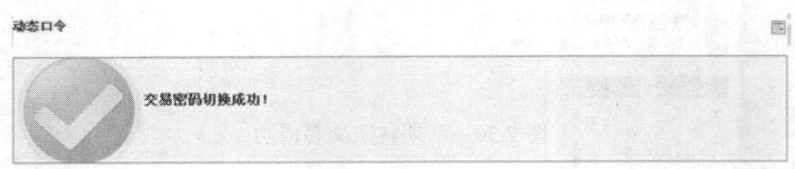

图 7.33 动态口令卡取消成功

4．动态口令卡补办及更换操作流程

动态口令卡的密码用完后，用户可选择在柜台补办新的动态口令卡，或选择根据网银提示在网上银行自助更换一张新的动态口令卡。

（1）在柜台申领及补办新的动态口令卡

如果动态口令卡丢失、损坏或由于其他原因无法在网上银行自助换卡，可携带本人有效身份证件、一张已签约网上银行的账户资料（龙卡、存折），到建设银行储蓄网点申请更换。更换成功后可登录个人网银办理业务。

（2）在线更换动态口令卡

① 首先登录个人网银，选择"安全中心"项下的"动态口令"，单击"用户自助换卡"按钮，如图 7.34 所示。

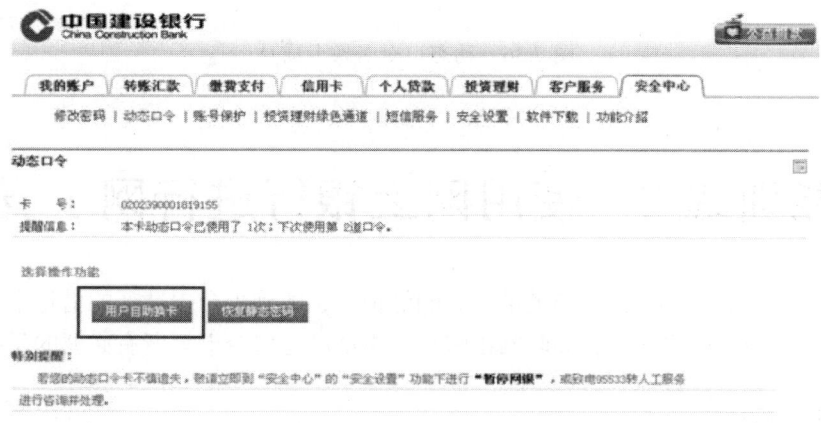

图 7.34　用户自助换卡

② 根据系统提示输入新动态口令卡卡号、新卡动态口令和旧卡动态口令，单击"确认"按钮，如图 7.35 所示。

图 7.35　输入相应动态口令

③ 动态口令卡换卡成功，用户可以使用新的动态口令卡继续进行网银资金交易，如图 7.36 所示。

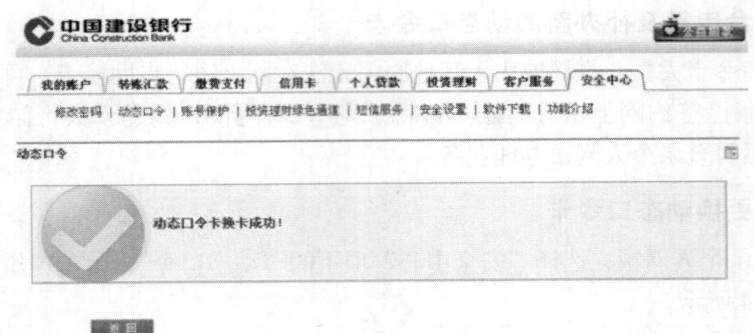

图 7.36　动态口令卡换卡成功

技能训练 3　使用网上银行进行网上支付

在使用中行网上支付前,需要携带已有的借记卡,或到柜台申请新的借记卡并开通新版网上银行。完成网银用户注册、关联网银账户、申请动态口令卡等所有必要的手续。

1. 登录网上银行

(1) 在柜台开通网上银行后,首先登录中国银行门户网站(www.boc.cn),单击"网上银行 BOCNET"按钮进入登录页面,如图 7.37 所示。

图 7.37　网上银行登录页面

(2) 首次登录网银系统,需要先行安装网银安全控件;安装完成后,使用柜台注册时获取的"网银登录用户名"和预留的"登录密码"及动态口令登录,如图 7.38 所示。

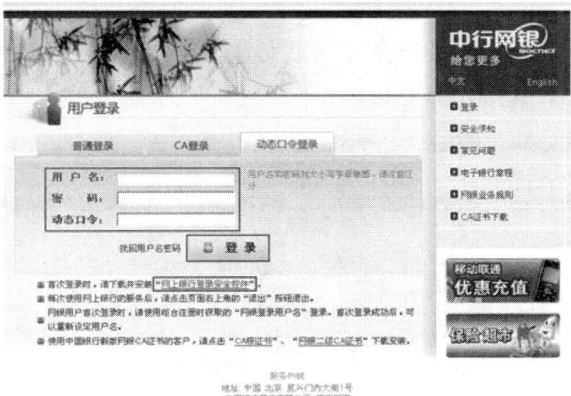

图 7.38　登录网银系统

（3）登录成功后，进入修改用户名和密码页面，如图 7.39 所示。

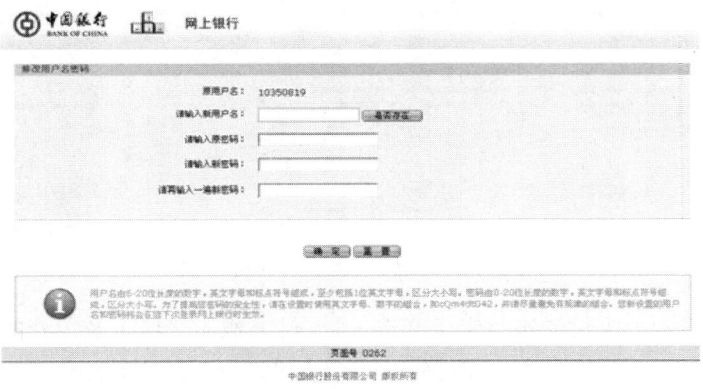

图 7.39　修改用户名和密码界面

（4）输入新的用户名和密码，系统验证通过后，就可以进入正常登录的欢迎页面，如图 7.40 所示。此页面会显示欢迎信息，欢迎信息是提高用户对假网站的辨别能力的一种简单有效的方法，用户可以在"服务设定"下预留或修改你的欢迎信息。

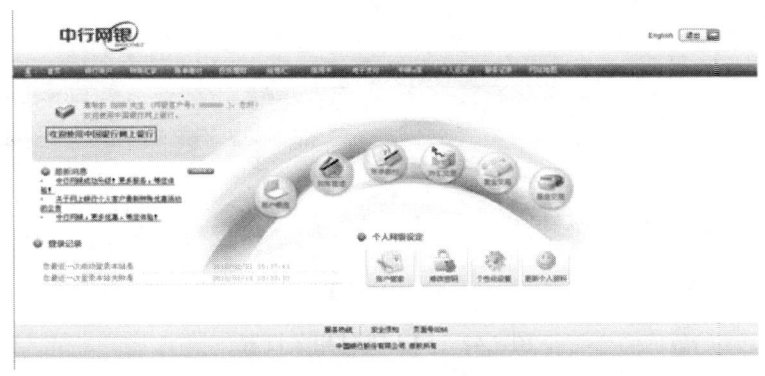

图 7.40　登录的欢迎页面

2. 开通网上支付服务

(1) 在网银"电子支付"功能下开通网上支付服务。阅读网上支付服务协议,如同意,单击"接受协议"按钮,如图 7.41 所示。

图 7.41　阅读网上支付服务协议

(2) 设置用于网上支付的银行卡(必选)、支付限额(必填)及免费的网上支付短信提醒(可选,如尚未开通短信服务,需首先在"个人设定"功能下开通中银 e 信服务),设置完成后单击"确认"按钮,如图 7.42 所示。

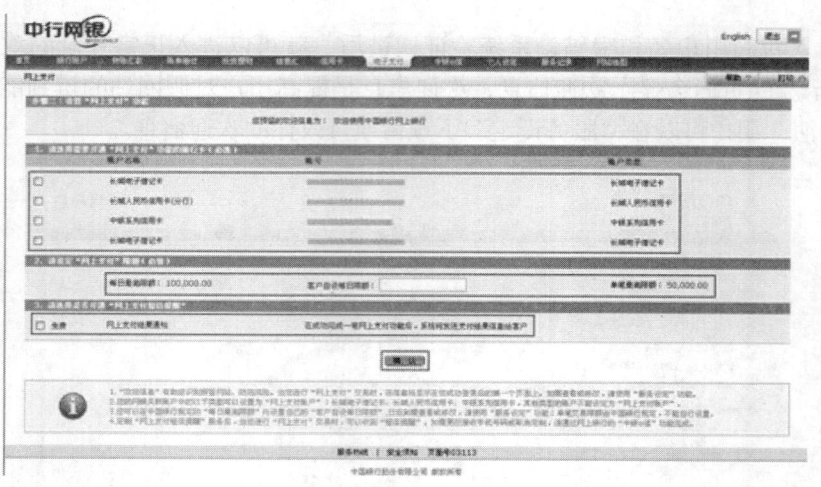

图 7.42　网上支付相关设置

(3) 确认已设置的信息,输入动态口令,单击"确认"按钮,如图 7.43 所示。

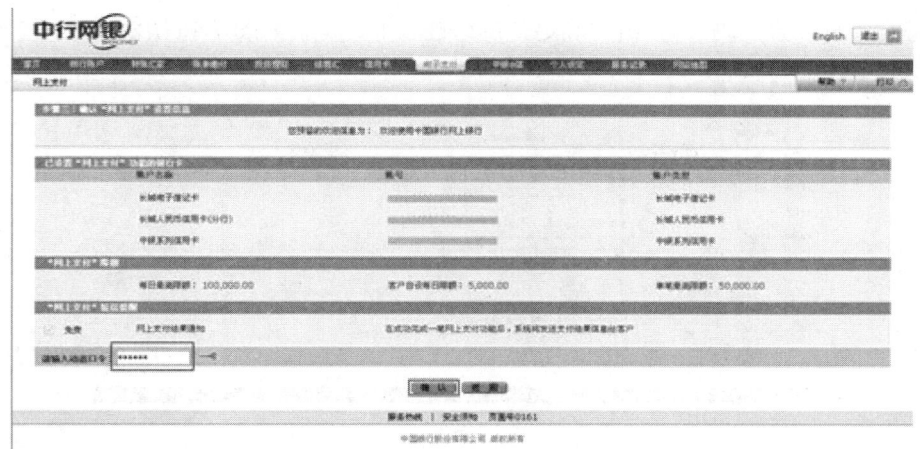

图 7.43 确认已设置的信息

（4）页面提示已经成功开通网上支付服务，单击"确定"按钮，如图 7.44 所示。

图 7.44 成功开通网上支付服务

（5）显示网上支付银行卡信息，包括已设置支付功能和未设置支付功能的银行卡，还可对其进行相应的取消或开通支付功能操作，如图 7.45 所示。

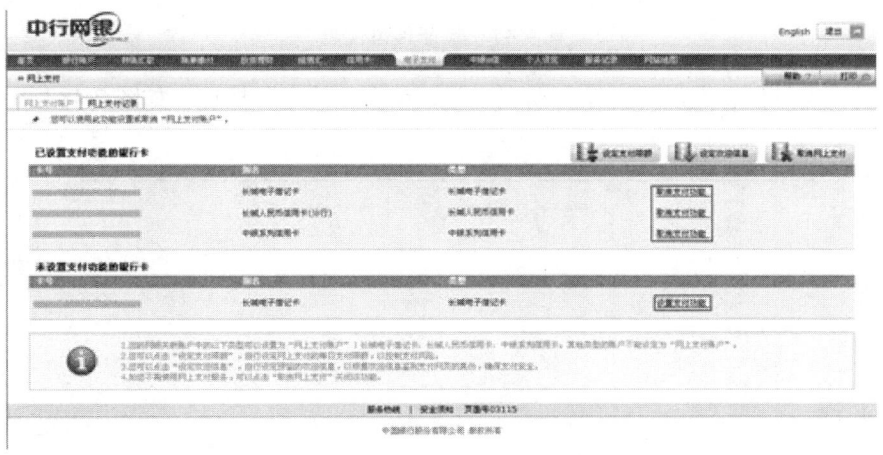

图 7.45 网上支付银行卡信息

3．使用网上支付

（1）在网上选定商品，选择中行网上支付后，会弹出中行网上支付页面，请输入"用户名"、"密码"及"验证码",单击"确定"按钮进入下一步,如图7.46所示。

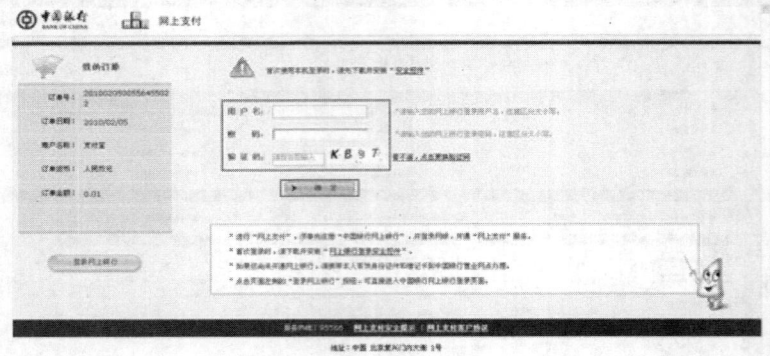

图 7.46　中行网上支付页面

(2)验证预留信息是否一致,确认无误后选择付款账号,并单击"确定"按钮进入下一步,如图7.47所示。

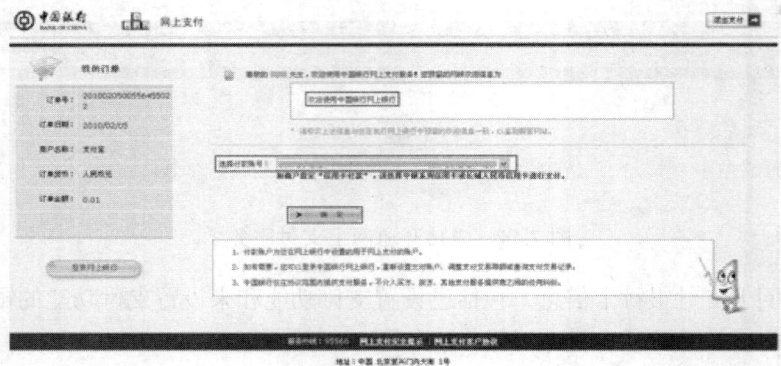

图 7.47　验证预留信息

(3)确认支付信息无误后,输入动态口令,单击"确定"按钮,如图7.48所示。

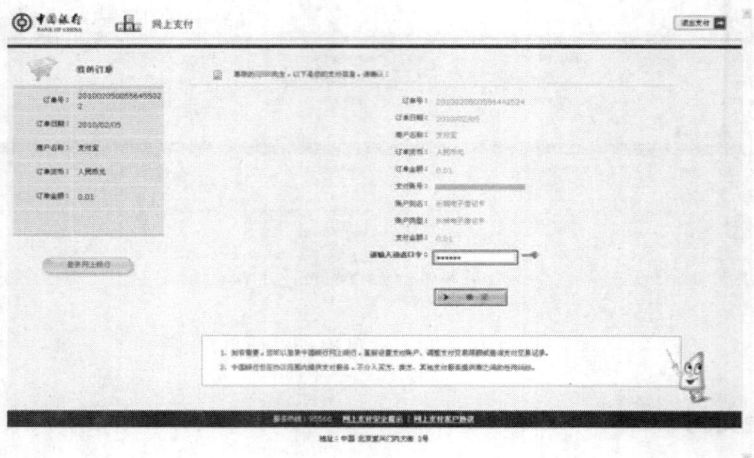

图 7.48　输入动态口令

页面显示支付成功以及支付的明细信息，请不要主动关闭页面，应单击"返回商城"按钮或等待页面自动跳转，回到商户页面，如图 7.49 所示。

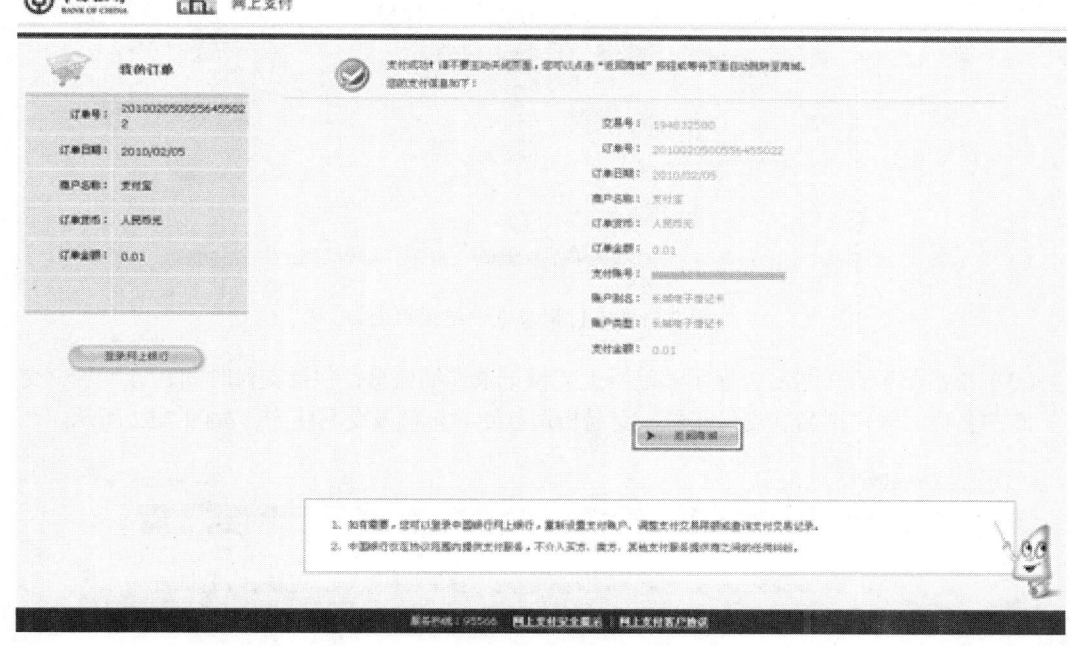

图 7.49　支付成功

4．查询网上支付记录

（1）在"电子支付"下，单击"网上支付"→"网上支付记录"，可根据您输入的起始及结束日期进行网上支付记录查询，如图 7.50 所示。可查询 1 年以内的"网上支付记录"，每次提交查询的时间跨度不能超过 3 个月。

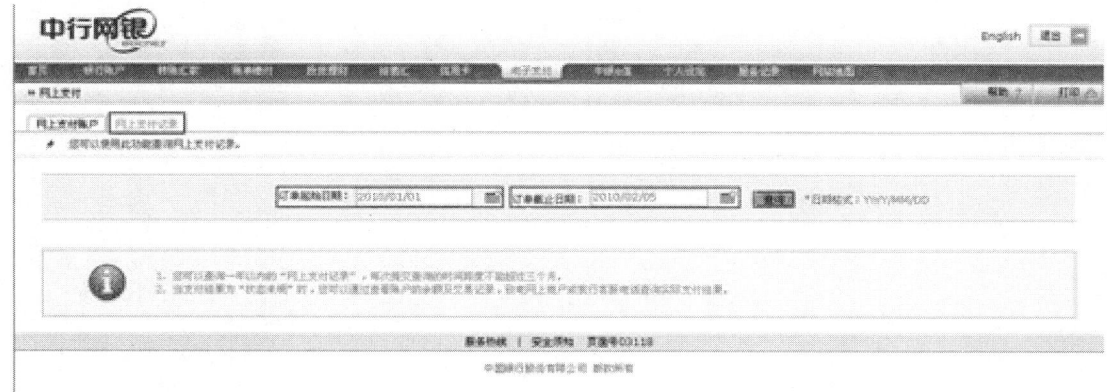

图 7.50　网上支付记录查询

（2）单击"查询"按钮后，显示网上支付记录查询结果页面，包括支付时间、订单号、交易货币、交易金额及交易状态，如图 7.51 所示。

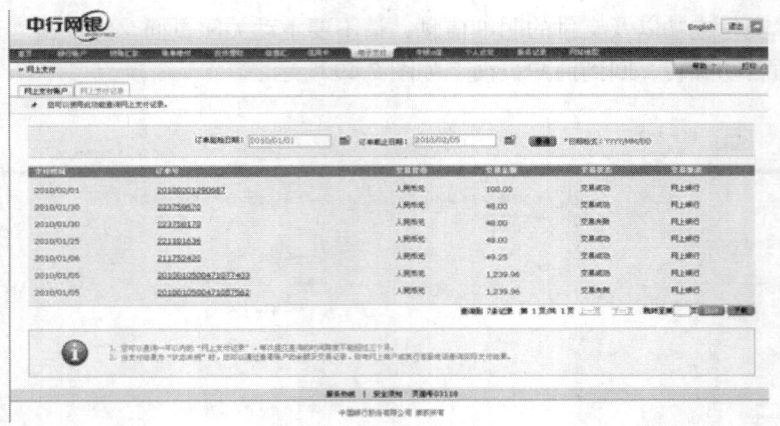

图 7.51 支付记录查询结果页面

（3）单击某个订单号后，显示该笔网上支付记录详细信息，包括支付时间、订单号、交易号、商户名称、账户别名、支付账号、交易货币、交易金额及交易状态，如图 7.52 所示。

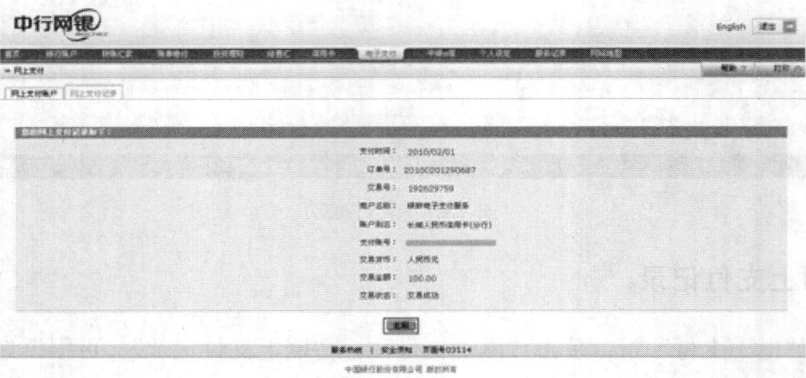

图 7.52 显示网上支付记录详细信息

第8章 第三方支付

近年来,我国电子商务市场发展迅猛。作为其中重要配套设施的第三方支付平台,也呈现出交易规模不断放大、影响范围日趋广泛、潜在价值逐步显现的态势。相对于传统的资金划拨交易方式,第三方支付可以有效地保障货物质量、交易诚信、退换要求等环节,在整个交易过程中,都可以对交易双方进行约束和监督。因此,在不需要面对面进行交易的电子商务形式中,第三方支付为保证交易成功提供了必要的支持。

第一部分 任务学习引导

8.1 第三方支付基础知识

1. 相关概念

(1) 第三方支付

第三方支付是具备一定实力和信誉保障的独立机构,采用与各大银行签约的方式,提供与银行支付结算系统接口的交易支持平台的网络支付模式。

在第三方支付模式中,买方选购商品后,使用第三方平台提供的账户进行货款支付(支付给第三方),并由第三方通知卖家货款到账、要求发货;买方收到货物,检验货物,并且进行确认后,再通知第三方付款;第三方再将款项转至卖家账户。

第三方支付是电子支付产业链中重要的纽带,它一方面连接银行,处理资金结算、客户服务、差错处理等一系列工作;另一方面连接商户和消费者,使客户的支付交易能顺利接入。

(2) 第三方支付平台

第三方支付平台是指平台提供商通过通信、计算机和信息安全技术,在商家和银行之间建立连接,从而实现消费者、金融机构以及商家之间货币支付、现金流转、资金清算、查询统计的一个平台。

第三方支付平台将交易信息和物流信息进行整合,为电子商务的资金流、信息流、物流三大瓶颈问题提供一致的解决方案。通过第三方支付平台,商家网站能够进行实时交易查询和交易系统分析,提供及时的退款和支付服务,便于客户查询交易动态信息、物流状态以及对交易进行相应处理等。

第三方支付平台是在网络安全平台之上建立的在线支付服务平台，作为买卖双方交易过程中的"中间件"，第三方支付平台旨在通过一定手段为交易双方提供信用担保，从而化解网上交易风险的不确定性，有效防止电子交易中的欺诈行为，增加网上交易成交的可能性，并在交易后提供相应的增值服务。在通过第三方支付平台的交易中，买方选购商品后，使用第三方平台提供的账户进行货款支付，由第三方通知卖家货款到达、进行发货；买方检验物品后，就可以通知付款给卖家，第三方再将款项转至卖家账户。第三方支付平台关于交易信息的详细记录，可以防止交易双方对交易行为的抵赖，也为售后可能出现的纠纷问题提供相应的证据，维护双方权益。

总之，第三方支付平台凭借在信用担保机制、银行支付网关接口整合、行业支付深度解决方案等方面的探索创新，较好地满足了各类客户的资金支付需求，在促进交易、提供支付便利和增值服务上形成了自身的特色和优势。与单纯的银行结算相比，第三方支付创造了一种新的商业模式和产业链。

2．第三方支付类型

按照第三方支付所依托的第三方支付平台，第三方支付可分为支付网关模式、账户支付模式和银联电子支付 3 种类型。其中，账户支付模式又可分为交易平台型账户支付模式和无交易平台型账户支付模式。

（1）支付网关模式

支付网关模式是指支付平台只作为支付通道将客户发出的支付指令传递给银行，银行完成转账后再将信息传递给支付平台，支付平台将此信息通知商户并与商户进行账户结算。

支付网关位于 Internet 和传统的银行专网之间，其主要作用是安全连接 Internet 和专网，起到隔离和保护专网的作用。在支付网关模式下，第三方支付平台扮演着"通道"的角色，并没有实际涉及银行的支付和清算，只是传递了支付指令。

（2）账户支付模式

① 交易平台型账户支付模式

交易平台型账户支付模式是指第三方支付平台机构具有交易平台（如支付宝就有淘宝网作为其交易平台），该模式中买卖双方达成付款意向后，由买方将款项划至其在支付平台上的账户，待卖家发货给买家，买家收货后通知第三方支付平台，第三方支付平台再将买方划来的款项从买家的账户中划至卖家的账户。这种模式的实质是以支付公司作为信用中介，在买家确认收到商品前，代替买卖双方暂时保管货款。

此类模式的典型代表是支付宝。

以支付宝为例，交易平台型账户支付模式具有以下特点。

- 互利

互利的特点是针对买家和卖家而言的。

首先，对于买家而言，一是货款先由支付平台保管，收货满意后才付钱给卖家，安全放心；二是不必去银行汇款，在网上在线支付，方便简单；三是付款成功后，卖家立刻发货，快速高效；四是经济实惠。

其次，对于卖家而言，一是无须到银行查账，支付平台即时告知买家付款情况，省力、省时；二是账目分明，交易管理清晰地记录了每一笔交易的详细信息；三是支付平台认证是卖家信誉的有效体现。

- 安全

首先，支付宝网站采用了先进的 128 位 SSL 加密技术（参照国内银行网站的普遍做法），确保在页面上输入的任何信息可以安全传送，而不用担心有人会通过网络窃取敏感信息。

其次，支付宝账户都有两个密码，一个是登录密码，用于登录账户、查看账目等一般性操作；另一个是支付密码，凡是涉及资金流转的过程，都需要使用支付密码。缺少任何一个密码，都不能使资金发生流转。同时，在同一天内支付宝系统只允许密码输入出错两次，第 3 次密码输入出错，系统将自动锁定该账户，3 个小时后才会自动解除锁定。

再次，支付宝账户提现时，系统将检查登记的银行账户姓名是否与认证姓名一致，否则不予提现。同时，支付宝账户设置变动手机短信通知功能。在发生诸如修改密码、使用支付宝账户余额付款、申请提现、取回密码、更新登记的银行账号、修改 E-mail 地址等操作的时候，都会收到手机短信通知。如果所收到的操作提示短信非本人的操作，可以及时检查账户并联系支付宝，以保护账户安全。

最后，作为协议的一部分，用户"支付宝账户"中的资金，不会用于用户指定用途以外的任何方面。

② 无交易平台型账户支付模式

无交易平台型账户支付模式是指第三方支付平台机构没有独立的交易平台（如易宝支），在该模式中买卖双方均在第三方支付平台内部开立账号，第三方支付公司负责按照付款方指令将款项从其账户中划付给收款方账户，以电子货币为介质（付款人的账户资金需要从银行账户充值）完成网上款项支付，使支付交易只在支付平台系统内循环。

此类模式有代表性的是 99Bill（快钱），易宝支付（www.yeepay.com）。

(3) 特殊的第三方支付——银联电子支付

银联电子支付（ChinaPay）平台是中国银联旗下的银联电子支付有限公司提供的第三方支付平台。作为非金融机构提供的第三方支付平台，ChinaPay 依托于中国银联，而且在人民银行及中国银联的业务指导和政策支持下迅速发展，因此，它是特殊的第三方支付平台。

ChinaPay 拥有面向全国的统一支付平台，主要从事以互联网等新兴渠道为基础的网上支付、企业 B2B 账户支付、电话支付、网上跨行转账、网上基金交易、企业公对私资金代付、自助终端支付等银行卡网上支付及增值业务。目前已有多家企业通过 ChinaPay 支付平台来进行网上支付、跨行转账、网上代付、电话支付等业务，以完成其电子资金的清算，其中有 10 家航空公司、40 家基金公司、15 家其他第三方支付公司。

3. 第三方支付系统的特征

(1) 第三方支付平台是一个为网络交易提供保障的独立机构。

(2) 第三方支付平台不仅具有资金传递功能而且可以对交易双方进行约束和监督。

(3) 第三方支付平台支付手段多样灵活，用户可使用网络、电话、手机短信等多种方式进行支付。

（4）较之 SSL、SET 等支付协议，利用第三方支付平台进行支付操作更加简单而易于接受。

（5）第三方支付平台本身依附于大型的门户网站，且以与其合作的银行的信用作为信用依托，能较好地突破网上交易中的信用问题，有利于推动电子商务的快速发展。

4．第三方支付的优势及劣势

（1）第三方支付的优势

① 第三方支付平台采用了与众多银行合作的方式，方便了网上交易的进行，解决了网络时代物流和资金流时间和空间上的不对称问题。

② 有效地减少了电子商务交易中的欺诈行为。

③ 节约交易成本，缩短交易周期，提高电子商务的效率。

④ 第三方支付平台能够提供增值服务，促进银行业务的拓展和服务质量的提高。

⑤ 第三方支付平台可以对交易双方的交易进行详细的记录，从而防止交易双方对交易行为可能的抵赖以及为在后续交易中可能出现的纠纷问题提供相应的证据，较好地突破网上交易中的信用问题。

⑥ 操作简便可靠。

（2）第三方支付的劣势

① 用户不信任。

② 赢利少。

③ 对银行依赖性强。

④ 结算周期长。

⑤ 面临银行和银联的强势竞争。

5．第三方支付的应用领域

第三方支付主要适合于 C2C、B2C 的部分领域。

在 B2C 市场，将会以银行和第三方支付共存，商业信用高的、金额较大的以银行结算为主，商业信用低的或金额较小的以第三方支付为主。

在 C2C 市场，因为没有可靠的诚信体系，银行结算几乎无能为力，应该以第三方支付为主。

8.2　第三方支付流程

大体来说，第三方支付主要经过以下几个步骤。

（1）消费者选购商品，买卖双方达成交易意向。

（2）消费者选择第三方支付平台，将货款划到第三方账户，并设定发货期限。

（3）第三方支付平台通知商家，消费者的货款已到账，要求商家在规定时间内发货。

（4）商家收到消费者已付款的通知后按订单发货，并在网站上做相应记录。

（5）消费者收到货物并确认满意后通知第三方支付平台。

（6）消费者满意，第三方支付平台将货款划入商家账户，交易完成；顾客对货物不满意，第三方支付平台确认商家收到退货后，将货款划回消费者账户或暂存在第三方账户中等待消费者下一次交易的支付。

在实际运作中，针对不同的第三方支付平台，其支付流程也不同。

1．支付网关模式第三方支付交易流程

支付网关模式第三方支付可以用于 B2B 和 B2C 模式的电子商务，两者的交易流程也不尽相同。

（1）B2B 支付交易流程

支付网关模式的 B2B 交易是在企业网银的基础上开发的应用，建立在 B2B 交易平台后端（通过标准接口实现技术衔接），将交易与支付作为两个独立的过程。其支付交易流程如图 8.1 所示。

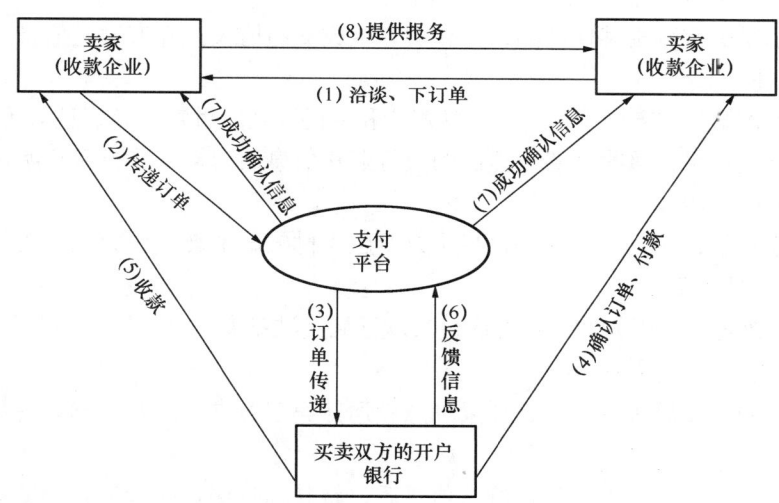

图 8.1　支付网关模式的 B2B 支付交易流程

（2）B2C 支付交易流程

支付网关模式的 B2C 支付交易流程中主要包括 4 个主体：卖家、买家、支付平台和买卖双方的开户银行。支付网关模式的 B2C 支付交易流程如图 8.2 所示。

2．账户支付模式第三方支付交易流程

（1）交易平台型账户支付交易流程

交易平台型账户支付模式中第三方支付平台的工作流程主要分以下 3 步。

① 将买方货款转拨到第三方平台所在账户。
② 当转账成功后,通知卖方发货。
③ 买方接收、确认货物信息后,货款转拨到卖方账户。

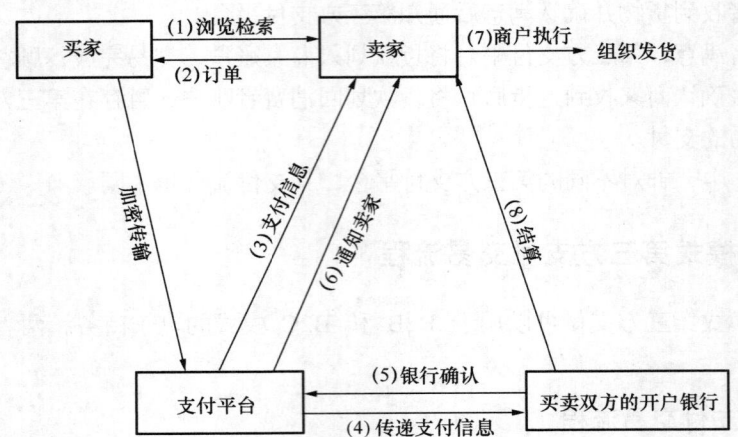

图 8.2 支付网关模式的 B2C 支付交易流程图

具体而言,一次成功的第三方支付过程包括 9 个环节。
① 买方浏览商品信息,挑选自己所需商品。
② 买方如果决定购买某件商品,就和卖方达成交易协议。卖方发送信息通知买方到第三方支付平台进行支付。
③ 买方进入第三方支付平台,提交其账户和密码以及所付款额等信息给第三方平台。
④ 第三方支付平台接收到买方提供的银行账户信息后,接入买方账户所在银行,对其提供的账户信息进行验证。
⑤ 验证成功后,第三方支付平台将买方所应支付的款额转拨到第三方支付平台所在账户,对其进行临时保管。
⑥ 第三方支付平台通知卖家买方应付货款已到,准备发货。
⑦ 卖家配送商品到买方手中。
⑧ 买方收到商品后进行检验,如果满意就通知第三方支付平台,确认商品已经验收,同意付款。
⑨ 第三方支付平台接收到用户确认信息后,将其临时保存的货款转拨给卖方,完成了一次完整的支付过程。

(2) 无交易平台型账户支付交易流程
① 客户和商家都在第三方支付平台注册姓名、银行卡号等资料信息,并开设账号。
② 客户在商家的网络商店进行购物,提交订单后,商家将客户在第三方支付平台的账号和支付信息传送给第三方平台请求支付。
③ 第三方支付平台向客户发出支付请求。
④ 客户通过第三方支付平台连接到开户银行进行支付(客户从开户行将资金转入第三方支付平台账户中)。
⑤ 支付确认返回给第三方支付平台。

⑥ 第三方支付平台将客户已经付款消息通知商家。
⑦ 商家向客户发货。
⑧ 客户收到货物并验证后通知第三方支付平台。
⑨ 第三方支付平台将货款划转到卖家的账户中。

3．ChinaPay 支付流程

ChinaPay 作为特殊的第三方支付平台，为广大个人和企业提供了在线支付解决方案，其中包括银联在线支付平台方案和企业商务在线支付方案。前者是面向大众的在线支付方案，而后者则是针对企业之间或企业与经销商之间的在线支付，适合企业电子商务应用。ChinaPay 支付交易流程如图 8.3 所示。

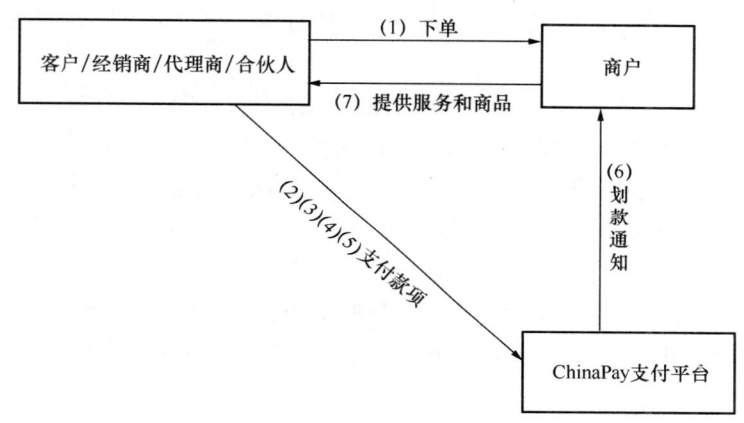

图 8.3　ChinaPay 支付流程

（1）银联在线支付平台方案

ChinaPay 的专业产品 OneLinkPay 是银联电子支付专门研发的针对个人网上支付的在线支付平台方案。它可以一次性连接多家商业银行和金融机构，支持国内主要商业银行发行的各类银行卡，可以实现跨银行、跨地区的实时支付。同时，它针对不同的业务模式，可量身定制支付结算方案；而且，它采用了先进的安全数据加密技术，可以同时为商户提供安全有效的网络连接、多种支付操作平台和支付工具。

OneLinkPay 的支付交易流程如下。

① 消费者浏览商户网站，选购商品，放入购物车，进入收银台。
② 网上商户根据购物车内容，生成付款单，并调用 ChinaPay 支付网关商户端接口插件对付款单进行数字签名。
③ 网上商户将付款单和商户对该付款单的数字签名一起交消费者确认。
④ 一旦消费者确认支付，则该付款单和商户对该付款单的数字签名将自动转发至 ChinaPay 支付网关。
⑤ 支付网关验证该付款单的商户身份及数据一致性，生成支付页面显示给消费者，同时在消费者浏览器与支付网关之间建立 SSL 连接。

⑥ 消费者填写银行卡卡号、密码和有效期（适合信用卡），通过支付页面将支付信息加密后提交支付网关。

⑦ 支付网关验证交易数据后，按照银行卡交换中心的要求组装消费交易，并通过硬件加密机加密后提交银联网络中心。

⑧ 银联交换中心根据支付银行卡信息将交易请求路由到消费者发卡银行，银行系统进行交易处理后将交易结果返回到银联交换中心。

⑨ 银联交换中心将支付结果回传到 ChinaPay 支付网关。

⑩ 支付网关验证交易应答，并进行数字签名后，发送给商户，同时向消费者显示支付结果。

⑪ 商户接收交易应答报文，并根据交易状态码进行后续处理。

（2）企业商务在线支付方案

① 客户登录商户网站，订购商品和服务，生成订单。确认支付后，即连接到 ChinaPay 支付页面。

② 客户选择支付银行，ChinaPay 平台将自动连接相应的银行支付页面。客户的经办人员根据银行页面的提示，插入网银证书卡，输入企业用户名和登录密码。

③ 客户登录后，在银行提供的商务支付页面（首次支付需要安装控件）上确认订单信息，选择支付账户和支付商户名称（在客户企业网银上可预先定制管理员直接支付模式或审核支付模式等）。

④ 审核人员登录客户企业网银，根据预先制定的流程逐级进行审批。

⑤ 审批完毕，银行划拨资金，支付信息返回给 ChinaPay 平台，并通知客户企业网银。

⑥ ChinaPay 平台收到支付信息，并将结果反馈给商户。

⑦ 商户向客户提供商品和服务。

8.3 第三方支付发展现状及存在的问题

1. 第三方支付发展现状

我国电子商务市场的快速发展引发了电子支付领域的巨大变革，以支付宝、财付通为代表的第三方支付平台迅速壮大，其服务已覆盖 B2B、B2C、C2C 以及跨行转账、信用卡还款、网络融资和公共事业缴费等众多领域。第三方支付平台不仅成为电子商务产业的重要配套设施，而且自身也形成了一个发展前景广阔、潜在价值巨大的分支产业。

（1）第三方支付平台的交易规模及市场份额分布

2007～2011 年，我国第三方支付市场交易额分别为 900 亿元、2 800 亿元、5 850 亿元、8 500 亿元和 9 800 亿元，年均增速高达 155.0%。2012 年有望增至 12 500 亿元，市场将保持高速发展态势。我国第三方支付交易额的增长情况如图 8.4 所示。

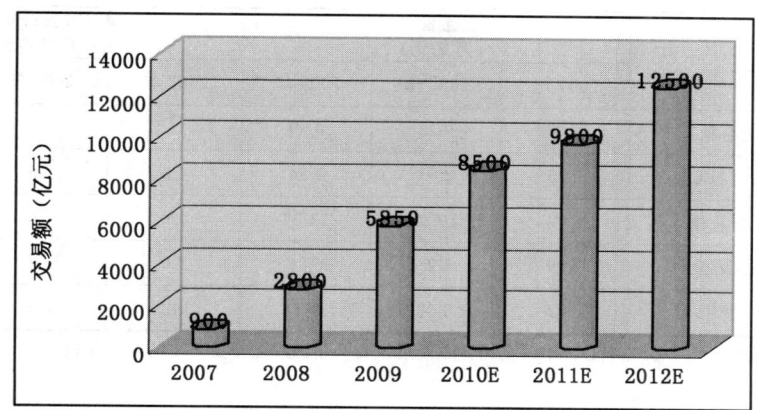

数据来源：中国电子商务研究中心。

图 8.4 我国第三方支付交易额的增长情况

截至 2010 年 6 月末，我国第三方支付机构数量达到 320 家，但市场集中度较高。其中，阿里巴巴集团旗下的支付宝以 48.5%的份额占据绝对领先优势，其日均交易笔数和日均交易额分别达到 550 万笔和 14 亿元；腾讯公司的财付通以 22.5%的份额位列第二，中国银联电子支付、快钱、环讯支付和易宝支付所占市场份额分别为 7.0%、5.3%、3.7%和 3.0%。我国第三方支付机构的市场份额分布如图 8.5 所示。

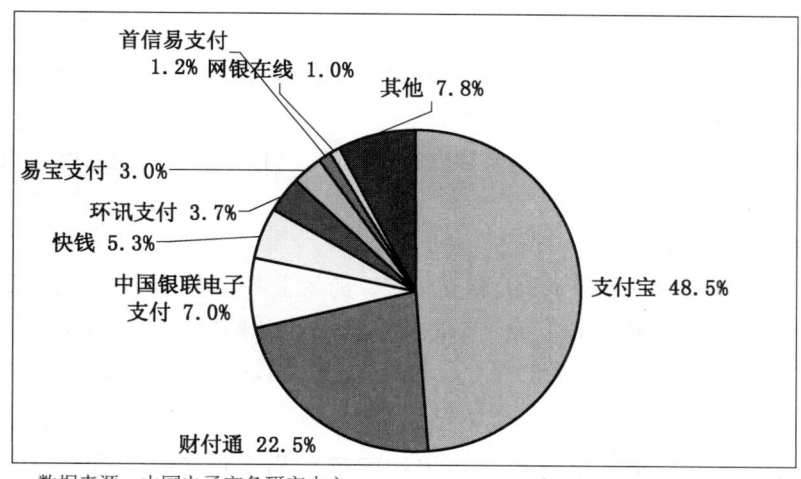

数据来源：中国电子商务研究中心。

图 8.5 我国第三方支付机构的市场份额分布（2010 年 6 月末）

（2）第三方支付平台在社会支付体系中的作用日益凸显

随着在线交易和网络购物的快速发展，第三方支付平台的应用渗透率不断提高，在全社会支付体系中的作用日益凸显。2009 年，第三方支付交易额在整个电子商务市场交易额中的占比达 16.5%，第三方支付交易额在社会消费品零售总额中的占比达 4.4%。表 8.1 所示的数据表明，第三方支付机构在做大支付市场"蛋糕"的同时，在"蛋糕"中的比重也不断扩大。

表 8.1　　　　　　　　　　第三方支付平台在社会支付体系中的作用

	金额（万亿元）			第三方支付交易额在各项中的占比（%）		
	2007 年	2008 年	2009 年	2007 年	2008 年	2009 年
第三方支付交易额	0.09	0.28	0.59			
电子商务市场交易额	2.25	2.93	3.54	4.0	9.6	16.5
社会消费品零售总额	8.92	10.85	13.27	1.0	2.6	4.4
银行卡消费额	2.99	3.95	6.86	3.0	7.1	8.6
工行银行卡消费额	0.62	0.80	1.50	14.5	35.0	39.3

数据来源：中国电子商务研究中心、中国支付体系发展报告、中国统计年鉴、工商银行年报

（3）《非金融机构支付服务管理办法》出台的影响

2010 年 6 月，央行正式发布《非金融机构支付服务管理办法》，对非金融机构的一些金融服务进行规范，对各类新型支付手段潜在的风险隐患予以预防和监督。第三方支付平台的业务定位和发展方向变得更加清晰，对有实力的第三方支付机构将产生了十分积极的影响。为第三方支付机构和商业银行在更广泛的业务领域开展合作提供了重要契机。

2．第三方支付产品

国内市场早在 1999 年就有了第一家第三方支付公司。目前，第三方支付系统的主流产品有以下几种。

- 免费的：PayPal（易趣公司产品）、支付宝（阿里巴巴旗下）、安付通（易趣）财付通（腾讯公司，腾讯拍拍）、百付宝（百度 C2C）。
- 收费的：网银在线、快钱（完全独立的第三方支付平台）、环迅 IPS、首信易支付、云网、YEEPAY。
- 政府的：银联支付。

其中，用户数量最大的是 PayPal 和支付宝，前者主要在欧美国家流行，后者是马云阿里巴巴旗下产品。另外，中国银联旗下银联电子支付也开始发力第三方支付。据不完全统计，目前提供第三方网上支付服务的企业已超过 50 家，较有名气的第三方支付平台有近 20 家，主要集中在北京、上海、杭州、广东等发达地区。

（1）PayPal——受全球亿万用户追捧的国际贸易支付工具

PayPal 是即时支付，即时到账的一种支付工具，是易趣旗下的一家公司，致力于让个人或企业通过电子邮件，安全、简单、便捷地实现在线支付和接收款项。其首页界面如图 8.6 所示。

通过 PayPal 支付一笔金额给商家或者收款人，可以分为以下几个步骤。

① 付款人以电子邮件地址开设 PayPal 账户。
② 付款人启动向第三人付款程序。

图 8.6　PayPal 首页界面

③ PayPal 向商家或者收款人发出通知。
④ 商家或收款人接受后,支付即完成。

(2)支付宝——阿里巴巴旗下,淘宝网主要支付方式

支付宝可以为淘宝的交易者以及其他网络交易的双方乃至线下交易者提供"代收代付的中介服务"和"第三方担保"。其首页界面如图 8.7 所示。

支付宝的支付模式从支付流程上来说类似于 PayPal 的电子邮件支付模式,业务上的不同之处在于 PayPal 业务是基于信用卡的支付体系,并且很大程度上受制于信用卡组织规则(在消费者保护方面)和外部政策的影响。另外,PayPal 支持跨国(地区)的网络支付交易,而支付宝虽然不排斥"国际使用者",但是规定"则需具备国内银行账户"。

基于交易的进程,支付宝在处理用户支付时有两种方式。

① 买卖双方达成付款的意向后,由买方将款项划至其在支付宝账户(其实是支付宝在相对银行的账户),支付宝发电子邮件通知卖家发货,卖家发货给买家,买家收货后通知支付宝,支付宝于是将买方先前划来的款项从买家的虚拟账户中划至卖家在支付宝账户。

② 支付宝的即时支付功能,"即时到账交易(直接付款)",交易双方可以不经过确认收货和发货的流程,买家通过支付宝立即发起付款给卖家。

图 8.7 支付宝首页界面

(3)财付通

财付通是腾讯公司于 2005 年 9 月创办的中国领先的在线支付平台,业务覆盖 B2B、B2C 和 C2C 各领域,提供卓越的网上支付及清算服务。其首页界面如图 8.8 所示。

图 8.8 财付通首页界面

针对个人用户，财付通提供了包括在线充值、提现、支付、交易管理等丰富功能；针对企业用户，财付通提供了安全可靠的支付清算服务和极富特色的 QQ 营销资源支持。

（4）快钱

快钱支付网关是快钱推出的应用于电子商务平台的在线支付系统，包含人民币网关、外卡网关、神州行网关和电话支付 4 个产品。快钱支付网关不仅支持国内银行卡、国际 VISA 卡、神州行以及快钱账户的在线货款支付，同时还支持各种线下货款支付方式，是国内支持货款支付方式最多的网关。其首页界面如图 8.9 所示。

图 8.9 快钱首页界面

3．第三方支付存在的问题与对策

（1）法律定位问题

目前所有第三方支付服务商，都称自己在网络交易中是中介方，在用户协议中也尽量避免称自己为银行或金融机构，试图确立仅仅为用户提供网络代收代付的中介地位，但由于在第三方支付中涉及用户资金的结算和一定时期的资金代管、担保等类似于金融业务的活动，使得第三方支付服务商的法律地位难以准确定位，因此，在交易中的法律责任等很多法律问题都没有明确的立法加以规范。

（2）交易安全问题

第三方支付是以开放的互联网络为基础，依托购物网站和商业银行的网上支付平台，通过网络进行数据存储和传输，容易出现假冒客户身份、非法窃取或篡改支付信息等问题。现在网络病毒种类繁多、传播方式和途径多样化，黑客恶意攻击也时刻威胁着支付平台的安全。可靠的安全管理体系，在系统安全审计、业务审计和故障事故报告等方面尤其欠缺，因而建立在此基础上的第三方支付的安全风险仍比较突出。

（3）非法交易的问题

第三方支付平台与非法交易关联在于第三方支付平台有可能成为非法交易通道。从目前电子商务支付市场的竞争态势看，第三方支付市场是一个"僧多庙少"的境况，彼此竞争甚是激烈。对于多数支付公司来说，只要有交易发生，不论交易性质，只讲究交易结果，而其中有不少交易能够很明显地看出是在洗钱，却视而不见。阿里巴巴的支付宝在其业务中提供了一种直接划款服务，即可以不用确认发货和授权付款，即可将资金转账至用户指定的账户,虽然每次只能支付五百元,这也给非法资金的转移提供了便利。这种情况的发生不利于网上支付及电子商务的健康发展。

(4) 风险控制问题

从第三方支付的业务运行流程来看,买方并不向卖方直接付款,而是买方将货款汇入第三方支付平台指定的账户,待买方验货后,才由第三方支付平台根据买方同意付款信息将资金支付给卖方。由此可以看出,由于存在资金收付的时间差,买方资金在第三方支付平台有一个短暂的滞留期,一般来说,资金在第三方至少要滞留 2~10 天的时间。在这段时间,该资金就由第三方支配,只要每天都有大量的交易,第三方就会积累大量的、稳定的沉淀资金。

4. 发展第三方支付的对策

(1) 明确法律的定位

国家应尽快出台相关法律,明确界定第三方支付服务商的法律地位。尽管第三方支付平台把自己定义为提供网络代收代付的中介机构,力图避开相关的法律法规约束,但实质上,它们所提供的代理收付业务和支付结算服务都是银行的专有业务,较之银行更为严密的内控体系与较高的支付能力,其蕴藏的资金风险、支付风险与道德风险应更加引起重视,特别是在各服务商纷纷抢占地盘、不惜压价恶性竞争的情况下,更容易引发资金风险。

(2) 加强监督管理

第三方支付一般的交易过程为:买方选购商品后,使用第三方支付平台提供的账户进行货款支付,第三方在收到代为保管的货款后,通知卖家货款到账,要求商家发货;买方收到货物、检验商品并确认后,通知第三方;第三方将其款项转划至卖家账户上,交易完成。这一交易完成过程的实质是一种提供结算诚信担保的中介服务方式。在整个交易过程中,可以对交易双方进行约束和监督。

(3) 加大监控范围

由于第三方支付本身的特点,使得通过第三方支付成为非法交易的新的捷径,日益受到犯罪分子的青睐,因此,有必要采取措施,加强对通过第三方支付平台收付资金的监控,将其纳入反洗钱监控范围。

(4) 提高网络安全技术

第三方支付平台应不断投入人力、物力,不断研发新的安全手段,分别在网络层、系统层、应用层实施安全保障。对于关键数据(如银行卡号和密码)的传输采取国际最先进的加密技术,以确保网上交易的安全性,为电子商务的蓬勃发展保驾护航,推动电子商务的健康发展。

总之,第三方支付作为一种新型的支付方式,尽管在法律、资金、网上支付安全问题等方面存在一定的风险隐患,但是是目前最适合我国电子商务发展的支付方式。虽然我国还没有出台专门针对第三方支付的法律法规,它存在的问题已经引起管理当局的高度关注,正在采取措施为这种新型支付模式的发展提供良好的经济、法律和政策环境，促进整个电子商务健康、快速地发展。

第二部分 技 能 训 练

技能训练 使用第三方支付工具进行网上支付

支付宝——全球最大的电子支付平台，由浙江支付宝网络科技有限公司提供的账户型第三方支付平台。

1. 基本原理

（1）支付宝服务功能

借助支付宝平台，客户可以完成以下服务功能。

① 付款

支付宝提供以下两种付款服务方式。

- 担保交易付款：享有支付宝担保，即使与陌生人交易，也安全。
- 即时到账交易付款：付款后立即到达对方的账户，付款简单、快速。

② 收款

支付宝提供以下 3 种收款服务。

- 担保交易收款：享有支付宝担保，即使与陌生人交易，也安全。
- 即时到账交易收款：对方付款后立即到达客户的账户，简单、快速。
- AA 制收款：为聚会、K 歌等 AA 活动，轻松向朋友集体收款。

③ 短信、邮件提醒

如果客户的账户金额变动超过 100 元，将收到支付宝发送的免费短信提醒。

④ 账户管理

客户可以对自己账户的收支明细进行管理。

（2）支付宝网上支付方式

在网上支付时，支付宝支持以下付款方式。

① 网上银行支付。

② 支付卡通支付。

③ 支付宝账户余额支付。

④ 信用卡支付。

2．支付宝支付流程

① 登录支付宝网站 http://www.alipay.com（或淘宝、阿里巴巴网站），用手机或 E-mail 注册支付宝账户。如果已经注册，则登录支付宝账户。

注册步骤参见：http://club3.alipay.com/yy/club/yanshi/sjzc1.html（手机注册）；
http://club3.alipay.com/yy/club/yanshi/ezc1.html（E-mail 注册）。

② 支付准备。根据自己的实际情况，做好支付的准备工作：开通网上银行服务，或者开通支付宝卡通，或者开通信用卡的网上支付功能，或者为支付宝账户进行充值（账户充值操作参见：http://club3.alipay.com/yy/club/yanshi/ "账户充值"下各种充值方式）。

③ 到淘宝或支付宝的合作网站挑选喜欢的商品，并单击"立即购买"或"去收银台"按钮，进入支付宝支付过程。

④ 选择支付方式，将货款先支付到支付宝；支付宝通知商家发货。支付步骤参见以下网址。

a．网上银行支付：http://club3.alipay.com/yy/club/yanshi/wyzf1.html。
b．支付宝卡通支付：http://club3.alipay.com/yy/club/yanshi/ktzf1.html。
c．信用卡支付：http://club3.alipay.com/yy/club/yanshi/xykzf1.html。

⑤ 收货付款。收到货后，经检验无误，则在支付宝中确认收货，输入支付宝支付密码，支付宝真正将货款划给商家。

第③～⑤步的具体操作步骤可参见 http://club3.alipay.com/yy/club/yanshi/ "购物演示"下的"淘宝购物演示"和"商户购物网站购物演示"。

第9章 其他支付结算方式

第一部分 任务学习引导

9.1 移 动 支 付

1. 移动支付定义

移动支付,是指交易双方对所消费的商品或服务,通过移动设备进行账务支付的一种服务方式。整个移动支付价值链包括移动运营商、支付服务商(比如银行、银联等)、应用提供商(公交、校园、公共事业等)、设备提供商(终端厂商、卡供应商、芯片提供商等)、系统集成商、商家和终端用户。移动支付所使用的移动终端可以是手机、PDA、移动 PC 等。

2. 移动支付形式

移动支付存在着多种形式,不同的形式其实现方式也不相同。大体上讲,有以下几种分类方式。

(1)根据支付金额的大小,可以将移动支付分为小额支付和大额支付。

① 小额支付

小额支付业务指运营商与银行合作,建立预存费用的账户,用户通过移动通信的平台发出划账指令代缴费用。

② 大额支付

大额支付指把用户银行账户和手机号码进行绑定,用户通过多种方式对与手机捆绑的银行卡进行交易操作。

(2)根据支付时支付方与受付方是否在同一现场,可以将移动电子支付分为远程支付和近场支付。

① 近场支付

所谓近场支付就是用手机刷卡的方式坐车、买东西等,非常便利。

② 远程支付

远程支付是指通过发送支付指令(如网银、电话银行、手机支付等)或借助支付工具

（如通过邮寄、汇款）进行的支付方式，如掌中付推出的掌中电商，掌中充值，掌中视频等属于远程支付。

（3）根据实现方式的不同，可以将移动支付分为两种。

① 一种是通过短信、WAP 等远程控制完成支付。

② 另一种是通过近距离非接触技术完成支付，主要的近距离通信技术有 rfid、nfc、蓝牙、802.11 等。

不同形式的移动电子支付对安全性、可操作性、实现技术等各方面都有着不同的要求，适用于各类不同的场合和业务。

3．移动支付基本原理

移动支付业务是由移动运营商、移动应用服务提供商（MASP）和金融机构共同推出的、构建在移动运营支撑系统上的一个移动数据增值业务应用。移动支付系统将为每个移动用户建立一个与其手机号码关联的支付账户，其功能相当于电子钱包，为移动用户提供了一个通过手机进行交易支付和身份认证的途径。用户通过拨打电话、发送短信或者使用 WAP 功能接入移动支付系统，移动支付系统将此次交易的要求传送给 MASP，由 MASP 确定此次交易的金额，并通过移动支付系统通知用户，在用户确认后，付费方式可通过多种途径实现，如直接转入银行、用户电话账单或者实时在专用预付账户上借记，这些都将由移动支付系统（或与用户和 MASP 开户银行的主机系统协作）来完成。

9.2　虚拟货币的支付

1．虚拟货币的定义及功能

广义上说，网络虚拟货币是指由一定的发行主体以公用信息网为基础，以计算机技术和通信技术为手段，以数字化的形式存储在网络或有关电子设备中，并通过网络系统（包括智能卡）以数据传输方式实现流通和支付功能的网上等价物。

狭义上说，虚拟货币是指有别于有形货币的一种新型货币形式，它由一些大公司发行，通常出现在网络游戏中，因其具有一定的价值尺度，常被作为进行虚拟交易的支付货币。除了各大网络游戏公司所发行的、冠有各种品名的虚拟货币外，使用较普遍的虚拟货币还包括腾讯 Q 币等。

目前，虚拟世界的网络交易已经形成了产、供、销一条龙的庞大网上交易市场，而且，产生了专门从事"打币"的职业打工一族，也出现了专门兑换各种游戏币的兑换店。

2．网络虚拟货币与现实货币在使用中的不同点

（1）所发挥的职能手段不同

- 现实货币可以同任何商品进行交换。

- 虚拟货币适用范围有限，不能作为一般等价物。

（2）货币发行权属不同
- 法定货币发行权唯一，直属央行。
- 虚拟货币由各网络服务商发行。

（3）价值交换机制不同
- 现实货币可以实现货币和商品的双向互易，即用货币可以买商品，卖商品可以得到货币。
- 而网络货币缺乏退出机制。

（4）货币创造能力不同
- 现实货币发行必须风和国家宏观调控。
- 虚拟货币可无限发行。

（5）风险不同
- 现实货币由中行担保。
- 而虚拟货币缺乏并无担保，无法列入货币范畴。

3．虚拟货币的种类

虚拟货币大致分成以下两种。

（1）游戏币

《天堂》天币、《开心农场》农民币等都是此类，它们多半只能在单一游戏中使用。但若是扩大一点由游戏发行商设立的点数，则可以通用旗下多种游戏，如游戏橘子所发行的GASH币。

（2）平台币

平台币如国内的腾讯、百度、新浪所推出的Q币、百度币、U币，因应发行者所推出的多元化产品，而有不同的应用。但同样扩大一点，有些平台发行的网络币，能购买站内第三方企业的商品，Facebook的f币就是典型。

4．网络虚拟货币的优点

（1）虚拟货币获取途径方便

例如腾讯发行的Q币，可以打电话为自己的账户充值，也可以在腾讯授权的经销商那购买，又可以在网上银行直接购买等。

（2）虚拟货币可以优化资源配置

网络中的各种资源特别丰富，其中的虚拟产品和服务满足各类人们不同的需求。其应用范围也越来越广的在虚拟世界中充当一般等价物，成为虚拟财物与现实财富的桥梁，更加有利于实现资源的优化配置。

5. 网络虚拟货币存在的问题

(1) 容易被利用进行洗钱、赌博等违法犯罪活动

虚拟货币容易进行远距离转移,且具有很强的匿名性,网络交易又很难监管、取证和处罚,因此,其洗钱成本要低于很多其他洗钱方式,容易被犯罪分子利用进行洗钱。

(2) 网民合法权益难以得到有效的保障

由于目前对虚拟货币管理缺位,完全处于一种自由放任的状态,广大网民的合法权益难以得到有效的保障。

① 由于网络运营商的经营存在很大的不确定性,一旦企业出现问题关门或倒闭,持有该公司发行的虚拟货币的网民就会承担相应损失的风险。

② 部分网络运营商系统在安全技术投入不足,玩家的虚拟货币容易被盗用。

③ 目前,国内法律对于个人网络虚拟财产缺乏相应的管理规定。玩家虚拟财产失窃被盗,报案后执法机关处于无法可依的局面。

(3) 虚拟货币容易引起通货膨胀

如果虚拟货币不能用于购买实物产品,那么实物之中流动的单位是人民币,在商品数量一定的情况下,物价水平是不变的。在这种情况下,虚拟货币不会带来现实社会的通货膨胀。然而,虚拟货币在一些实物电子交易网站如淘宝、卓越、当当等网站上可以购买实物,人民币贬值,当商品价格普遍、持续上涨时,就会发生通货膨胀。

(4) 缺乏回兑机制,引发市场混乱

目前,虚拟货币发行商没有安排虚拟货币相应的回兑机制。网民手中多余的虚拟货币,一般只能闲置不用,或者通过各类交易平台出售或交换多余的虚拟货币。这促使了虚拟货币地下交易市场的形成和繁荣。虚拟货币地下交易市场又处于无序运行的状态,虚拟货币使用范围有可能被任意扩大,与人民币之间实现双向兑换,这将变相成为一种支付工具,有可能破坏货币流通秩序。

6. 虚拟货币实例

(1) Q币

Q币,简称QB,是由腾讯公司推出的一种虚拟货币,可以用来支付QQ的QQ行号码、QQ会员服务等服务。通常它的兑价是1Q币=1人民币,用腾讯拍拍网交易一般都是9折。

Q币目前暂时可以用来支付QQ的所有服务(包括申请QQ行号码、购买QQ靓号、QQ会员服务、QQ交友、QQ贺卡、QQ宠物、QQ钻石会员等),还可以购买QQ游戏(包括游戏大厅中的各种游戏以及QQ堂、QQ幻想、QQ音速、QQ三国)中的道具。也可以用QB来买穿越火线CF点,腾讯稍后还将推出一系列精彩个性化增值服务。

(2) 百度币

百度币是百度公司针对个人用户在互联网上消费而推出的唯一虚拟货币,在消费过程中,1百度币价值1元人民币。每一位百度注册用户拥有唯一对应的"百度币账户",可以

保存、管理自己所拥有的百度币。

百度币目前可用于购买百度杀毒频道的国内外优质正版杀毒软件；给百度玩吧的各款网络游戏充值及百度空间应用的各款社区类游戏充值。

（3）新浪网推出的一种虚拟钱币。

该虚拟钱币像 QQ 币一样可在网络上方便的消费，充值方式多样，消费方便。并且新浪采用了更加灵活的方式，积分也可换 U 币，促进网友更多的使用新浪网的服务。新浪 U 币积分是新浪的一种通用型积分，可以享受积分回报。

使用新浪 U 币积分可以参加 U 币积分频道的所有抽奖兑换活动。

（4）G 币

G 币是无忧卡平台通行证账户的消费币，可通过 G 币消费平台众多付费增值产品和服务。G 币卡是 G 币 的载体。G 币卡可用于兑换为 G 币，并存储在用户的通行证账户内，一次充值，多次使用。

G 币可兑换一些产品，如通信类充值、游戏充值等。

9.3 电话支付

1. 电话银行含义

电话银行（Telephone Banking）是 20 世纪 80 年代末推出的一种新型银行服务系统。它采用先进的计算机技术、通信技术和数字与语音转换技术，采用预先分配用户编号和个人密码控制，通过电话自动语音应答和人工服务等方式，充分利用电话在时间上的及时性和空间上的无限性，为客户提供诸如查询、密码修改、挂失、转账等金融服务，是当今最先进的金融服务工具之一。

2. 电话银行的发展阶段

（1）人工服务阶段

在这一阶段，银行只是通过话务员接听电话，为客户提供业务申请、查询、咨询、通知等简单服务，即将传统部分柜台的业务通过电话的方式来实现。

（2）自动语音服务阶段

20 世纪 80 年代初期，许多银行开始利用计算机语音技术为客户提供简单的账户余额查询、明细查询、公共金融信息查询等，客户拨打银行提供的专用服务号码，通过在话机上按键输入有关信息即可完成各种操作。这种方式的出现，标志着电话银行进入自动语音服务阶段。

（3）呼叫中心服务阶段

20 世纪 80 年代末期，自动语音服务不能满足客户多样化的需求，客户在享受语音服务的同时，也产生了又很多语音服务无法解决的问题，此时他们需要能够与银行的业务员进行直接的电话交互，从而产生了对提供兼具自动语音服务和人工服务的需求，从而产生了呼叫中心服务。

3．电话银行的系统构成

电话银行系统主要由 3 部分构成：处理银行业务的计算机主机处理系统、前置机和城市公用电话网与客户电话。电话银行的系统构成如图 9.1 所示。

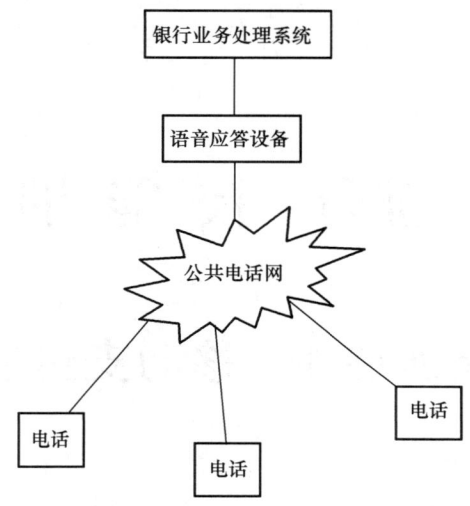

图 9.1　电话银行的系统构成

电话银行系统中的银行业务处理系统与通常的电子银行处理系统并没有很大的变化，只是增加了一台语音机，完成数字和语音的转换。因此，电话银行中最关键的设备是前置机。

前置机由计算机、以太网卡、语音卡和传真卡组成，主要完成电话用户的电话接入、主叫识别、按键识别、语音播放、传真处理等功能，客户利用按键/音频电话接通银行主机，就可以进行数据查询和财务处理。

4．电话银行的分类

按照提供服务的形式不同，可以分为以下几类。
- 人工服务电话银行
- 自动语音服务电话银行
- 人工服务和自动语音服务综合服务电话银行

5．电话银行服务功能

（1）交易处理功能

交易处理功能包括：客户账户余额查询、账户往来明细及历史账目档案、大额现金提现预告、银行存贷款利率查询。

（2）交易处理功能以外的功能

交易处理功能以外的功能包括：金融业务咨询、处理客户投诉、提供应急服务、推介金融产品。

6. 电话银行的特点

① 安全。
② 操作简单、使用方便。
③ 服务形式多样。
④ 实时操作、覆盖面广。

第二部分 技 能 训 练

技能训练1 移动支付应用

1. 手机银行功能的申请

（1）建设银行手机银行服务的开通 http://ebank.ccb.com/cn/ebank/sjyh_products_list.html
想要使用手机银行，需先开通服务，开通成功后方可使用。开通步骤如下。

① 选择建行手机银行。
② 选择开通服务。
③ 阅读并接受建行手机银行服务协议。
④ 选择证件类型，输入证件号码。
⑤ 选择开户分行。
⑥ 输入账号和密码。
⑦ 输入姓名。
⑧ 输入开通服务的手机号码。
⑨ 设置手机银行登录密码。
⑩ 按确定键发送信息。
⑪ 系统验证无误后，发回开通服务成功信息。

操作界面如图9.2所示。

【注意】

① 开通服务流程中输入的手机号码必须和使用的手机号码相同。
② 快捷选择分行：按分行第一个字拼音的第一个字母，可调到所在分行页面，如选择"广西分行"按"4"（G是位于4键的第一个字母）键，"湖南分行"按两次"4"键。
③ 输入密码时，手机银行系统自动转入数字、字母选择界面。如图9.2所示，当单击数

字键"2"时,手机屏幕自动出现数字、字母选择界面,客户只需单击相应的序号即可选择。

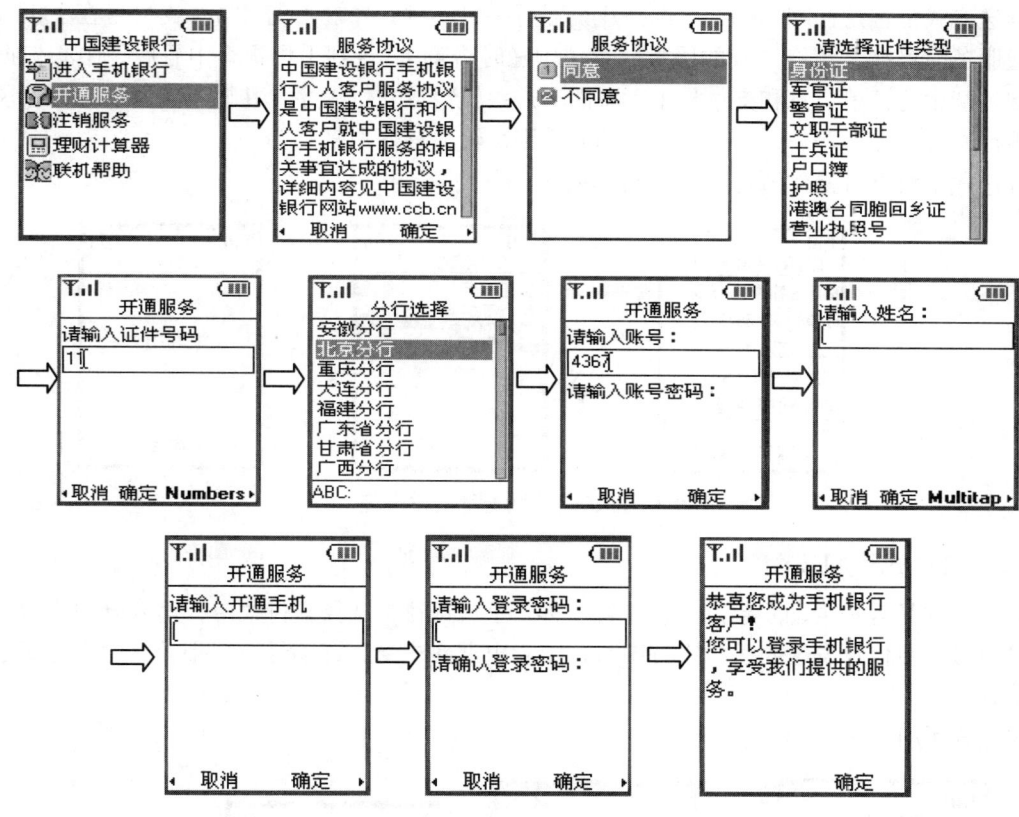

图 9.2　手机银行服务开通流程

(2) 手机银行登录

如果已开通服务,选择"进入手机银行",按提示输入登录密码(除使用手机自助开通服务以外,初次登录手机银行时系统还将提示输入客户号),登录成功后方可使用手机银行各项功能。

手机银行登录流程如图 9.3 所示。

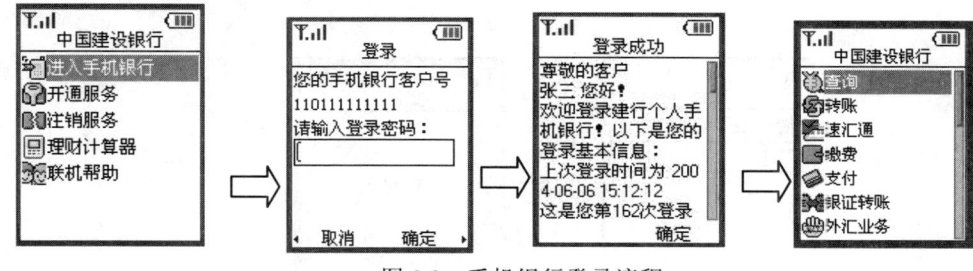

图 9.3　手机银行登录流程

2. 手机银行的支付使用

登录手机银行服务成功后,选择"支付"。此项功能提供签约账户支付和非签约账户支付,手机支付提供两种支付的发起方式——推送方式和自主方式。

（1）推送式手机支付

推送方式是客户在网站购物后选择建设银行手机支付，并输入支付号（支付号在手机银行开通服务时产生，可在"我的服务"菜单中随时查询），传到手机银行中心后，中心根据购物网站产生的订单信息和支付号主动激活客户手机银行支付程序，并显示支付信息，登录手机银行，选择支付账户，若选择非签约账户则需输入该账户密码。

推送式手机支付操作流程如图 9.4 所示。

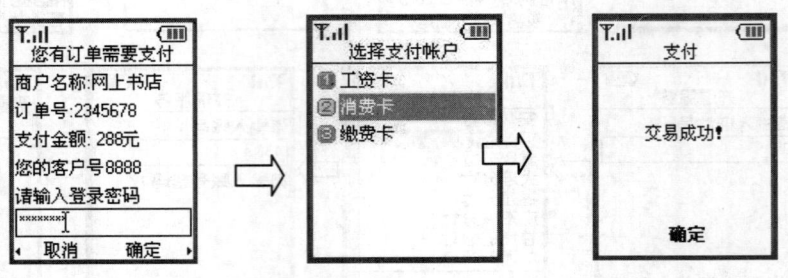

图 9.4　推送式手机支付操作流程

（2）自主式手机支付

自主方式是客户主动发起方式，即客户进入手机银行，选择支付菜单，输入已知的商户号和订单号，将信息发送到手机银行中心，中心根据商户号和订单号取得相关支付信息回送客户确认。

自主式手机支付操作流程如图 9.5 所示。

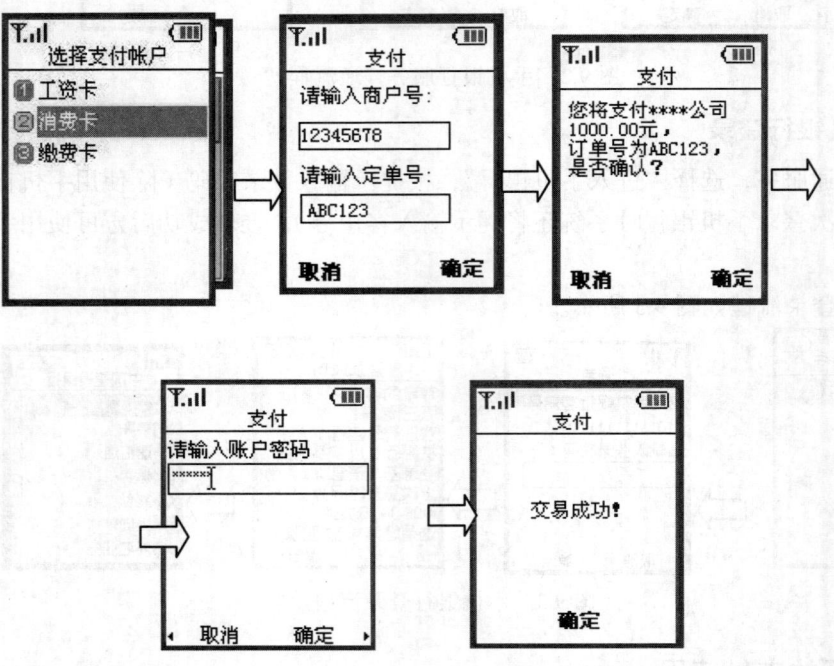

图 9.5　自主式手机支付操作流程

注：在支付流程中，若是非签约账户支付，系统自动提示输入账户密码。

3. 移动支付应用网站体验

（1）联动商城,移动支付平台

http://www.umpay.com.cn/netshop/front/index.do 首页面如图 9.6 所示。

图 9.6　联动商城首页面

（2）中国移动手机支付官方网站

https://www.cmpay.com/login.jsp 首页面如图 9.7 所示。

图 9.7　中国移动手机支付官方网站首页面

技能训练 2　电话银行支付的应用

1. 建设银行电话支付

（1）建设银行电话银行申请流程

普通客户开通服务流程：拨打 95533→输入账号或证件号→输入账户取款密码→设置电

话银行查询密码→普通客户服务开通成功。

如已成为 95533 电话银行普通客户，且还想使用高级客户功能，需本人持身份证和开户时使用的银行卡或存折，至任意建行柜台办理电话银行签约，在柜台设置电话银行密码（设置完成后，普通客户的查询密码不再使用），即可使用高级客户功能。

如之前未使用过电话银行系统，本人可直接持账户及开户时所用有效证件至任意建行柜台办理电话银行签约，在柜台设置电话银行密码，直接成为电话银行高级客户即可。

（2）建设银行 95533 电话支付使用流程

建设银行电话银行服务号码 95533（手机、固话均可拨打，收市话费）。

① 拨打 95533。
② 选 1"中文服务"。
③ 选 1"对私签约客户"。
④ 输入客户号或证件号码（以 # 号键结束输入）。
⑤ 输入 6 位客户密码（以 # 号键结束输入）。
⑥ 选 5"缴费支付"。
⑦ 选 2"支付"。
⑧ 请输入账号后 4 位（以 # 号键结束输入）。
⑨ 选 2"YeePay 易宝支付"。
⑩ 请输入手机号码（以 # 号键结束输入）。
⑪ 播报输入的手机号。
⑫ 播报订单"..."，选 1"确认"。
⑬ 支付完成。

第10章 网上金融

第一部分 任务学习引导

10.1 网上证券交易

网上证券交易是近年来迅速发展起来的高度计算机网络化的行业,从买卖委托、交易撮合、行情显示到成交回报、清算交割,均实现了计算机自动化处理,使证券交易的周期大大缩减。

1. 网上证券交易概念

网上证券交易是指投资者利用互联网络资源,获取证券的即时报价,分析市场行情,并通过互联网委托下单,实现实时交易。网上交易及其相关业务主要包括:查询上市公司历史资料、查询证券公司提供的咨询信息、查询证券交易所公告、股票网上发行、资金划转、网上实时委托下单、委托成交查询、互联网络有偿资讯、网上投资顾问、电子公告牌、电子讨论、双向交流等。

2. 网上证券交易特点

网上交易与传统交易的最大区别就是:投资者发出的交易指令在到达证券营业部之前,是通过公共网络即互联网传输的。同时,证券电子商务与其他电子商务相比,减少了物流配送环节,因此更容易实现,更容易被商家和客户所接受,发展前景十分广阔。其主要特点如下。

(1) 安全保障高

证券网站具有区别于一般网站的保密功能。采用先进的防火墙技术和高强度数据加密,两级密码操作方式,加强了网站的安全审计功能,最大限度确保客户的信息安全,让其放心交易。

(2) 委托快捷便利,多种渠道进行交易

任何时候、任何地方、任何方式。网上交易不受地域时间的限制,无论客户身在全球何方,只要办理了网上交易手续,均可通过 Internet 实现你的投资意愿。"一网在手,走遍天下"。此外,结合强大的网上功能,客户仍可使用电话委托、营业部临柜委托进行交易,满足客户的多种需求和习惯。

(3) 开户方便简单,网上填表,上门服务

通过证券公司的营业部,证券网站可以设立专门店为客户提供临柜服务,并组成强大的专业队伍上门开户。

(4) 保证金存取方便

证券网站可以提供多家银行的银证转账功能,只要客户在所选的营业部办理了指定银行的银证转账手续,就可以在网上划转资金,安全便利。

(5) 系统功能齐全

证券网站提供实时行情、委托交易、查询交易信息、咨询信息、银证转账、新股申购、配股认购等多种功能,不仅包括了全部的临柜和电话功能,而且速度与证券营业部同步,同时,证券网站可以提供多家银行的银证转账功能。

3. 网上证券的主要功能

(1) 网上股票

客户可以通过电话银行或网上银行进行证券委托交易。

(2) 网上基金

投资者可通过网上银行进行基金首发认购、基金申购与赎回,查询有关基金市场信息等。

(3) 网上国债

网上国债是指投资者通过网上银行进行记账式国债的申购、二次买卖以及查询有关国债信息等。

4. 网上证券交易系统

网上证券交易系统是一套较复杂的软件。它是依据证券交易业务的特点,利用计算机网络及其他通信设施,对证券交易的业务信息进行及时有效管理的一个应用软件。网上证券交易系统根据证券交易的基本规程,结合现代化管理方式及计算机管理的特点,采用计算机网络技术,向客户提供柜台、资金管理、证券管理、清算交割、报表管理、报盘管理以及后台处理等完整的系统功能,具有良好的实时性、可维护性以及可扩充性。

通常,网上证券交易系统包括以下组成部分。

(1) 客户委托子系统

客户委托是由客户自己操作或操作员代操作的委托单处理系统。它接受客户委托,委托内容包括证券名称、买卖类别、委托数量以及委托客户价格等消息。同时,在输入价格时,系统向客户显示指定证券的最近成交价、最近叫卖价和最高价供客户参考,并对购买股票数额、报盘的限价要求进行判别。在对客户委托检查合法性后形成一条委托记录传给报盘台。

若买入股票,要冻结该客户相应的金额;若卖出股票,则冻结该客户相应的股票数量。在资金或股票不够的情况下,系统判为买空或卖空。若客户提出撤单要求,即试图撤销客户指定的委托单;撤单(部分)成功,则将已撤掉部分的资金或股票由系统立即自行解冻。

(2) 资金管理子系统

该子系统实现对客户资金账号的管理及客户资金的管理。资金账号包括账户的开户、销户及冻结、挂失、清密等各种处理。资金管理包括保证金存取、冲账、利息结算等处理。

(3) 证券管理子系统

该子系统包括证券账号管理及客户各类证券的托管。账号管理包括开户、销户及挂失、更新等处理。证券管理包括证券的转入、转出、清理及分红、派息、权证管理。

(4) 系统管理子系统

该子系统主要提供给客户进行资金和证券的查询,包括客户资金、证券、委托历史及成交历史的查询,并即时打印买/卖成交报告书。

(5) 报表管理子系统

该子系统分为两部分:一部分是前台实时报表管理部分,包括资金证券两部分,只处理当日实时报表;另一部分是后台报表管理部分,它包括日终处理后的各类报表,并增加各报表的历史查询打印、管理分析等内容。

(6) 报盘管理子系统

该子系统主要处理客户委托单的申报。它把客户的一张张委托单在报盘机屏幕及打印机上按照"三公"原则逐一处理打印,并生成相应的记录,同时将交易所传回的成交记录录入系统的成交库,进行实时回报并显示。

(7) 即时处理子系统

该子系统实现对客户委托进行实时处理,又称为"T+0"处理,以便客户能得到最及时的交易服务。当客户证券卖出成交返回后,实时处理系统即时将资金增加到用户的账户上。当客户证券买入成交返回后,则即时将所需的资金从用户的账户中划去。当买入撤单成功后,对其资金进行解冻,使用户资金即时回笼,以便用户即时使用。

(8) 日终处理子系统

该子系统进行当日交易结束后的结算处理。其中包括:收市处理、备份以及数据库的清零等。收市处理是将交易所传回的成交回报库与当天的资金库、委托库、证券库进行成交配对,正确的成交记录存入成交库,错误的成交记录进行错误检查并做相应处理,最后计算各种费用。收市处理结束后就进行日库、历史库和其他库的备份,并对当日数据库清零。

(9) 网上证券交易业务系统维护

该子系统是这套管理软件的核心模块,它控制着整个系统的各个参数设置及上岗操作员的密码设置和权限分配,还包括系统各个数据库的维护,如重建索引等以及证券派息、权证管理等。

（10）经理监管子系统

该子系统实现对客户的资金和证券账目、客户交易情况以及员工工作情况进行实时检索和查询，以便进一步的分析。

5．网上证券交易业务交易流程

① 股民的买卖委托通过柜台或电话委托系统进入证券商的计算机网络服务器，报单软件将服务器中的买卖委托显示在报单员的计算机屏幕上，报单员通过电话将买卖委托逐笔报给在证券交易所交易大厅中该证券商的出市代表（俗称红马甲），出市代表边听边输进计算机，从而使委托进入证交所的撮合主机。

② 股民通过交易密码自动委托，进入证券商交易系统网络服务器进行自动判别后通过交易所交易网络系统直接进入交易所中央主机。证交所将成交、行情和公告信息发往卫星（亚洲一号），再由卫星向地面广播。证券商的地面卫星接收小站（含有一个卫星天线、一个接收机、一台装有接收软件的网络工作站）可以接收到完整的行情和公告信息以及该证券商的成交信息，并将这些信息存入网络服务器，使得网络上的其他工作站可以将这些信息实时地显示出来或通过电话语音报出。

我国网上证券交易操作程序如下。
- 办理沪深交易所股东账户卡。
- 安装交易软件。
- 登录账户。
- 查询报价。
- 委托。
- 撤单。
- 成交单据及结算。

6．我国网上证券交易的现状与发展

我国的网上证券交易起步并不太晚，1996年年底个别证券营业部开始尝试开办网上交易业务。1997年3月，中国华鬲信托投资公司湛江营业部推出视聆通多媒体公众信息网网上交易系统，标志着中国证券网上交易的开始。到2003年年底我国网上证券交易用户数量达到了527.84万户，占证券市场总开户数的9.7％。目前，全国网上证券交易投资者户数已经接近证券市场总开户数的10％，这是一个相当可观的数字，而且更重要的是，这个数字在近几年将呈几何级的速度增长，网上证券交易逐渐成为一种不可缺少的交易形式。未来的网上证券将具有以下发展态势。

① 大规模网上交易的条件日渐成熟。
② 集中式网上交易成为一种发展趋势。
③ 网上经纪与全方位服务融合。
④ 速度问题将会得到解决。
⑤ 网上证券交易正在进入移动交易时代。
⑥ 网上证券交易实现方式趋向于多元化。

⑦ 网上证券交易将以更快的速度向偏远地区发展。
⑧ 中国网上证券交易即将面临大突破。

10.2　网上保险服务

网上保险是随着网络化的发展而产生的一种保险新方式，它改变了传统保险给客户带来的不便，把传统的保险推向了新的一个阶段，对面向 21 世纪的商业保险公司是十分重要的，也是实施保险公司电子商务的关键一步。当保险公司利用计算机网络，把它的业务系统和遍布各地的客户、营销渠道连为一体，直接在网上完成从核保到核赔完整业务流程时，就不仅实现了保险公司的电子商务，而且也在竞争激烈的市场上建立了领先的竞争优势，拥有了更广阔的发展空间。

1．网上保险的概念

网上保险是指保险企业或新型的网上保险中介机构以现代信息技术为基础，以互联网为主要渠道来支持保险经营管理活动的经济行为。通俗地讲，网上保险就是通过互联网进行保险咨询、险种费率查询、承保、理赔等一系列业务活动。其核心内容是保险企业是保险建立网络化的经营管理体系，并通过互联网与客户交流信息，利用网络进行保险产品的宣传、营销和提供服务，最终目标是实现保险电子交易，即通过网络提供整个保险各个环节的服务，使整个业务流程，如保险信息咨询、保险计划书设计、投保、核保、缴费、承保、保单信息查询、续期缴费、理赔和给付等保险全过程实现网络化。

网上保险包括以下两层含义。

① 从狭义上讲，网上保险指保险企业或新型的网上保险中介机构通过互联网开展电子商务活动，即为客户提供有关保险产品和服务的信息并实现网上签单，直接完成保险产品和服务的销售，由银行将保险费划入保险公司。

② 从广义上讲，网上保险还包括保险企业利用互联网网络技术进行内部管理，即利用互联网对公司员工和代理人进行培训、管理，利用互联网与公司股东、代理人、保险监督、税务、工商管理等机构之间的交易和信息交流活动。

2．网上保险的特点

（1）网上保险交易的虚拟性

网络时代的保险机构通常表现为没有保险公司建筑物，没有公司的地址，只有网址，它的顾客是网络用户。企业看不到它的顾客，顾客也接触不到顾客，大家都是通过互联网进行沟通，所有的交易只在网上进行没有面对面的接触，没有实现纸币乃至金属货币交易，一切金融往来都是在网络上以数字化形式进行。通过开展这类网上保险业务，保险公司只需支付低廉的网络服务费，可免去代理人、经纪人等中介环节，从而在很大程度上降低保险机构的运作成本。

（2）超越时空限制

网络没有时间的限制，随时都可以在网上开展业务。网络上更没有地理的限制，在世界任何角落的客户都可以登录网站咨询业务，投保。同时省去了代理人等中间环节直接开展业务，消除了传统条件下双方活动的时间、空间和规模限制，可以深入到不同年龄、不同性格的人群，接触到那些保险代理人不易联系的人群。

（3）上保险电子化

通过计算机互联网络进行的网上保险，交易双方从磋商、签订保险合同以及承保、保全变更、续期缴费、理赔和给付等保险全过程，无须当面进行，均通过计算机互联网完成，整个交易过程电子化，省去了许多烦琐环节对客户的打扰，简化了整个流程。

（4）网上保险的低风险性

传统懂得投保方式，不可避免在中介环节上知悉投保人的隐私，使投保人感到安全，最大限度地满足客户的需求。同时，由于网上信息的透明性，投保人可以通过互联网比较各保险公司推出的各类险种，自行计算保费，从而减少中介环节因利益驱动给投保人带来的风险。

（5）信息大量性、完整性

网络本身就是一个大大的信息系统，提供的信息多而完整，网上保险解决了客户对保险信息与保险公司的不对称性的劣势，客户提供了一系列的保险信息，如：险种介绍，保险费率，自动计算保费等，而客户可以根据自己的需要选择险种和保险公司。

（6）快捷性、自由性

客户自由地选择自己想要的险种，并及时在网上通过电子汇款的方式把保费打入保险公司指定账户就算完成交易，等待保险公司的电子保单或者是通过邮寄方式发到客户手中的保单。这就使得客户免去了很多的麻烦。

（7）创新性、低成本性

先进于传统保险形式但又以其为基础并以先进的信息技术为依托，使得客户有大量的信息查询和自由的选择空间，这是一种创新。网上保险使保险公司可以大大地降低其成本的投入，从而也可以降低保费以便让客户接受，于保险公司于客户可以达到双赢的效果。

（8）全球性、网络性

如今互联网可谓触及全球的任何一个角落，换句话说就是网上保险技术可以使得全世界的人了解保险了解保险公司。同时，当此技术达到一定水平时客户就可以选择全世界的任何一家保险公司了，这不但打破的本国的保险贸易壁垒，同时也打破了世界的贸易壁垒。

3．我国网络保险主要模式

（1）保险企业建立自己的网站

此种营销模式主要是指一些有实力的保险公司通过原有的公司网站或另外建设一个网站，设立保险产品门店，在网上门店内完成从宣传保险产品到签发保单，甚至是受理配案的整个保险业务过程。

由于通过主页来宣传企业的产品和服务是最好的一种营销模式，而网站就如同是保险企业在互联网上开设的分公司，客户直接可以通过网络详细地了解产品，因此，此种营销模式不仅能够极大地方便客户，使客户从被动变主动，而且能够节约成本，提高效率。这种模式的特点主要表现为：由具有较强实力的保险公司自建，销售本公司的产品，在销售保险产品同时，宣传保险知识和公司形象，提供的服务流程较为全面，网上直接支付较为普遍。

平安 PA18、泰康在线、华泰的 www.ehuatai.com 和新华人寿的 www.newchinalife.com 等就是这一模式的典型。

（2）利用第三方保险商务平台

第三方机构模式是指由保险公司、保险经纪人或代理人之外的机构开设网上平台，为众多保险公司和客户提供交易场所，并收取服务费。保险公司和顾客在这个平台上碰面，互相促成保险合同。

这种模式的特点主要表现为：由第三方的商业机构建设，提供众多保险公司产品，但是不能完成理赔等业务，网上支付也较少涉及。

易保网、网险、保网、买保险网是这一模式的典型。

4．我国网络保险

我国的网络保险始于 1997 年，至今已经经历了十几个年头。1997 年，我国第一家保险网站——中国保险信息网（www.china-insurance.com）正式开通运行，并进入国际互联网。该网站于同年 11 月 28 日为新华人寿促成了国内第一份网上保单，实现了我国网络保险零的突破。

2000 年之后，我国的网络保险实现了从无到有并不断壮大的跨越式发展。2000 年 3 月 9 日，太平洋保险北京分公司开通首家保险营销网站"网险"，推出了包括个人网络保险企业网络保险在内的 30 余种网上投保险种，实现首月保费收入 99 万元，展现了网络保险市场的巨大潜力。2000 年 6 月，平安保险的 PA18 网上交易平台（www.PA18.com）建成，并于 8 月正式开通；太保泰康人寿也几乎同时开通了自己的全国性网站，打响了我国网络保险市场的争夺战。2007 年 9 月，第三方在线保险平台优保网（www.ubao.com）投入运营，客户可以通过该网站不仅可以购买意外险、车险、家财险，还可以享受网上支付、保险卡注册、保单验真、咨询报案等服务。截至 2005 年年底，31 家中资保险公司有 26 家开通网站，41 家外资保险公司（包括分公司、代表处）开通中文网站的有 28 家，总共 54 家公司开通网站，比例占全部保险公司的 75%。

尽管各保险网站纷纷成立，来自网络的保费收入也不断增长，但是从销售流程上来看，投保者大多仅通过网络递交材料传递投保意向，事后由保险公司派人上门完成保单签字收取保费等工作。直到中国人保财险于 2005 年 4 月 1 日推出国内第一张全流程电子保单，客户才最终实现了足不出户在线购买保险产品支付保费，同时获得具有法律效力的电子保险单，网络保险才得到真正意义上的实现。同年，我国网络保险的保费收入达到 57 亿元，占全年保费 1.13%。目前，平安、泰康、国寿等都可以提供电子保单，人保财险全流程电子保单的适用险种也由最初的 2 种逐步发展到 30 余种。

此外，不附属于任何保险公司的第三方保险营销网站也发展迅速，它们主要以保险超市的形式销售车险以及意外险等，目前比较有影响的第三方保险营销网有：优保网（Ubao.com）、中国保险网、保网等。其中又以优保网更为专业。

第二部分 技 能 训 练

技能训练 1 证券软件的使用

1. 了解证券交易的基本流程，基本原则和一些相关的基本概念

① 投资者不能直接进入证券交易所进行场内交易，而要委托证券商或者经纪人代为进行。投资者进行证券交易主要需经过 4 个流程：开设账户→委托买卖→成交→结算。

● 开设账户：投资者应当在各地的证券登记公司办理证券（股票）账户卡；并在准备委托的证券商出开立资金账户。

● 委托买卖：投资者通过其开户的证券公司买卖证券的，应当采取市价委托或者限价委托。

● 成交：按照"价格优先，时间优先"的原则自动撮合成交。

● 结算：证券交易所的清算业务按照"净额交收"的原则办理。

② 我国沪、深两家交易所存在两种竞价方式，上午 9：15—9：25 为集合竞价时间；上午 9：30—11：30 和下午 13：00—15：00 为连续竞价时间。我国沪、深两市除 B 股外的上市交易证券都实行"T+1"交割制度，即当日买入的股票不能再当日卖出，资金收付与证券交割只能在成交日的下一个营业日进行。

③ 交易制度。

● 我国目前沪、深两市常用的指数分别为综合指数和成分指数两大类。

● 涨跌停板制度：我国现在对股票交易的涨跌停板限制是前一交易日收盘价的 10%。

● 停牌、摘牌制度。股票停牌一般是由于公司公布重要信息或者因股价异常波动而发布公告时暂时停止交易；股票摘牌制度是指上市公司由于某些原因而可能被国务院证券管理部门暂停或终止其股票上市资格的制度。

● 权、除息：指由于公司股本增加或者向股东分配红利，每股股票所代表的企业实际价值有所减少，需要在发生该事实之后从股票市场价格中提出这部分因素。

● 除权（息）价=[（前收盘价-现金股利）+配（新）股价×流通股份变动比例] ÷（1+流通股份变动比例）。

● 特别处理（ST）、*ST 和特别转让（PT），股票在这期间的日涨跌幅限制为 5%。

2. 网上证券交易操作参考网站

① 登录 http://www1.cofool.com/，完成注册，进行模拟炒股。

② 登录 http://www.efunds.com.cn/，完成网上基金账户的注册，了解网上基金的操作。
③ 网上证券类网站调研。
- 和讯理财 http://data.money.hexun.com/
- 财通证券 http://www.ctsec.com/ctzq/index.html
- 证券之星 http://www.stockstar.com/
- 国泰君安证券 http://www.gtja.com/
- 大智慧证券大世界.模拟炒股 http://www.gw.com.cn/

3．网上证券交易操作实例

（1）客户端软件下载

在浏览器地址栏中输入 www.95579.com，登录长江证券网站，单击首页图标，如图 10.1 所示，进入下载页面。选择所需要下载的交易软件类型，并根据上网的方式选择电信下载或者网通下载。下载时，系统提示文件下载保存目录，请按"保存"按钮，并记住保存程序名称和保存的目录。

（2）软件安装（以长江证券专业版为例）

① 双击下载的客户端安装程序，进入安装向导。屏幕出现安装程序提示框，选择安装路径，如图 10.2 所示，然后单击"开始安装"按钮。

图 10.1　下载页面

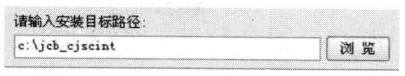

图 10.2　选择安装路径

② 安装完毕，程序提示"安装成功"，请按"确定"按钮。
③ 屏幕出现"核新 SSL 通信安全代理系统（客户端）安装向导"，请单击"取消"按钮。屏幕出现"安装尚未完成的提示"，请单击"是"按钮（说明：因为客户使用通信密码登录方式，所以 SSL 通信代理系统客户端的程序不用安装）。安装完成。交易客户端安装完毕，在桌面会出现"长江证券专业版"和"长江证券委托系统"2 个图标。

（3）软件使用（以长江证券专业版为例）

① 单击电脑桌面上的"长江证券专业版"快捷方式，如图 10.3 所示。
② 选择主站，建议选择"自动选择主站"，或根据上网的方式及地或手工选择相应的服务器主站，如图 10.4 所示。

图 10.3　"长江证券专业版"快捷方式

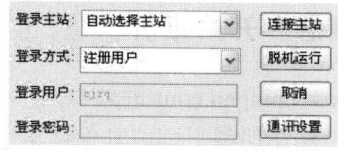

图 10.4　选择主站页面

③ 身份验证。第一次使用本软件的客户需要进行身份验证（验证的有效期为 20 天，即每隔 20 天需要重新进行身份验证）。验证时填写资金账号或者股东账号，填写通信密码即

可，如图 10.5 所示。

信息填写无误，单击"确定"按钮，连接主站。请耐心等待。等系统完成行情接收初始化后，就可以浏览行情。

④ 登入行情主站后，出现连接资讯主站的提示框，单击"连接主站"按钮，完成资讯系统连接后，即可以查看资讯菜单。

⑤ 网上交易下单

单击"交易"按钮进入下单页面，如图 10.6 所示。或者键盘按键"F12"。

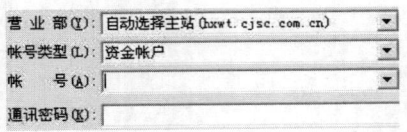
图 10.5　身份验证页面

图 10.6　网上交易下单

弹出网上交易登录界面，如图 10.7 所示。客户填写资金账号、交易密码、通信密码，填写完成后确定，身份验证成功后，就进入网上交易下单界面，进行股票买卖操作。

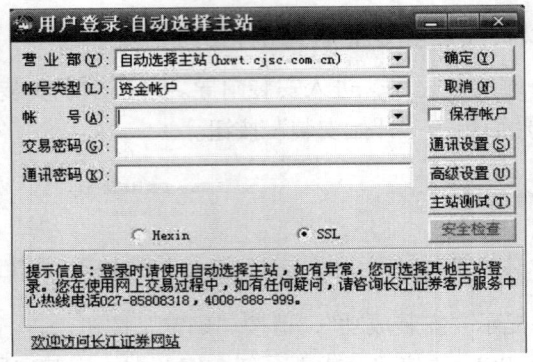
图 10.7　网上交易登录界面

技能训练 2　网　上　投　保

登录 http://www.pingan.com/，完成注册，了解网上投保流程实践。

中国平安网上投保流程分为为报价、基本信息、选择支付方式、完成投保 4 个过程。

1. 填写联系信息和开始报价

登录 http://www.pingan.com/进入中国平安网，中国平安网首页面如图 10.8 所示。通过网上门店的交强险和车船税页面或其他链接进入网上投保汽车交强险页面，需先选择车辆所在城市，如图 10.9 所示。然后填写用户的基本信息，如图 10.10 所示。车辆的基本信息以及购买车船税等相关信息，如图 10.11 所示。单击"继续"按钮后将弹出"交强险费率浮动信息确认"页面。

图 10.8 中国平安网首页面

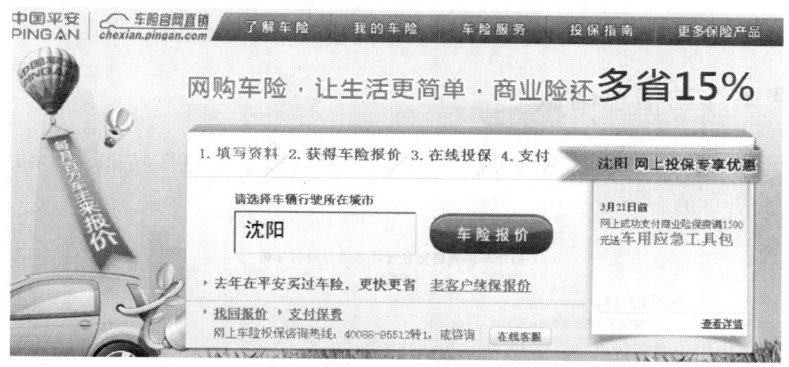

图 10.9 选择车辆所在城市

图 10.10 填写用户的基本信息

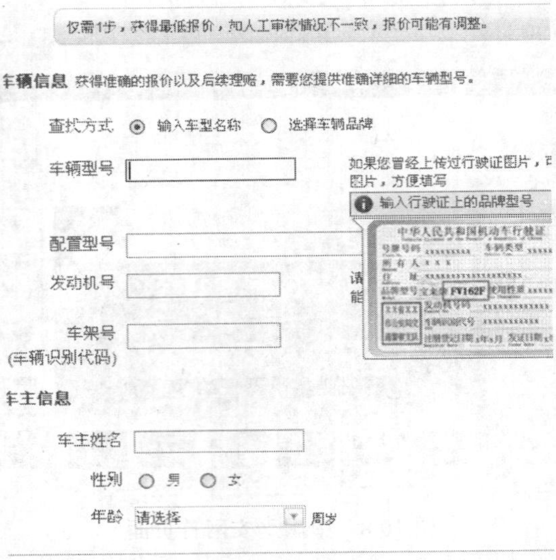

图 10.11 填写车辆的基本信息

2. 交强险费率浮动信息确认

仔细阅读交强险费率浮动告知单后,并单击"确认以上信息"按钮,如图 10.12 所示,进入投保单基本信息填写页面。

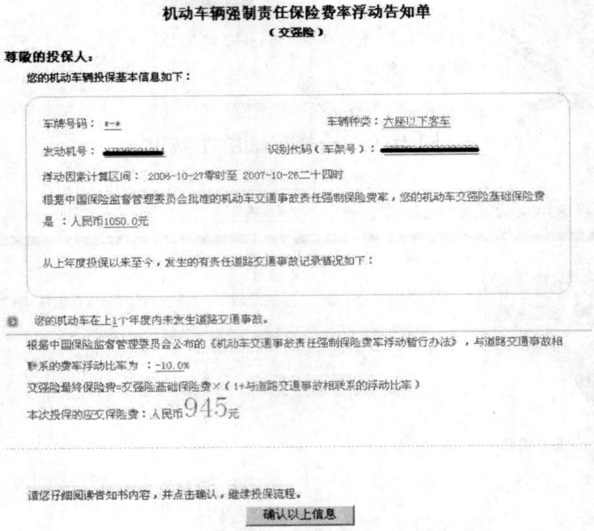

图 10.12 交强险费率浮动信息确认页面

3. 填写投保信息

填写车辆信息、投保人信息、被保险人信息等内容,如图 10.13 所示。部分投保人信息由上一页自动带入本页,并可以修改,如果投保人信息与被保险人信息是同一个人,那么你只要选择"同投保人"即可;在正确填写所有信息后,你可以单击"继续"按钮后进入选择支付方式页面。

图 10.13 填写投保信息页面

4．选择支付方式

此页需要用户选择支付方式和并填写收单人的详细信息。另外，为确保用户能及时收到保单，请务必确保用户的收单人信息是真实有效的。在本页用户还可以预览自己的投保申请单和查阅《机动车辆交通事故责任强制保险条款》。

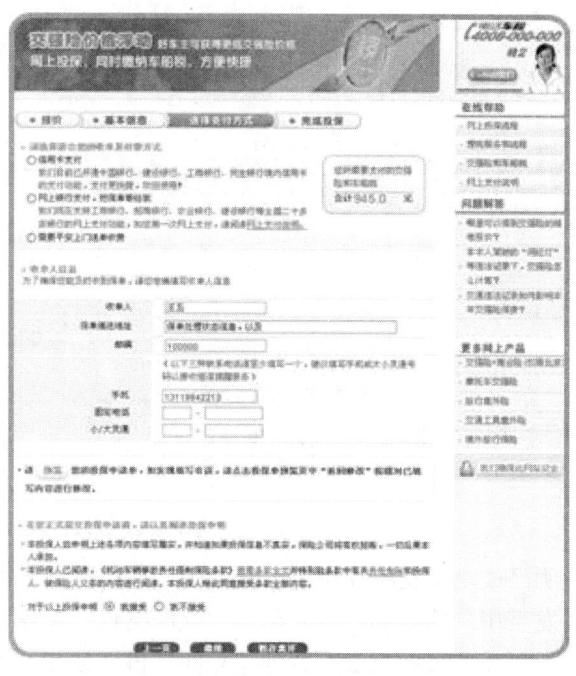

图 10.14 选择支付方式并填写收单人的详细信息

5. 投保申请单预览

该页面是用户在选择支付页面中单击"预览"按钮后弹出的投保单预览页面，如图 10.15 所示，如果发现问题，可以返回上一页修改各项信息，确保无误。

图 10.15 投保单预览页面

6. 投保成功提示

当出现本页面，说明已成功提交投保申请，保险公司已收到用户的投保申请，并已经通过电子邮件将投保信息发至用户的邮箱。可以单击"立即支付"按钮，如图 10.16 所示，进入支付页面进行支付。如果在本页面上没有看到"立即支付"按钮，如图 10.17 所示，则这次的投保还需等待保险公司的专业人员的确认，确认后再支付保费。

图 10.16　单击"立即支付"按钮

图 10.17　没有看到"立即支付"按钮

参 考 文 献

[1] 陈月波，等. 电子支付与交易安全[M]. 北京：人民邮电出版社，2011（10）.

[2] 张劲松. 网上电子支付与结算[M]. 北京：人民邮电出版社，2011（4）.

[3] 彭欣，吴肖云. 电子商务实用教程（第2版）[M]. 北京：人民邮电出版社，2010（4）.

[4] 肖德琴. 电子商务安全保密技术与应用（第二版）[M]. 上海：华南理工大学出版社，2008（8）.

[5] 孟祥梅. 电子商务理论与实务[M]. 北京：人民邮电出版社，2011（2）.

[6] 马刚，李洪心. 电子商务支付与结算（电子商务教育）[M]. 大连：东北财经大学出版社有限责任公司，2009（1）.

[7] 李飒，李艳杰. 计算机网络理论与实践[M]. 北京：化学工业出版社，2012（2）.

[8] http://www1.cofool.com/.

[9] http://www.efunds.com.cn/.

[10] 和讯理财 http://data.money.hexun.com/.

[11] 财通证券 http://www.ctsec.com/ctzq/index.html.

[12] 证券之星 http://www.stockstar.com/.

[13] 国泰君安证券 http://www.gtja.com/.

[14] 大智慧证券大世界.模拟炒股 http://www.gw.com.cn/.